데일 카네기
인간관계론 & 자기관리론

데일 카네기
인간관계론 & 자기관리론

초판 1쇄 발행 2020년 2월 10일
초판 10쇄 발행 2023년 5월 10일

지은이 데일 카네기
옮긴이 이문필
펴낸이 고정호
펴낸곳 베이직북스
주소 서울시 금천구 가산디지털1로 16, SK V1 AP타워 1221호
전화 02) 2678-0455
팩스 02) 2678-0454
이메일 basicbooks1@hanmail.net
홈페이지 www.basicbooks.co.kr
블로그 blog.naver.com/basicbooks_marketing
인스타그램 www.instagram.com/basicbooks_kidsfriends/
출판등록 제 2021-000087호
I S B N 979-11-6340-036-3   03320

자기관리론
인간관계론

데일 카네기

데일 카네기 지음 ― 이문필 옮김

베이직북스

성공과 열정을 부르는
데일 카네기의
날카로운 통찰력과 철학

미주리 주의 옥수수 밭 노동자 출신이었던 데일 카네기는 미국에서 가장 성공적인 멘토로 자리매김을 했었다. 그는 전 세계에서 《성경》 다음으로 가장 많이 팔린 베스트셀러를 집필한 작가이자 많은 사람들의 정신적 지주였다. 카네기 연구소를 통해 인간 경영과 자기 계발분야에 기념비적인 업적을 남겼으며, 수많은 저서를 통해 인간관계에서 나타나는 심리와 대화, 스트레스를 분석하고 체계화시켜 인간관계론을 구체화시켰다.

데일 카네기의 업적은 수없이 많지만 요약을 하면 다음과 같다.

첫째, 인간의 심리에 대해 상세히 연구한 뒤 놀랄 만큼 명쾌한 인간관계론을 정립했다.

둘째, 세계 각지에서 세미나를 개최하여 성공적인 삶을 위한 지혜를 나누었다. 그의 사상은 오늘날까지도 수많은 사람들에게 영향을 미치고 있다. 아름답고 안정된 삶을 누리고 싶어 하는 모든 이들이 카네기의 강연에서 크나큰 도움을 받았다.

그리고 카네기는《인간의 약점》,《대화의 기술》,《우울증을 이기고 행복하게 살아라》,《인간의 강점》,《당신이 모르는 링컨》등의 저작에서 많은 이들의 고민하는 문제들에 대해 상세히 설명하고 있다. 기나긴 논문이 아닌 생동감 넘치는 실제 경험을 바탕으로 그의 지혜를 확인할 수 있다. 하지만 이 저서들을 모두 읽을 수 없는 독자들을 위해, 본서는 새로운 방식으로 카네기의 사상을 집대성했다. 카네기 저서 중 유용한 에피소드만을 선별하여 재탄생시킨 것이다. 때문에 이 책으로 카네기 사상의 핵심, 즉 사업, 인간관계, 가정, 심리분야의 유용한 조언을 얻을 수 있다.

이에 혹자는 "카네기 저작의 원본을 훼손하는 것 아닌가?"라고 우려할 수도 있다. 하지만 필자는 다음과 같은 이유로 그럴 리 없다고 확신한다. 첫째, 모든 에피소드는 카네기 원서에서 발췌한 것으로 카네기의 조언을 그대로 번역했다. 둘째, 에피소드는 원서의 순서에 따라 체계적으로 정리했기에 쉽게 이해할 수 있다. 본서의 주옥같은 이야기들은 아마 평생을 두고 읽어도 좋을 것이라고 생각한다. 독자들은 본서를 통해 다음과 같은 도움을 얻을 수 있으리라.

① 눈앞의 근심과 의심에서 벗어나 유쾌해질 수 있다.

② 비관적인 생각을 떨치고 새로운 생각과 목표를 향해 나아갈 수 있다.

③ 편안한 인간관계를 맺음으로써 어디서든 환영받을 수 있다.

④ 업무능력이 향상되어 활기찬 사회생활을 영위할 수 있다.

⑤ 새로운 고객을 확보함으로써 더 많은 이익을 추구할 수 있다.

⑥ 배우자에 대해 더 많이 알게 되고, 행복한 결혼 및 가정생활을 할 수 있다.

⑦ 합리적인 자기관리를 통해 여유로운 삶을 누릴 수 있다.

카네기의 저서는 시대를 초월하여 영원한 베스트셀러로, 반세기가 지난 오늘날까지도 수많은 지혜와 영감을 전해준다. 당신이 시간을 내어 카네기 저서를 완독할 여유가 있다면, 본 에피소드에서 많은 도움을 얻을 수 있을 것이다. 카네기의 따스한 지혜와 진지한 충고를 통해 위안과 힘을 얻고 새로운 인생을 열어가길 기원한다. 본서가 당신의 인생에서 가장 소중한 보물지도가 되리라 확신한다.

옮긴이가

인간관계론

1장 인간의 본성

2장 호감을 얻는 6가지 원칙

How to **Win Friends** & **Influence People**

자기관리론

1장 근심을 떨쳐내는 방법

2장 근심을 없애는 습관

3장 행복해지는 방법

6장 결혼과 가정을 유지하는 법

How to
Win
Friends
&
Influence
People

인간관계론

1장

인간의
본성

1

비판은
아무런 효과가 없다

> 비판은 쓸데없는 짓이다. 상대방은 자기 자신을 보호하기 위해 바로 방어태세
> 를 갖추고 자신을 정당화하려고 애쓸 것이다. 비판은 가장 위험한 습관이다.
> 그것은 상대방의 자존심에 상처를 입히고 상처는 반항심으로 이어지기 때문
> 이다.

어느 살인자의 소망

1931년 5월 7일, 뉴욕에서 일명 '쌍권총 크로울리'라 불리는 전
대미문의 살인범 검거작전이 벌어졌다. 오랜 추적 끝에, 경찰은
그가 웨스트엔드 가에 있는 애인의 아파트에 은둔하고 있다는 정
보를 입수했던 것이다. 150여 명의 경찰들이 크로울리가 숨어있
는 아파트를 물샐틈없이 포위하고, 이 흉악한 살인범을 집 밖으로
끌어내기 위해 아파트 안으로 최루가스를 쏘아 넣었다.

크로울리는 두꺼운 소파 뒤에 숨어서 미친 듯이 총질을 해댔다. 한 시간 동안에 걸친 총성으로 아수라장이 된 웨스트엔드의 고급 주택가에는 어느덧 수천 명의 구경꾼들이 몰려들었다. 아마 그들은 영화가 아닌 실제상황으로 그렇게 치열한 총격전을 본 적이 없었을 것이다.

마침내 크로울리가 체포되자 당시 경찰 국장이었던 멀루니는 "크로울리는 뉴욕 역사상 가장 악질적인 흉악범으로 사형을 받게 될 것"이라고 발표했다.

그렇다면 크로울리는 자신을 어떻게 생각했을까? 다행히도 그의 생각을 들여다볼 수 있는 단서가 남아 있었다. 그 필사적인 난전 속에서도 그는 '관계자 여러분' 앞으로 편지를 썼던 것이다. 피로 물든 편지에는 이런 내용이 있었다.

'비록 지칠 대로 지쳤지만 내 가슴속에는 그 누구도 해치고 싶지 않은 따뜻한 소망이 있다.'

결국 크로울리는 전기의자에서 사형에 처해졌다. 그가 사형장에 들어설 때 무슨 말을 했을 것 같은가? 자신의 죄를 반성했을까? 아니다! 그는 "난 그저 정당방위를 했을 뿐이오."라고 소리쳤다.

쌍권총 크로울리는 마지막 순간까지도 죄책감을 갖거나 반성을 하지 않았다.

♎ 크로울리처럼 악마 같은 인간조차도 절대로 자신을 나쁘다고 생각하

지 않는다. 이런 사고를 가진 범죄자는 얼마든지 있다. 하물며 우리 같은 보통 사람들이야 말할 것도 없다. 그러니 죄에 대한 체벌과 질책을 달게 받을 리도 없지 않은가. 이것이 바로 만고불변의 인간 본성이다.

어리석은 편지

젊은 시절, 나는 당대 미국 문단에서 최고의 명성을 떨치던 리처드 하딩 데이비스에게 어리석기 짝이 없는 편지를 보낸 적이 있었다. 당시 작가들에 관한 잡지기사를 준비하고 있던 나는 그에게 자신만의 작법에 대해 알려줄 것을 부탁했다.

이때 나를 무척이나 바쁘고 중요한 인물로 보이게 하려는 욕심에 '구술했으나 다시 읽어보지는 못했음'이라는 문구를 편지 말미에 덧붙여 넣었다. 이렇게 하면 대작가 데이비스의 주목을 끌 수 있으리라 여기면서….

하지만 데이비스는 답신을 주기는커녕 오히려 내 편지를 그대로 되돌려 보냈다. 편지 말미에 이렇게 몇 글자 휘갈겨 써놓은 채 말이다. "이런 무례한 행동은 이쯤에서 그만하시게."

내 허풍스런 태도는 분명 조롱당할 만했지만, 나도 인간인지라 그에 대한 원망을 감출 수가 없었다. 이후 10년이 지난 뒤, 데이비스의 사망 소식을 듣고서도 좀처럼 마음이 풀어지지 않았다. 인정하기 부끄럽지만 난 그의 비판에 깊은 상처를 받았던 것이다.

⚘ 뛰어난 외교적 수완으로 명성이 높았던 프랭클린은 그 비결이 누구에게도 나쁜 점은 얘기하지 않는 것이라고 밝혔다. 그렇다. 사람들에게 미움을 사고 싶다면 신랄한 어조로 비판만을 늘어놓으면 된다. 하지만 인생의 성공은 결코 없으리라.

비난의 대가

링컨이 일리노이 주 스프링필드에서 변호사로 활동할 무렵이었다. 그는 종종 신문 지면을 빌려 상대방을 공개적으로 비판하곤 했는데, 한 번은 도가 지나쳐 큰 말썽이 빚어진 적이 있었다.

1842년 가을, 링컨은 오만하고 호전적이었던 아일랜드계 정치가 제임스 쉴즈를 조롱하는 익명투고를 했다. 스프링필드 저널에 실린 그 사설은 쉴즈를 일개 웃음거리로 전락시켰다. 사람들은 쉴즈를 비웃었고, 예민한 성격의 쉴즈는 도저히 분노를 삭일 수가 없었다. 익명의 투고자가 링컨이라는 것을 알아낸 쉴즈는 마침내 링컨에게 죽음의 결투를 신청했다.

링컨은 결투까지 하고 싶지는 않았지만 그렇다고 사과할 마음도 없었으므로, 하는 수 없이 도전을 받아들여야 했다. 무기는 각자가 고를 수 있었기에 팔이 긴 링컨은 기병대의 장검을 선택했다. 그는 웨스트포인트 졸업생에게 검술 교습까지 받으며 결투를 준비했다. 드디어 결투의 날, 링컨과 쉴즈는 미시시피 강가에서 대면했다. 결투가 시작되려는 찰나, 다행히 입회인들의 적극적인 중재로 죽음의 결투는 중단되었다.

이 사건으로 링컨은 엄청난 충격을 받았다. 비록 다친 곳은 없었지만 인간관계에 대한 새로운 깨달음을 얻었던 것이다. 이후 그는 결코 다른 사람을 비난하거나 조롱하지 않겠다고 결심했다. 그리고 실제로 그 어떤 일이 있어도 절대 상대를 비난하는 법이 없었다.

위의 에피소드는 진검끼리의 결투라기보다는 인간 내면의 결투였다고 볼 수 있다. 혹 누군가를 비판하고 싶은 생각이 들거든 5달러짜리 지폐를 꺼내어 링컨의 초상화를 들여다보라. 그리고 만약 링컨이었다면 이 상황을 어떻게 처리했을지 물어라.

2

누구나 중요한 사람으로
보이고 싶어 한다

조지 워싱턴은 '미합중국 대통령 각하'라 불리길 원했고 콜럼버스는 '해군제독 겸 인도총독'이라는 칭호를 좋아했다. 러시아의 예카테리나 여제는 '여왕폐하'라는 칭호가 없는 편지는 아예 읽어보지도 않았다. 어느 날, 링컨 부인은 그랜트 부인에게 매섭게 소리쳤다. "감히 허락도 없이 자리에 앉다니!" 보라, 인간은 모두 인정받고 싶어 하는 욕망이 있다.

파란 리본

어린 시절 내 아버지는 우량종 돼지와 순혈통의 흰머리 소를 정성껏 기르셨다. 우리 집 돼지와 흰머리 소는 각종 가축 품평회에서 수십 차례나 우승을 차지했다. 아버지는 대회에서 받은 파란 리본을 새하얀 천 위에 소중하게 꽂아두시고, 친구나 친척들이 방문할 때마다 그 천을 꺼내 자랑을 늘어놓으셨다.

그럴 때마다 나는 한쪽 천 귀퉁이를 잡고 얌전히 서 있어야만했다. 아버지는 이 파란 리본에 엄청난 자부심과 자신감을 갖고 계셨기 때문이었다.

♎ 인간은 '중요한 인물'이 되고자 하는 뿌리 깊은 욕망을 지니고 있다. 디킨스가 불멸의 명저를, 크리스토퍼 랜 경이 위대한 예술적 건축물을 남길 수 있었던 이유도 바로 인정받고자 하는 욕망 덕분이었다. 록펠러가 평생 다 쓰지도 못할 부를 쌓게 된 힘 역시 여기에 기인한다.

노모의 죽음

작가인 메리 로버츠 라인하트가 이런 이야기를 들려주었다. 젊고 똑똑했던 한 여인이 단지 주목받고 싶다는 욕구 때문에 병을 앓았다는 얘기였다.

"그녀는 어느 날 갑자기 쓰러졌어요. 인생이 무척이나 지루했거나 혹은 혼기를 놓쳐 우울했기 때문이겠죠. 그녀는 10년 동안이나 몸져 누워 있었어요. 때문에 연로한 노모가 매일매일 3층까지 오르내리며 병 수발을 들어야 했지요.

결국 노모는 과로로 세상을 떠나고 말았어요. 여인은 슬픔에 잠겨 몇 주 동안 괴로워하다가 어느 날 침대를 박차고 일어났어요. 병이 다 나았던 거죠."

ⵌ　사람들은 누구나 건강, 장수, 수면, 맛있는 음식, 돈, 미래의 행복, 만족
스런 성생활, 자식들의 건강과 행복, 중요한 사람으로 인정받고자 하는 욕
구 등을 소망한다. 이들 대부분은 대개 노력으로 성취할 수 있지만, 오로지
'인정받고자 하는 욕구'만은 혼자 힘으로 해낼 수가 없다.

환상 속에서

어느 정신병원 원장에게 정신이상은 왜 생기는지 물어본 적이
있었다. 그는 정신병리학 분야에서 최고로 이름난 전문가였지만
이 질문에 대해 속 시원한 대답을 내놓지는 못했다. 다만, 정신이
상자들은 현실에서 얻지 못한 만족감을 환상 속에서 얻는다고 설
명하며 한 부인의 이야기를 들려주었다.

"무척이나 불행한 결혼생활을 하던 여인이 있었습니다. 그녀는
남편에게 사랑받길 원했고 예쁜 자식과 사회적 명성을 얻고 싶었
지만 어느 것 하나 이루지 못했습니다. 남편은 부인을 전혀 사랑
하지 않았고 심지어 함께 밥을 먹는 것조차 거부할 정도였습니다.
여인은 아이를 낳지 못한 데다 사회적 지위 역시 볼품없었지요.

결국, 정신이상에 걸린 여인은 환상 속에서 남편과 이혼하고 처
녀 시절의 이름을 쓰기 시작했습니다. 그러고는 자기가 영국왕실
의 귀족과 재혼했으니 스미스 백작부인으로 불러달라고 고집을

부리고 있습니다. 또 그녀는 환상 속에서 아이도 갖고 있습니다. 매번 저를 볼 때마다 '선생님, 어젯밤에 제가 아기를 낳았어요.'라고 말하곤 하지요."

이 상황이 다행인지 아닌지는 쉽게 판단할 수 없지만 담당의사는 내게 이런 말을 남겼다.

"여인의 병을 치료해서 정상으로 되돌릴 수 있더라도, 전 그렇게 하지 않을 겁니다. 그녀는 지금 이대로가 훨씬 행복하니까요."

🐛 정신이상자들은 이미 스스로의 문제를 해결했기에 정상인들보다 훨씬 행복해한다. 언제든지 내키는 대로 100만 달러짜리 수표에 서명을 하거나 유명인사에게 초청장을 돌릴 수 있으니 말이다. 이들은 환상의 세계 속에서 '인정받고 싶은 욕구'를 채워 간다.

세계의 중심

지구상의 모든 나라가 스스로 '세계의 중심'이라고 여기듯, 사람들 역시 자기 자신을 가장 중요하게 생각한다.

당신은 스스로 일본인보다 우월하다고 생각하는가? 하지만 일본인들은 자신들이 몇 배는 더 우월하다고 굳게 믿고 있을 것이다.

그렇다면 인도인보다는 나을 것이라고 생각하는가? 하지만 인도인 역시 당신과 똑같은 생각을 하고 있을 것이다.

스스로가 최소한 에스키모인보다는 우월하리라 자신할지도 모른다. 하지만 에스키모인은 어떻게 생각할까? 그들은 일하지 않는 게으름뱅이를 가리켜 '백인'이라고 부른다. 이는 에스키모 사회에서 가장 천박하고 경멸적인 욕설이다.

어느 나라든 자국이 가장 우월하다고 믿기에, 애국심이 생기고 전쟁이 일어나는 것이다.

누구나 스스로가 가장 우월하다고 믿는다. 당신 앞에 있는 그 사람 역시 자신이 최고라고 믿고 있을 것이다. 그러니 이들을 넉넉히 품어줄 수 있는 방법은 바로 그들의 세계에서는 그들 자신이 최고로 우월하다는 것을 기쁘게 인정해주는 것이다.

3

상대방이 원하는 것에
집중하라

> 물고기를 잡을 때에는 물고기가 좋아하는 미끼를 써야 한다. 하물며 사람의
> 마음을 움직이게 하려거든 그 사람이 원하는 것이 무엇인지 생각해보라.

송아지가 원하는 것은

에머슨이 아들과 함께 송아지를 마구간에 집어넣으려고 애를
쓰고 있었다. 앞에서는 끌고 뒤에서는 있는 힘을 다해 밀었지만
송아지는 꿈쩍도 하지 않았다.

이때, 이 광경을 지켜보던 하녀가 다가왔다. 그녀는 비록 배운
것도 없고 학식도 짧았지만 송아지가 무엇을 원하는지는 정확히
알고 있었다. 그녀는 송아지의 입 속에 손가락을 넣어 빨리면서
천천히 마구간 쪽으로 유인해 갔다.

에머슨 부자는 왜 송아지를 들이는 데 실패했을까? 바로 대다수의 사람들이 그러하듯, 자신이 원하는 것에만 집중했기 때문이다. 그렇다면 송아지는 왜 마구간으로 들어가지 않았을까? 송아지는 푸르른 초지에 있고 싶었기에 무작정 버틴 것이었다. 이처럼 양측 모두가 자신의 고집대로만 행한다면 갈등은 피할 수가 없다.

낚시할 때는 물고기가 좋아하는 미끼를 써야한다

매년 여름이 되면 나는 메인 주에서 낚시를 즐기곤 한다. 딸기와 우유를 좋아하는 나와는 달리 물고기들은 작은 곤충을 좋아한다. 그래서 낚시를 할 때에는 물고기가 좋아하는 것들을 준비한다. 난 낚싯줄에 미끼를 달아놓고 "와서 먹어라, 맛있지?"라고 물고기에게 말을 건넨다.

누군가 영국의 수상 로이드 조지에게 물었다.

"같은 시기에 전쟁을 겪었던 지도자들은 하나둘씩 역사의 무대에서 사라져갔지만 당신은 여전히 권력의 핵심에 있는 비결이 무엇인가요?"

"내가 지금껏 명예와 권력을 유지할 수 있었던 까닭은 바로 물고기를 낚을 때는 물고기가 좋아하는 미끼를 던져두었기 때문이라네."

왜 우리는 항상 자신이 원하는 것에만 관심을 기울이는가? 내게는 큰 의미가 있는 것일지라도 다른 사람들은 전혀 관심이 없을 수도 있다.

그러니 상대방의 마음을 움직이기 위해서는 '그 사람이 원하는 것을 어떻게 얻을 수 있을지'에 대해 이야기해 주어야 한다.

예컨대 아이에게 담배를 피우지 말라고 소리 지르는 대신 "담배를 피우면 네가 좋아하는 농구팀에 들어갈 수가 없단다." 또는 "100미터 달리기 시합에서 지고 말 거야."라고 충고하는 편이 훨씬 낫다.

꧁ 인간이 세상에 첫발을 내딛고 가장 먼저 하는 일은 바로 '스스로를 돕는 것'이다. 누구나 자기 자신에 대해서만 관심을 기울이게 마련이다. 그러니 다른 사람 앞에서 아무리 자신의 생각만을 목청껏 외쳐봤자 쇠귀에 경 읽기에 지나지 않는다.

조카들의 편지 회신

철강왕 앤드류 카네기에게는 예일대학교에 다니는 조카가 둘 있었는데, 학업과 개인생활로 바빠서인지 집으로 연락하는 횟수가 점점 뜸해졌다. 이에 형수님은 자식들에 대한 걱정으로 병이 생길 지경이었다. 이 사실을 안 카네기는 특별히 회신을 부탁하지 않아도 두 조카의 답장을 받을 수 있다고 호언장담을 했다. 그는 일상적인 안부편지를 쓰고는 편지 말미에 5달러를 보낸다는 문구를 적어 넣었다. 물론, 편지 속에 돈은 넣어두지 않았다.

곧바로 조카들에게서 답장이 왔다. 편지의 추신란에는 "돈을 받지 못했습니다. 괜찮으시다면 다시 한 번 부쳐주세요."라고 쓰여 있었다.

𝒮 누군가를 설득하고 싶다면 입을 열기에 앞서 먼저 스스로 자문해보라. "어떻게 하면 상대가 이 일을 하고 싶도록 만들 수 있을까?" 그러면 무작정 문제에 부딪힐 때 낭비되는 쓸데없는 헛수고를 덜 수 있다.

대관료

나는 매 시즌마다 세미나 진행을 위해 뉴욕 어느 호텔의 홀을 약 20일 가량 임대하곤 했다. 그러던 어느 해 시즌이 막 시작될 무렵, 호텔 측에서 대관료를 3배나 인상한다는 통보를 해왔다. 당시 세미나 입장권은 다 팔린 상태였고 장소 공고도 이미 끝난 터라 장소를 변경하기에는 너무 늦은 시점이었다. 그렇다고 인상된 금액을 전부 지불하고 싶지는 않았다. 하지만 호텔 측 담당자와 상의해 봐도 결과는 달라지지 않았다. 그들은 그저 호텔 측의 주장만 되풀이할 뿐이었다. 이틀 후, 나는 총지배인을 찾아갔다.

"호텔 측의 통보를 받고 무척 놀랐습니다. 하지만 당신을 탓할 생각은 없습니다. 제가 당신이었더라도 같은 결정을 내릴 수밖에 없었을 테니까요. 호텔의 이익 극대화가 총지배인의 임무이니, 그렇게 할 수 없다면 자리에서 물러나야겠지요. 하지만 이번 인상폭은 좀 큰 것 같습니다. 괜찮으시다면 이 건에 대한 호텔 측의 이익과 손해 여부를 함께 따져 봐도 될까요?"

나는 종이 한 장을 펼쳐놓고 한가운데에 줄을 그었다. 그러고는 한 쪽에는 '이익', 다른 쪽에는 '손해'라고 적었다. 이어 '이익'이라는 단어 아래 '홀 예약 없음'이라는 구절을 적어 넣고 말을 이었다.

"홀이 비었으니 다른 대형행사나 모임을 주최하여 적잖은 수익을 올릴 수 있겠지요. 물론 저희 같은 세미나행사보다 수익이 많을 수도 있을 겁니다. 그러니 시즌 내 20일 동안이나 홀을 묶어 두는 게 수익 면에서는 그다지 효율적이지는 않겠지요.

그러면 이제 어떤 부문에서 손해가 나는지 생각해볼까요? 먼저, 제가 지불하기로 했던 대관료 수입이 없어지겠죠. 전 이렇게 대폭 인상된 대관료를 지불할 수 없으니 다른 장소를 찾아봐야 할 테고요. 하지만 이 부분은 꼭 고려해보셨으면 하는데요. 제 세미나에는 사회 지도층과 지식층 인사들이 많이 참석합니다. 그들이 이 호텔에 오는 것만으로도 호텔 홍보에 도움이 되지 않을까요?

설사 호텔 측에서 5,000달러짜리 신문광고를 낸다고 해도, 제 세미나만큼 사람을 끌어모으지는 못할 겁니다. 그러니 세미나를 계기로 호텔의 지명도를 높일 수 있다면 충분히 가치 있는 일이 아닐까요?"

나는 총지배인에게 '이익과 손해'를 적은 종이를 건네주며 말을 마쳤다.

"장단점을 잘 고려해보시고 최종 결정사항을 알려주시기 바랍니다."

이튿날, 나는 대관료를 3배가 아닌 50%만 인상하겠다는 호텔 측의 통보를 받았다.

여기서 주목하라! 난 내가 원하는 것에 대해서는 전혀 언급하지 않았다. 그저 상대방이 원하는 것과, 그것을 어떻게 얻을 수 있는지에 관해서만 이야기를 나누었다.

만약 내가 충동적으로 지배인의 사무실로 뛰어 들어가 "입장권도 이미 다 팔렸고 공지도 끝났는데 이제 와서 대관료를 3배나 인상한다니! 이거 너무하는 거 아니오! 말도 안 되오! 난 절대로 더 낼 수 없소!"라고 목청 높여 논쟁을 벌였더라면 상황은 어떻게 되었을까? 알다시피 이런 논쟁으로는 어떤 문제도 해결할 수 없다. 혹여 호텔 지배인이 스스로도 좀 지나친 처사였다고 생각한다고 해도 눈앞에서 짓밟힌 자존심 때문에라도 결코 양보해주지 않았을 것이다.

보통사람들은 대개 흥분을 가라앉히지 못한 채 곧장 사무실로 쳐들어가 "입장권도 이미 다 팔렸고 공지도 끝났는데 이제 와서 대관료를 3배나 인상하다니. 말도 안 되오! 난 절대로 더 낼 수 없소!"라고 분통을 터트렸을 것이다. 그렇다면 결과는 어떨까? 지배인은 자신의 잘못을 인정하지 않을 것이다. 설령 자신이 잘못했다고 생각하더라도 말이다.

식욕이 왕성해진 이유

세미나에 참가한 한 회원은 아이 문제로 걱정하고 있었다. 안 그래도 허약한 아이가 밥도 잘 먹지 않고 편식까지 심했기 때문이다. 게다가 이제는 아이를 어르고 달래는 데 지친 나머지 부모마저 명령조로 지시하기에 이르렀다. 예컨대 이런 식이었다.

"이걸 먹어! 그래야 건강하게 자랄 수 있어!"

하지만 아이가 부모의 말에 귀를 기울였을까? 당연히 아니다. 그 누구라도 자기가 관심 없는 이야기 따위는 한 귀로 듣고 한 귀로 흘리게 되어 있다. 더구나 세 살배기 아이가 어떻게 서른 살 아버지의 심정을 이해할 수 있겠는가? 결국 아버지도 자신의 방법이 헛된 노력이라는 것을 알아차렸다.

"아이가 원하는 것이 무엇일까? 어떻게 해야 내 바람과 아이의 소망을 일치시킬 수 있을까?"

생각을 바꾸자 문제는 의외로 간단하게 해결되었다. 아이는 집 앞 도로에서 세 발 자전거 타기를 무척 좋아했는데 근처에 사는 개구쟁이 소년이 아이의 자전거를 빼앗아 장난을 치기 일쑤였다. 아이는 울면서 엄마에게 일러 바쳤고, 엄마는 매번 개구쟁이에게서 자전거를 뺏어 와야 했다.

생각이 여기에 미치자 아이가 원하는 것이 무엇일지 알 수 있었다. 자존심에 상처를 입은 아이는 자신을 괴롭혀온 개구쟁이에게 본때를 보여주고 싶을 것이었다. 아버지는 이렇게 말했다.

"밥을 잘 먹으면 금방 쑥쑥 클 거야. 그러면 너보다 덩치 크고 힘센 아이들도 이길 수 있단다."

그 말을 듣자 아이는 왕성한 식욕을 보이며 편식습관을 고치고 시금치, 배추, 생선조림 등 무엇이든 가리지 않고 잘 먹게 되었다.

사람의 심리 활동은 물리적인 분자활동보다 덜 복잡하지만 이를 이해하기 위해서는 더 많은 노력을 기울여야 한다. 위의 이야기에서 아이는 스스로의 자존심을 지키고 '중요한 사람'이라는 인정을 받길 원했다. 따라서 그 욕구를 충족시켜주는 것이야말로 무엇보다 값진 보상이 되는 셈이다.

오줌싸개 길들이기

쟈니는 할머니와 함께 잠을 잤다. 그리고 아침마다 할머니는 흠뻑 젖은 침대를 가리키며 손자를 나무랐다.

"봐라, 쟈니. 또 오줌을 쌌구나."

그러면 쟈니는 도리도리 고개를 내저으며 말했다.

"아니에요. 저 아니에요. 할머니가 싼 거잖아요."

엄마가 아무리 혼내고 달래고 잔소리를 해도 언제나 이런 식이었다. 결국 부모는 어떻게 해야 쟈니의 버릇을 고칠 수 있을지를 고민하기 시작했다.

쟈니는 아빠가 입는 것 같은 잠옷을 입고 싶어 했고 자기만의 침대를 갖고 싶어 했다. 그래서 할머니는 쟈니가 밤마다 사고만 치지 않는다면 잠옷을 사주겠노라고 약속했다. 그리고 엄마는 쟈니를 데리고 쇼핑센터에 갔다.

어머니는 침대 매장 아가씨에게 찡긋 눈치를 주며 입을 열었다.

"우리 꼬마 신사가 뭘 사고 싶다네요."

그러자 아가씨는 한껏 분위기를 맞춰주며 쟈니에게 말을 건넸다.

"꼬마 손님, 무엇이 필요하세요?"

으쓱해진 쟈니는 어른스러워 보이려고 애를 쓰며 대답했다.

"제 침대를 사러 왔어요."

엄마는 자신이 미리 봐둔 침대에 쟈니가 관심을 보이자 다시 아가씨에게 눈짓을 보냈고, 아가씨는 그 침대에 대해 상세히 설명을 해주었다. 결국 쟈니는 그 침대를 사기로 결정했다.

침대가 배달된 날 저녁, 쟈니는 아버지가 집으로 들어오기가 무섭게 "아빠, 아빠! 빨리 와서 보세요. 내가 산 침대예요!"라고 소리쳐댔다.

아버지는 아이에게 아낌없는 찬사를 보내주었다. 그리고 한마디 덧붙였다.

"쟈니, 이 침대에는 오줌을 싸지 않겠지?"

"그럼요. 절대로요. 아빠!"

그리고 쟈니는 그 약속을 지켰다. 오랫동안 갖고 싶었던 자기만의 침대였기 때문이다. 이제 쟈니는 아버지처럼 잠옷을 입고 자기만의 침대에서 잠을 잔다.

사람은 누구나 자신을 드러내고 싶어 한다. 그러나 좋은 아이디어가 떠올랐을 때는 마치 상대방이 생각해낸 것처럼 교묘히 유도하라. 물론 상대가 눈치채지 못하게 해야 한다. 그것이 자신의 아이디어라고 믿는 상대가 당신의 든든한 지원군이 될 테니 말이다.

How to Win Friends & Influence People

2장

호감을 얻는
6가지 원칙

1

진심 어린 관심과
애정을 보여라

상대에게 진심으로 관심을 기울이는 사람은 그저 사랑을 갈구하는 이보다 친구를 훨씬 많이 얻을 수 있다.

진정한 친구

내가 다섯 살 때 아버지는 노란빛이 감도는 강아지 '티피'를 사주셨다. 티피는 당시 내 삶의 벅찬 기쁨이자 희망이었다. 매일 오후 4시 반이면 티피는 앞마당에 나와 초롱초롱한 눈을 반짝이며 골목길을 주시했다. 그리고 내 발자국 소리가 들리거나 도시락 통을 들고 오는 내 모습이 보일 때면 쏜살같이 달려와 날 반겨주었다.

하지만 티피와의 우정은 5년 만에 막을 내리게 되었다. 내 옆에서 놀고 있던 티피가 벼락에 맞아 죽고 말았던 것이다. 티피의 죽음은 어린 시절에 가장 비극적인 사건이었다. 내게 순수한 관심을 기울여주었던 티피는 진실로 마음을 열어 보였던 진정한 친구였기 때문이었다.

많은 이들은 강아지를 마치 가족처럼 끔찍이 생각한다. 대체 왜일까? 인간에게 관심을 갖고 가장 친밀하게 구는 애완동물이 바로 강아지이기 때문이다. 자. 여기서 우리는 어떤 교훈을 얻을 수 있을까?

최고가 된 비결

최고의 마술사 하워드 서스톤은 약 40여 년간 세계 각지를 다니며 수많은 관객들을 매혹시켰고, 약 6천만 명 이상의 관객이 그의 쇼를 관람했으며 그간의 수익만도 200만 달러에 달했다.

인생의 성공비결을 묻는 내게 서스톤은 이렇게 대답했다.

"학교 교육과는 상관없는 것 같네. 난 일찌감치 집을 나와 떠돌이 생활을 했거든. 잔디밭에서 밤을 지새우고 길가에서 밥을 얻어먹기도 했지. 그리고 철로에 있는 표지판을 보고 글자를 배웠다네."

"그렇다면 어떻게 그리 탁월한 마술을 익힐 수 있었나요?"

"사실, 요즘에는 마술에 대한 책만도 수백 권이나 되네. 그래서 나만큼이나 마술을 잘하는 사람도 많을 거야. 허나 난 나만의 개성 있는 공연을 펼친다네. 공연에서 보여주는 동작 하나하나, 자세 그리고 말투까지 모두 치밀하게 짜인 각본대로 연습하지."

그러나 그보다 더 중요한 것은 서스톤이 관객들에게 품고 있는 깊은 애정이었다. 사실 많은 마술사들이 관객들을 바라보며 '쯧, 아둔한 자들 같으니. 오늘도 한번 제대로 속여 봐야지.'라고 생각하곤 한다. 하지만 서스톤은 매번 무대에 오를 때마다 스스로에게 '이렇게 멋지고 감사한 관객들에게 최고의 공연을 선사해야지. 덕분에 내가 이 삶을 즐길 수 있지 않은가!'라고 되뇐다고 했다.

그는 관중 앞에 나서기 전에 몇 번이고 "나는 관객들을 사랑한다, 나는 관객들을⋯."라고 중얼거렸다. 이것이 바로 서스톤이 최고의 마술사가 된 성공비결이었다.

♬ 상대의 관심을 원하기만 하는 자는 결코 많은 친구를 사귈 수 없다. 이렇게 생각해보자. "나조차도 나 자신밖에 관심을 갖지 않는데 다른 사람이라고 다를 리 없지 않은가?"

존경받는 대통령

루즈벨트 대통령 재임 당시 백악관의 흑인 시종이었던 아모스는《시어도어 루즈벨트-시종들의 영웅》에서 다음과 같은 감동적인 일화를 소개했다.

한번은 내 아내가 대통령께 "메추라기는 어떻게 생겼나요?"라고 여쭌 적이 있었다. 그러자 대통령께서는 메추라기를 한 번도 본 적이 없는 아내를 위해 무척 상세하게 설명해주셨다. 잠시 후, 우리 집으로 전화가 걸려왔다. 나와 아내는 루즈벨트 대통령 관저 내의 작은 오두막에서 살고 있었는데 대통령께서는 "지금 메추라기가 그리로 날아갔으니 창문 밖을 내다보게."라며 손수 아내에게 전화를 주신 거였다.

대통령께서는 아무리 사소한 일에라도 진심 어린 관심을 기울여주시는 분이셨다. 언제든 우리 집 앞을 지나가실 때면, 심지어 우리 모습이 보이지 않아도 다정한 목소리로 "여어, 애니! 아모스!"라고 불러주시곤 했다. 이런 주인을 어찌 좋아하지 않을 수 있겠는가?

하루는 퇴임한 루즈벨트가 태프트 대통령을 만나기 위해 백악관을 방문했다. 그런데 때마침 태프트 대통령 내외가 자리를 비운 터라 헛걸음을 한 셈이었다. 그러나 루즈벨트는 예전에 알고 지내던 하인들 모두에게 이름을 불러가며 친절히 인사를 건넸다. 당시 백악관에서 일했던 아치 버트는 이렇게 적고 있다. 전 대통령께서 부엌에서 일하던 앨리스를 보시곤 "여전히 옥수수빵을 만드는가?"라고 물으셨다. "빵을 만들긴 하지만 그건 저희 하인들끼리만 먹습니다. 윗분들은 드시지 않으세요." 그러자 루즈벨트는 큰 소리로 "음식 맛을 모르는 사람들이군. 내가 대통령을 만나면 한마디 해야겠네."라고 말씀하셨다. 이어 앨리스가 전 대통령께 옥수수빵을 갖다 드리자 그는 빵을 먹으면서 사무실로 걸어갔다. 그리고 가는 길에 마주치는 정원사, 일꾼들 모두에게 인사를 건네셨다.

그분께서는 예전 대통령 시절에 그러했듯 모두에게 친절한 미소를 보내셨다. 이에 늙은 하인들은 눈물을 머금고 말했다.

"최근 들어 이렇게 행복했던 날이 없었어. 천만금을 준다 해도 오늘과는 바꿀 수 없어."

개인의 능력과 직업은 각기 다를 수밖에 없다. 이로 인해 사회 내의 지위고하가 정해지는데, 지위가 높은 사람일수록 아랫사람을 잘 돌보아야 한다. 그리하면 더없이 큰 존경과 충성심을 얻게 될 것이다.

생일 목록

최근 몇 년간, 나는 친구들의 생일을 알아내는 데 노력을 기울였다. 솔직히 난 별자리 이론에 대해 전혀 아는 바가 없다. 하지만 친구들을 만날 때마다 "별자리가 성격을 결정한다는 이론을 믿는가?"라고 운을 떼어 그의 생일을 알아내곤 했다. 예를 들어, 친구가 11월 24일이라고 말해주면 재빨리 그 날짜를 기록해두고 집에 돌아와서 '생일 목록'에 옮겨 적는 것이다.

이후 매년 초가 되면 달력에 친구들의 생일을 표시해두고 그때마다 축하엽서나 카드를 보낸다. 가끔은 친구의 생일을 기억해주는 사람이 나 하나밖에 없었던 적도 있었다.

누구나 자기 생일에 대해서는 애착을 가지기 마련이다. 나이가 들면서 스트레스, 바쁜 스케줄 등으로 인해 생일을 챙기지 못하는 경우가 있지만, 마음속으로는 결코 잊어버리지 않는다. 그러니 이런 날에 생각지도 못했던 축하를 전해준다면 그야말로 감동이 배가 되지 않겠는가?

우표로 인해 얻은 성공

뉴욕의 일류 은행에서 근무하는 찰스 월터스는 한 기업의 현황 보고서를 작성하라는 지시를 받고 정보를 얻기 위해 직접 그 기업의 사장을 방문했다.

그가 막 사장실로 들어가는데 젊은 여비서가 사장에게 "오늘은 갖다드릴 우표가 없습니다."라고 보고하는 소리가 들렸다. 사장은 조용히 고개를 끄덕이며 월터스에게 말을 건넸다. "열두 살짜리 아들 녀석이 우표를 수집하는 중이거든요."

이윽고 월터스는 찾아온 용건을 설명하고 몇 가지 질문을 던졌다. 하지만 사장은 그저 애매모호하게 에둘러 말할 뿐 자세히 설명해주지 않았다. 월터스가 아무리 애를 써도 더 이상의 정보는 얻을 수 없을 듯했다. 면담은 아무런 소득 없이 짧게 끝났다.

"솔직히, 어찌해야 할지 막막하더군요. 그런데 그 순간 열두 살짜리 아들과 우표 이야기가 생각났어요. 제가 근무하던 은행의 외환부서에는 전 세계 희귀우표들이 많이 있었거든요. 다음날 오후, 저는 우표 몇 장을 챙겨들고 다시 사장을 찾아갔습니다. 사장의 반응이 어땠을지 상상이 가나요? 그는 함박웃음을 머금고 내 손을 부여잡더니 무척이나 반가워하더군요. 그리고 우표들을 찬찬히 살펴보다가 '우리 조지가 정말 좋아하겠군요. 음, 이건 정말! 최고네요!' 라고 하더군요. 우리는 30분 동안이나 우표에 대한 얘기를 나눴고 사장은 아들 사진까지 보여주며 기쁨을 감추지 못했습니다. 얼마 후, 사장은 제가 필요했던 상세정보를 모두 알려주더군요. 특별히 요청하지도 않았는데 말입니다. 게다가 이것으로는 성에 차지 않았던지 회사 직원을 불러 더 자세하게 물어보고 친구에게 전화를 걸기도 했습니다. 그는 필요한 모든 항목의 보고서, 서신, 데이터 등을 가득 안겨주었습니다. 그야말로 엄청난 소득이었죠."

사람은 감정의 동물이다. 누구에게도 이용당하고 싶지 않은 것은 당연하다. 그러니 이 점을 잘 이용한다면, 부탁하는 입장에서도 상대의 만족과 감사를 이끌어 낼 수 있다.

2시간의 성과물

연료공장 세일즈맨이었던 크나플은 어느 대형 체인점의 연료 공급권을 따기 위해 수년 동안 온갖 노력을 기울였다. 하지만 그 기업은 교외의 다른 연료공장에서만 연료를 구입했다. 게다가 타사의 연료 트럭은 매번 크나플의 사무실 앞 도로를 지나가는 것이 아닌가! 화가 머리끝까지 치솟은 그는 "그놈의 기업, 아무짝에도 쓸모없는 주제에!"라고 악담을 퍼붓곤 했지만 내심 답답하기 그지없었다. 대체 왜 우리 공장의 연료는 사지 않는 거지?

나는 크나플에게 색다른 방법을 제시했다. '체인형 기업의 발전이 국가에 미치는 영향'이라는 주제로 토론회를 열고 크나플은 체인형 기업을 옹호하는 입장에 서서 토론을 하기로 한 것이었다.

며칠 후, 그는 해당 체인형 기업의 담당자를 찾아갔다.

"오늘은 연료를 팔러 온 것이 아닙니다. 다른 일로 상의드릴 일이 있어서요."

크나플은 먼저 토론회에 대한 이야기를 하고 이렇게 물었다.

"선생님만큼 제 주장에 힘을 실어줄 분이 없어서요. 토론회에서 이기고 싶은데, 괜찮으시다면 관련 자료를 좀 빌려주실 수 있을까요?"

후일에 크나플은 이후의 상황에 대해 이렇게 묘사했다.

"전 1분 정도만 면담하기로 하고 담당자를 만났습니다. 그런데 제 말을 들은 그가 갑자기 앉으라고 하더군요. 그리고 우린 1시간

47분이나 이야기를 나눴습니다. 그는 체인업계에 대해 책을 쓴 다른 전문가에게 전화를 걸어주었고, 심지어는 전국 체인업 협회에 서신을 띄워 관련 자료를 열람할 수 있도록 해주었습니다. 체인기업이 진정 사회에 기여하고 있다고 믿으며 자신의 일에 대해 엄청난 자부심을 갖고 있더군요. 이야기를 나눌 때, 그 사람의 두 눈은 반짝반짝 빛이 날 정도였습니다. 전 마치 새로운 세상을 본 것처럼 그의 이야기 속으로 빨려 들어갔습니다. 지금껏 알지 못했던 것들을 이해하게 되면서 체인기업에 대한 고정관념도 바뀌게 되었지요.

모든 이야기를 마치고 자리를 뜰 때, 그는 나를 문밖까지 배웅해주며 토론회에서 반드시 승리하길 바란다고 격려해주었습니다. 그리고 토론회가 어떻게 되었는지 그 결과도 꼭 알려달라고 하더군요. '봄 즈음에 한 번 찾아오세요. 연료 계약에 대해 상의해 봅시다.'라는 말과 함께요.

이건 마치 기적과도 같은 일이었습니다. 연료에 대해서는 입도 뻥긋하지 않았는데 그가 자진해서 연료를 구매하겠다고 한 겁니다. 단지 그가 관심을 가진 분야에 대해 흥미를 보인 것뿐이었는데… 단 두 시간 만에, 지난 10년 동안에도 이루지 못한 성과를 얻어낸 것이지요. 예전에는 저 자신과 연료에만 온통 관심을 쏟았다면, 이젠 그와 그의 문제에 대해 귀를 열어놓았기 때문이겠지요."

ⱱ 자신에게서 타인을 향해 시선을 돌리는 것만으로도 새로운 세상이 펼쳐질 수 있다. 큰 힘 들이지 않고도 단시간에 엄청난 이득을 얻을 수 있음은 물론이다.

반가운 인사

존슨앤존슨사의 영업사원이었던 에드워드 사익스는 겉보기에 별로 보잘것없는 사람도 결정적인 순간에는 엄청난 힘이 될 수 있다는 사실을 경험했다.

"몇 년 전, 메사추세츠 주에 있는 한 거래처를 담당하고 있었습니다. 매번 거래처를 방문할 때면 먼저 직원들과 안부를 주고받았고, 그런 다음에 담당자와 미팅을 했지요. 그러던 어느 날, 거래처 담당자가 이제는 존슨앤존슨 제품은 구매하지 않겠다고 하는 것이 아닙니까? 존슨앤존슨사가 식료품점과 할인매장에만 지나치게 신경을 쓰고 있어서 자기들 같은 소매업자는 손해 보는 기분이라면서요. 전 하는 수 없이 거래처에서 나와 몇 시간이나 거리를 배회했지요. 결국, 최소한 내 입장은 설명해야겠다는 생각에 거래처로 다시 돌아갔습니다.

전 평소처럼 직원들에게 인사하고 담당자를 찾아갔지요. 그런데 그가 미소 지으며 저를 반기는 것이 아니겠습니까? 게다가 평상시보다 두 배나 많은 주문을 하더군요. 전 너무나 놀라서 '혹시 무슨 일이라도 있었습니까?'라고 물었지요. 그러자 담당자는 직원 한 명을 가리키며 말했습니다. '저 젊은이가 그러더군요. 상점에 들어오면서 자기들에게 인사를 하는 영업사원은 사익스 씨밖에 없다고요. 거래를 할 거라면 사익스 씨 같은 분과 해야 한다더군요. 저도 그 말에 공감했습니다. 그러니 이제 계속해서 거래를 하기로 하죠.'"

진정으로 성숙한 사람은 위대한 인물 혹은 자신의 이익과 관련된 사람에게만 흥미를 보이는 건 아니다. 오히려 자기 주변에 있는 평범한 사람들에게 이를테면, 아침 조깅 중에 만난 동네 주민 또는 식당에서 합석하게 된 낯선 사람 등에게 반가운 인사를 건넬 수 있는 여유를 가진 사람이다.

고마운 편지

뉴욕 노스 아메리카 내셔널 뱅크의 사보에는 그 은행의 예금주인 메들린 로즈데일의 편지가 실려 있었다.

"귀사의 직원들에게 감사의 마음을 전하고 싶어 편지를 띄웁니다. 모든 분들이 매우 정중하고 열정적이시더군요. 오래도록 줄을 서 있다가도, 친절하게 맞아주는 창구 직원을 대할 때면 기분이 좋아지곤 합니다. 특히, 작년에 저희 어머니께서 5개월간 입원하신 적이 있는데 마리 페트루첼로 양은 저희 어머니의 안부까지 물어봐 주시더군요."

로즈데일 부인이 이 은행과 계속해서 거래를 하리라는 사실은 두말할 필요가 없지 않은가!

🔔 진정으로 친구를 사귀고 싶다면 온 마음을 다해 상대를 반겨라. 비록 아무런 도움이 되지 못하더라도 진실한 감사의 인사를 받게 되리니. 좋은 친구를 사귄다는 건 무척이나 기쁜 일이 아닌가?

추수감사절의 만찬

뉴욕 주 롱아일랜드에서 우리 세미나에 참석했던 마틴 긴즈버그는 자기 인생에 깊은 영향을 끼쳤던 간호사에 대해 이야기해주었다.

"그날은 추수감사절이었어요. 겨우 열 살이었던 저는 시립병원에서 다음날 있을 수술을 기다리고 있었지요. 아버지는 이미 돌아가신 뒤였고, 어머니는 하필 그날 병원에 오지 못하셨어요. 너무 외롭고 두려웠던 저는 침대에 머리를 묻고 숨죽여 울기 시작했습니다. 저희 모자는 사회복지 기금으로 근근이 살아가던 터라 추수

감사절 만찬을 준비할 돈도 없었고 혼자 처량하게 집에 있을 어머니도 너무 가여워 눈물이 났어요. 전신이 부들부들 떨릴 만큼 서럽게 울던 제게 한 간호사가 다가오더군요. 그녀는 베개를 걷어내고 제 눈물을 닦아주었습니다.

'가족들이 없으니 외롭지? 나랑 같이 저녁 먹을래?'

전 고개를 끄덕였지요. 곧 칠면조 요리, 구운 감자, 크랜베리 소스와 디저트 아이스크림을 한가득 들고 온 간호사는 재미있는 이야기를 들려주며 제 두려움을 없애주었습니다. 원래 4시에 퇴근할 예정이었음에도 11시까지 곁에 있어주었고요. 그전까지 제게 추수감사절은 무척이나 슬프고 외로운 날이었습니다. 하지만 그날 이후로 그런 생각은 아예 없어졌지요. 그 간호사 분의 따뜻한 배려 덕분입니다."

인간은 누구나 고독하며 타인의 관심과 애정을 받고 싶어 한다. 사랑이란! 베풀면서 기쁨을 느낄 뿐 아니라 상대에게도 진심어린 감동을 전해준다.

2

미소 띤 얼굴로
다가서라

> 한 세일즈맨은 고객을 방문하기 전에 자신에게 가장 행복했던 기억을 떠올리며 함박웃음을 짓곤 한다. 그리고 미소가 잔잔해질 무렵, 고객의 문을 두드린다. 그는 "만면에 미소를 머금은 얼굴"이 가장 큰 호감을 불러온다고 믿고 있었다.

미소의 힘

최근 뉴욕에서 열린 어느 파티에 참석했는데 초대 손님들 가운데는 막대한 유산을 갓 상속받은 부인도 있었다. 그녀는 사람들의 주목을 끌기 위해 값비싼 모피와 다이아몬드, 진주로 치장하고 있었다. 하지만 부인의 얼굴에서 드러나는 천박한 이기심은 무엇으로도 숨길 수가 없었다. 그녀는 아무래도 신사는 출중한 외모나 화려한 장신구가 아닌 고상한 품위와 우아한 미소에 매혹당한다는 사실을 모르는 듯했다.

일전에 슈왑은 "내 미소는 100만 달러짜리네."라고 말했었다. 슈왑은 그만의 인간적인 매력과 유연한 처세술로 오늘날의 성공을 일궈냈다. 그리고 그 매력의 하이라이트야말로 바로 부드럽고 온화한 미소가 아닌가. 그가 말하고자 한 것이 바로 이 미소의 힘이리라.

🧘 매력적인 이는 다른 사람의 눈길을 끄는 무언가가 있다. 그 가운데 가장 돋보이는 것이 바로 사람의 마음을 움직이는 미소다. 아름다운 미소는 부자라도 결코 돈을 주고 살 수 없는 귀중한 보물이다.

삶을 바꿔준 미소

얼마 전, 나는 비즈니스맨들을 위한 조찬 세미나에서 한 가지 제안을 했다.

"만나는 이들에게 적극적으로 미소를 지어보세요. 딱 일주일만 해보는 겁니다. 그리고 그 결과에 대해 알려주세요."

자, 이제 뉴욕 증권거래소에서 일했던 스타인하트 씨의 편지를 공개하겠다. 하지만 그의 경험이 전혀 특별할 것 없는 매우 일반적인 성취임을 기억하기 바란다.

"전 결혼한 지 18년이 되었습니다. 그동안에는 아침에 출근준비를 하면서 거의 웃어본 적이 없었어요. 귀찮아서 아내에게 말도 걸지 않았지요. 하지만 선생님께서 일주일간의 미소 짓기를 제안하셨을 때, 한번 해보기로 마음을 먹었습니다. 다음날 아침, 전 거울 속에 비친 무뚝뚝한 제 얼굴을 보고 '빌, 오늘은 얼굴을 좀 펴라고. 이제부턴 만나는 사람 모두에게 웃어주는 거야.'라고 다짐했지요. 제일 먼저 아내에게 다정한 아침인사를 건넸습니다. '좋은 아침이야, 여보!'

선생님께서 아내가 무척 놀랄 거라고 말씀하셨죠? 하지만 제 아내는 그 이상으로 충격을 받은 것 같았습니다. 매우 당황해하며 어찌해야 할 바를 모르더군요. 하지만 그와 동시에 무척이나 기뻐하는 것이 느껴졌습니다. 그 후로 두 달 동안, 전 매일 아침 아내에게 인사를 건넸습니다. 이제 저희 가정은 그 어느 때보다 사랑으로 충만하게 되었습니다.

전 회사에 출근할 때 엘리베이터 승무원과 수위 아저씨에게도 미소를 지으면서 아침인사를 건넸습니다. 무미건조하기 이를 데 없는 거래처 사람들에게도 미소를 지어보였죠. 그러니 그들도 미소로 답해 주더군요. 전 모두들 진심 어린 미소에 목말라 있다는 것을 깨달았습니다.

불만에 가득 차 투덜대는 사람들조차도 정성껏 그들의 이야기를 들어주다보면 어느 순간 골치 아픈 일이 다 해결되는 경우도 있었습니다. 미소를 짓기 시작하면서 돈도 더 많이 벌어들였습니다.

　전 지금 다른 중개인과 사무실을 같이 쓰고 있습니다. 그런데 어느 날부터인가 사무실 직원 중 한명이 제게 호감을 표하더군요. 그래서 전 그 청년에게 최근에 배운 처세술에 대해 이야기해주었습니다. 그는 절 맨 처음 봤을 때 성격도 괴팍하고 꽉 막힌 사람인 줄 알았다더군요. 그런데 최근에 그 생각이 완전히 바뀌었답니다. 제가 웃을 때는 인간미가 넘친다나요!

　전 질책하고 비난하던 습관 대신 칭찬하고 격려하는 습관을 기르기로 했습니다. 더 이상 '이걸 가져와, 이렇게 해야 돼.'라며 제 의견만 고집하는 대신, 상대방의 입장에서 생각하려고 애를 씁니다. 이제 제 생활은 완전히 바뀌었습니다. 전보다 훨씬 행복하고 부유한 삶을 누리게 된 것이죠."

　이 편지의 주인이 뉴욕 증권거래소에서 근무하는 유능한 증권 거래인이라는 사실을 잊지 마라. 주식 중개업은 100명 중 99명이 실패하는 어려운 직업에 속한다.

　　천진난만한 아기에게 미소 짓기는 쉽지만, 무표정한 얼굴의 철학박사에게는 접근하기조차 힘이 든다. 생활 속에서 풍부한 표정을 짓는 연습을 하라. 미소는 당신의 삶을 완전히 새롭게 해줄 것이다.

유쾌한 미소의 변화

멕시코의 마리아 곤잘레스는 주변에 무엇이든 함께 나눌 동료가 없어 외롭고 우울한 날들을 보내고 있었다.

그녀는 다른 동료들이 함께 웃고 떠드는 모습을 보며 무척 부러워했다. 하지만 수줍음이 많았던 마리아는 회사 복도에서 다른 직원들을 마주치기만 해도 고개를 돌려버리곤 했다.

이렇게 몇 주를 흘려보낸 뒤, 마리아는 이제 스스로 변해야겠다고 결심했다. '마리아, 다른 사람이 먼저 와서 인사를 해줄 거라고 기대하지 마. 네가 먼저 다가서는 거야!'

그 후부터 마리아는 복도에서 마주치는 사람들에게 '안녕하세요!'라는 말과 함께 미소를 지어보였다. 결과는 훌륭했다. 동료들과의 관계가 훨씬 넓어진 것은 물론 담당업무 역시 탁월하게 진척되었다. 무엇보다 그녀 스스로가 유쾌하고 즐거운 삶을 누리게 되었으니 이보다 더 좋은 일이 있겠는가!

🐾 친구를 사귀기 싫은 것이 아니라 단지 부끄러움 때문에 한 발 물러서 있는 경우가 많다. 용감해져라! 대범한 당신이 먼저 다가선다면 그들 역시 움츠린 어깨를 펴고 반갑게 맞아줄 것이다.

마음을 움직인 미소를 머금은 목소리

목소리의 힘이 얼마나 큰지 알고 있는가? 얼마 전, 오하이오주 신시내티에서 한 소규모 컴퓨터회사를 운영하는 사장이 이런 이야기를 들려주었다.

"당시 우리 회사에서는 컴퓨터공학 박사 인력을 채용하려고 무척이나 애를 쓰고 있었습니다. 드디어 회사 조건과 딱 맞아 떨어지는 인재를 발견했지요. 그런데 몇 차례 전화인터뷰를 하면서, 우리보다 훨씬 크고 유명한 대기업 몇 군데서 그 친구에게 입사 제의를 해왔음을 알게 되었습니다. 때문에 그가 최종적으로 우리 회사를 선택했을 때 무척 기쁜 한편 조금 의아하더군요. 전 왜 더 좋은 기회를 버리고 우리 회사를 선택했는지 물어봤지요.

'그 대기업 인사담당자들과 통화할 때는 무척 사무적이고 냉랭한 분위기였습니다. 제 자신이 마치 상품처럼 거래되는 듯한 느낌이었죠. 하지만 사장님께서는 진심으로 저와 함께 일하고 싶으신 것 같았습니다. 전화 음성만으로도 흐뭇하게 미소 짓는 모습을 떠올릴 수 있었으니까요.' 그제야 전 깨달았습니다. 미소를 머금은 목소리 하나만으로 그 친구의 마음을 움직였다는 것을요."

전화기 옆에 거울을 놓아두어라. 그리고 통화를 할 때 미소를 짓고 있는지, 한번 확인해보아라. 절대로 미소의 힘을 과소평가하지 마라. 상대는 당신의 목소리나 어조만으로도 모든 것을 느낄 수 있다.

이름을
기억하라

누군가 전화를 해서 잡아먹을 것처럼 살기등등하게 고함을 친다고 생각해보라. 단지 그의 이름을 틀리게 기재했다는 이유로 말이다.

이름을 기억하는 습관

1898년 어느 겨울, 이제 열 살이 된 짐은 갑작스런 아버지의 죽음으로 가족의 생계를 꾸리기 위해 벽돌공장에서 일하게 됐다. 그는 모래를 부어 벽돌을 찍어낸 뒤 햇볕에 말리는 작업을 했다. 짐은 학교 교육도 제대로 받지 못했지만 아일랜드인 특유의 쾌활함을 지닌 유쾌한 아이였다. 후일에 정계에 입문한 그는 여전히 누구에게나 친절했으며 특히 상대의 이름을 잊는 법이 없었다.

짐은 고등학교도 못 다녔지만 마흔여섯 살이 되기도 전에 4개 대학에서 명예 학위를 받았고 민주당 전국위원회 의장과 미국 체

신부 장관을 지냈다. 언젠가 나는 짐 팔리를 인터뷰하면서 그의 성공비결에 대해 물어보았다. 그의 대답은 간단했다.

"열심히 일하는 거라네."

"농담이시죠?"

"그럼 뭐라고 생각하시오?"

"1만 명의 이름을 외우고 계신다고 들었습니다만…."

"아니오, 틀렸소. 5만 명이오."

짐은 이런 특출한 능력으로 프랭클린 루즈벨트를 대통령으로 당선시키는 데 지대한 공헌을 했다. 그는 젊은 시절에 세일즈맨 또는 서기로 일할 때부터 사람들의 이름을 기억하는 습관을 들였다.

방법은 무척 간단했다. 새로운 사람을 만날 때마다 상대방의 이름, 직업, 가족, 정치성향 등을 꼼꼼히 마음속에 새겨두는 것이었다. 그리고 후일에 다시 만났을 때에 그의 가족들이 어찌 지내는지 심지어는 화초들이 잘 크는지에 대해서까지 허심탄회하게 이야기를 나누곤 했다.

대통령 경선이 시작되기 수개월 전부터 짐은 미국 서부 및 서북부의 지인들에게 매일 수백 통의 편지를 보냈다. 그리고 단 19일 동안 미국의 20여 개 주를 돌며 장장 1만 9천 킬로미터에 달하는 거리를 여행했다. 그는 기차, 마차, 자동차, 배 등을 타고 미국 전역을 순회했고 각지의 마을에 들러 주민들과 격의 없는 대화를 나누었다.

여정을 마치고 집으로 돌아온 후, 짐은 각지의 친구들에게 자신이 만났던 사람들의 명단을 보내달라고 부탁했다. 곧 수만 명의 명단을 전해 받은 그는 한 사람 한 사람에게 애정 어린 친필서신을 띄웠다. '존경하는 톰에게' 또는 '친애하는 제인에게'라는 인사와 함께 말이다.

  사람들은 위인이나 대통령의 이름보다 자신의 이름에 더 많은 관심을 기울인다. 만약 상대방의 이름을 기억해두었다가 자연스럽게 불러준다면, 그에게는 더할 나위 없는 기쁨으로 다가오리라. 반면에 혹시라도 상대의 이름을 잘못 기억하거나 잊어버렸을 때에는 난처한 상황에 맞닥뜨릴 뿐 아니라 엄청난 손해를 볼 수도 있다.

이름의 힘

어린 시절부터 사람과 조직을 다루는 데 천부적인 재능을 보인 앤드류 카네기는 이 덕분에 엄청난 부를 쌓게 되었다. 열 살 무렵, 카네기는 사람들이 자신의 이름에 대해 엄청난 애착을 지니고 있음을 깨닫고 이를 생활 속에서 활용했다.

어느 날, 어린 카네기는 어미 토끼 한 마리를 얻게 되었다. 토끼는 곧 한 무리의 새끼 토끼를 낳았는데 안타깝게도 그 많은 토끼

들을 먹일 먹이가 없었다. 그는 곧 한 가지 방법을 떠올렸다. 동네 아이들에게 토끼 먹이를 구해오면 그 아이들의 이름을 붙여주겠다고 약속한 것이었다.

이 방법은 기대 이상으로 좋은 효과를 거두었고 이후 카네기는 이때의 교훈을 잊지 않았고 수년 후에는 이 방법을 응용하여 사업상 엄청난 성공을 거두었다.

펜실베이니아 철도회사에 강철 레일을 납품할 때의 일이다. 당시 이 철도회사의 사장 이름이 에드가 톰슨이었는데 카네기는 곧 피츠버그에 거대한 강철공장을 세운 뒤 '톰슨 강철공장'이라는 이름을 붙였다.

생각해보라, 펜실베이니아 철도회사의 톰슨은 어느 회사에서 강철을 구입했겠는가?

한번은 카네기와 풀먼이 소형 기차 및 객차 서비스 사업권을 두고 이권 다툼을 벌일 때였다. 당시 카네기의 센트럴 운송회사와 풀먼의 기업은 유니언 퍼시픽 철도회사의 계약을 따기 위해 출혈 경쟁을 벌였고 결국 양쪽이 다 손해를 볼 수밖에 없는 지경에 이르렀다.

결국 카네기와 풀먼은 유니언 퍼시픽 이사회와 면담을 하기 위해 뉴욕에 도착했다. 드디어 성 니콜라스 호텔에서 풀먼과 만나게 된 카네기는 풀먼에게 말을 건넸다.

"안녕하십니까? 풀먼 씨. 우리 둘 다 바보짓을 하고 있는 것 아십니까?"

"그게 무슨 말입니까?"

카네기는 두 기업의 제살 깎아먹기 경쟁이 아닌 합병을 통해 더 큰 기회를 창출해내자는 제안을 했다. 풀먼은 카네기의 제안을 주의 깊게 듣고 있었으나 확실한 결정을 내리지는 않았다.

그는 반신반의하는 표정으로 물었다.

"새로운 회사를 세우면 이름은 뭐라고 지을 겁니까?"

"물론 풀먼 씨의 이름을 따야지요."

이 대답에 풀먼은 두 눈을 반짝거리며 유쾌한 미소를 지었다.

"제 방으로 가시지요. 좀 더 이야기를 나눠봅시다."

이렇게 산업계의 새로운 역사가 탄생하게 되었다.

사람은 누구나 자신의 명성을 드높이고 싶어 한다. 누구도 정복하지 못한 빙산에 자신의 이름을 붙이고자 죽음을 무릅쓰고 남극탐험을 떠나는 사람이 있는가 하면 대중 앞에 얼굴을 내비치고자 엄청난 돈을 쏟아 붓는 이들도 있다. 자. 이름 속에 감추어진 인간의 무한한 욕망을 느낄 수 있겠는가?

루즈벨트의 처세술

챔벌레인은 루즈벨트 대통령을 위해 제작된 특별 전용차량을 기계공 한 명과 함께 백악관으로 배달하러 갔다. 그는 내게 당시의 상황을 자세히 설명한 편지를 보내주었다.

"전 대통령께 차량 내 특수 장치를 어떻게 사용하는지 가르쳐 드리러 갔었는데 오히려 처세술에 대해 더 많이 배우고 온 것 같습니다. 제가 백악관에 도착했을 때, 대통령께서는 무척이나 기분이 좋은 듯 보였습니다. 스스럼없이 제 이름을 부르고 어깨를 두드려주시며 친절하게 대해주셨지요. 전 대통령께서 차량의 세밀한 부분까지 관심을 기울이고 진지하게 설명을 들으시는 모습에 깊은 인상을 받았습니다.

루즈벨트 대통령은 특수 설계된 차량을 보시곤 주위 사람들에게 '이 차는 기적이나 다름없네. 손으로만 운전할 수 있다니, 얼마나 신기한 일인가. 대체 어떻게 만들었을까? 한 번 속을 들여다봤으면 좋겠구먼.'하시며 감탄해마지 않으셨습니다.

당시 대통령의 친구 분들과 백악관 관료들이 자동차에 대해 칭찬을 아끼지 않자, 그는 제게 '챔벌레인 씨. 정말 감사합니다. 이 자동차를 만드느라 무척이나 심혈을 기울였겠군요. 정말로 근사합니다.'라고 말씀하셨습니다. 대통령께서는 라디에이터, 특별 제조된 백미러, 조명등, 실내장식, 운전석의 위치, 그리고 대통령의 이름을 딴 특수 옷가방 등 세세한 부분에 대해서까지 칭찬해주시더군요.

그 분은 제가 특히 심혈을 기울였던 세밀한 부분까지 놓치지 않고 부인과 노동부 장관, 비서 퍼킨슨 양에게까지 자랑스럽게 보여주셨습니다. 그러곤 옆에 있던 시종에게 '조지, 이 특별한 옷가방을 잘 부탁하네.'라고 하셨습니다.

제가 운전할 때 주의해야 할 점을 몇 가지 일러드리자 '알겠습니다. 챔벌레인 씨. 자, 이제 가봐야겠군요. 연방준비위원회를 30분이나 기다리게 했거든요.'라고 하시더군요. 대통령께선 저희와 악수를 나누시곤 곧 자리를 뜨셨습니다.

저와 함께 백악관에 들어갔던 기계공은 무척 수줍음을 많이 타는 내향적인 친구라 줄곧 입을 다물고 있었습니다. 대통령께는 그 친구의 이름을 딱 한번 소개해드렸을 뿐인데 후에 자리를 뜨시면서 그와 악수를 나누며 다정스레 이름을 불러주시더군요. 대통령께서는 겉치레가 아닌 진심에서 우러나는 감사의 인사를 전해주셨고, 저희는 무척이나 놀랍고도 행복했습니다.

뉴욕으로 돌아온 후, 전 대통령의 친필 사인이 담긴 사진과 감사의 편지를 받았습니다. 대통령께서 어찌 이런 사소한 일에까지 마음을 쓰실 수 있는지 그저 신기할 따름입니다."

상대방의 호감을 얻는 가장 간단한 방법은 바로 그의 이름을 기억하는 것이다. 하지만 정작 이를 실천하는 사람은 무척 드물다. 낯선 이들과 즐겹게 이야기를 나누고서도 곧바로 그들의 이름은 까맣게 잊곤 하는 것이다. 보라, 모든 사람이 성공할 수 없는 이유는 바로 여기에 있다.

이름을 기억하는 방법

나폴레옹의 조카였던 나폴레옹 3세는 나랏일에 눈코 뜰 새 없이 무척 바빴음에도 만나는 모든 이들의 이름을 기억했다.

그 비결은 과연 무엇이었을까? 간단하다. 이름을 잘 알아듣지 못했을 경우에 상대에게 "다시 한 번 말해주겠나?"라고 청하고, 혹여 외우기 어려운 이름이면 어떻게 쓰는지 물어보는 것이다.

대화를 나누는 동안에는 상대의 이름을 반복해서 되뇌며 그의 이름과 얼굴, 표정, 모습 등을 연관 지어 기억해두었다.

만약 중요한 인물을 접견할 때에는 평소보다 더 많은 노력을 기울였다. 혼자 있을 때 상대의 이름을 적어놓고 찬찬히 마음속에 새긴 뒤, 그 종이를 찢어버렸다. 덕분에 그는 상대방의 이름을 머릿속에 확실히 남겨놓을 수 있었다.

_대부분의 사람들은 상대방의 이름을 기억하는 데 큰 주의를 기울이지 않는다. 때문에 매번 만날 때마다 낯선 분위기가 이어지며, 또 다시 관계를 맺는 데 시간을 낭비해야 한다.

기쁨의 샌드위치

인도 제너럴 모터스 사에서 일하는 켄 노팅햄은 회사 식당의 여종업원이 언제나 얼굴을 찡그리고 있음을 알아챘다.

"매일매일 거의 두 시간 동안 샌드위치만 만들고 있더군요. 그녀에게 저란 존재는 그저 샌드위치 1인분에 지나지 않았겠지요. '~를 주세요.'라는 말 이외에는 해 본 적이 없으니까요.

그녀는 작은 저울에 햄을 달아보고는 양상추, 포테이토칩과 함께 건네주곤 했습니다.

며칠 후, 전 여느 때와 마찬가지로 식당에 줄을 섰어요. 달라진 점이 있다면 그녀의 이름표를 유심히 보아두었다는 겁니다.

전 미소 띤 얼굴로 '안녕하세요. 유니스?'라고 인사를 한 뒤 무엇을 먹고 싶은지 이야기했지요. 그러자 그녀는 햄과 양상추, 포테이토칩을 저울에 달아보지도 않고 접시가 넘칠 정도로 듬뿍 담아주더군요."

당신이 상대방의 이름을 기억한다면 그도 당신을 기억해줄 것이다. 그러니 샌드위치 1인분 정도로 취급받고 싶지 않다면, 상대의 이름을 기억하는 데 수고를 아끼지 마라.

4

상대방의 이야기를
경청하라

당신과 대화하는 그 사람은 다른 어떤 것보다 자기 자신의 문제, 필요에 대해 관심이 많다. 수백만 명의 사상자를 낸 천재지변보다 자신의 치통이 더욱 절실한 문제인 것이다. 아프리카에서 40여 차례나 발생한 심각한 지진 역시 자신의 목에 난 종기보다 더 대단하지 않은 법이다. 그러니 누군가와 대화를 할 때에는 이 점을 반드시 기억해라.

누구나 청중이 필요해

최근에 브릿지 카드 모임에 초청받은 적이 있었다. 개인적으로 난 카드게임을 그다지 즐기지 않는데 공교롭게도 내 옆자리에 앉은 부인도 카드게임을 할 줄 몰랐다.

부인은 내가 로엘 토머스가 라디오 방송 사업을 시작하기 전에 그의 매니저로 일했으며 그와 함께 유럽전역을 여행했다는 말을 들고 여행 중의 재미있는 에피소드에 대해 이야기해 달라고 말했다.

우리가 소파에 자리를 잡고 앉았을 때, 그녀는 얼마 전에 남편과 아프리카에 다녀왔다는 얘기를 꺼냈다.

"아프리카! 정말 멋지군요! 저도 그곳에 무척 가보고 싶은데, 알제리에 하루 동안 머물렀던 것 외에는 다른 곳에 가보질 못했어요. 어딜 다녀오셨어요? 와, 부럽군요. 아프리카 이야기를 좀 더 해주세요."

그 후로 우리는 45분간 이야기를 나눴는데 그녀는 내 여행에 대해 다시는 묻지 않았다. 부인은 그저 자신의 경험과 생각을 들어줄 청중이 필요했던 것이었다.

어떤 모임에 참가했을 때, 말을 많이 할수록 더욱 신이 났던 경험이 있을 것이다. 심지어는 모임이 끝난 후에도 쉬사리 흥분을 가라앉히지 못했으리라. 게다가 당신의 이야기를 잘 들어주는 사람에겐 절로 호감이 가지 않던가? 자, 입장을 바꿔놓아도 마찬가지이다. 그러니 상대방의 호감을 얻고 싶다면 그가 실컷 말할 수 있도록 잠자코 들어주어라.

즐거운 대화

얼마 전, 나는 뉴욕의 출판업자 J. W. 그린버그가 주최한 파티에서 한 저명한 식물학자를 만나게 되었다. 그때까지 식물학자와 이야기를 나눈 적이 없어서였는지 나는 곧 그의 이야기에 온통 빠져버렸다.

그가 온실화원의 배치, 대마, 식물학 등에 대해 이야기해줄 때 난 마치 무엇에 홀린 것 마냥 넋을 놓고 앉아있었다. 덕분에 우리 집의 작은 실내정원을 관리하는 효과적인 방법까지 알게 되었다.

십 수 명이 참석한 파티에서 난 다른 손님들은 거들떠보지도 않은 채 오로지 이 식물학자와 몇 시간 동안 담소를 나눴다. 파티가 끝나고 작별인사를 하면서, 그는 파티 주최자에게 나에 대한 칭찬을 늘어놓았다. 내가 무척 공손한 사람이라는 말로 시작하여 사람을 끌어들이는 능력이 있으며 대화를 참 잘하는 매력적인 사람이라는 평을 해준 것이었다.

대화를 참 잘하는 사람? 사람을 끌어들인다고? 내가 말인가? 사실 난 거의 한 마디도 하지 않았다! 말을 하고는 싶었지만 그럴 수가 없었다. 식물학에 대해서는 거의 무지했으니 말이다.

하지만 난 정말 열심히 경청했다. 관심이 있었기에 더욱 열심히 들을 수 있었던 것 같다. 그는 내 반응에 고무되어 더 많은 이야기를 들려주었다. 역시, 경청이야말로 상대에 대한 존경과 찬사를 드러내는 최고의 방법인 듯하다.

✍ 자기 이야기만 하는 사람은 영원히 자신의 틀에서 벗어나지 못한다.

그리고 자기 생각만 하는 사람 역시 구제불능이다. 이때는 아무리 좋은 교육을 받았더라도 아무런 소용이 없다. 그러니 비난을 면하고 싶다면 상대방이 더 많이 말할 수 있도록 해주어라. 즉, 좋은 청자가 되는 것이다. 경청하는 행위에 내포된 존경과 칭찬을 거부할 사람은 아무도 없다.

지배인의 능력

J. C. 우튼 씨는 뉴저지 주 뉴어크의 어느 백화점에서 양복 한 벌을 구입했다. 그런데 산 지 얼마 되지도 않은 양복에서 물이 빠져 와이셔츠 깃이 까맣게 물들고 말았다. 너무 실망한 우튼 씨는 다시 양복을 들고 백화점의 판매직원을 찾아갔다. 그는 양복 건에 대해 '이야기하려고'했다. 여기서 주의할 점은 '이야기 하려고'했다는 점이다. 사실 그는 어떤 이야기도 할 수가 없었다. 점원들은 도통 그의 이야기를 듣지 않은 채 그저 변명만 늘어놓았기 때문이다.

"그 직원이 퉁명스럽게 이야기하더군요. '지금까지 양복을 수천 벌이나 팔았지만 그런 일은 한 번도 없었습니다.'그것은 마치 큰 목소리로 기고만장하여 '당신, 괜한 트집 잡는 거 아냐? 우릴 속일 생각은 하지 말라고, 흥! 사람 봐가면서 할 일이지.'라고 말하는 것 같았습니다. 도저히 일이 해결될 것 같지 않자 또 다른 직원이 끼어들었습니다. '검정색 옷은 원래 처음에 물이 조금씩 빠져요. 게

다가 그 가격대 옷은 그럴 수밖에요. 염색 문제이니까요.'

정말 화가 머리끝까지 치밀어 오르더군요. 한 직원은 절 거짓말 쟁이로 몰아붙이고, 또 다른 직원은 제가 싸구려를 샀으니 어쩔 수 없다고 말하고 있었으니까요. 더 이상 참을 수가 없어서 한바탕 싸움을 벌이려고 할 때, 때마침 백화점 지배인이 다가왔습니다.

무척이나 노련했던 그 지배인은 제 불만을 한 순간에 없애주었습니다. 어떻게 했냐고요? 먼저, 그는 처음부터 끝까지 제 얘기를 모두 다 들어주었습니다. 말을 끊지도 않고, 끼어들지도 않았지요. 그러고는 제 입장에서 서서 직원들과 이야기를 나누더군요. 와이셔츠 깃이 물든 것은 순전히 양복 때문이라는 것과 백화점에서는 하자 없는 제품을 판매해야 한다는 사실도 주지시켰습니다. 그는 하자있는 제품을 판매한 것에 대해 솔직히 시인하고 '이 양복을 어떻게 하시는 게 좋겠습니까? 원하시는 대로 해드리지요.'라고 말하더군요.

몇 분 전까지만 해도 양복 값을 모두 환불받고 싶었으나 금세 생각이 바뀌었습니다. 전 '어떻게 하면 좋을까요? 이 탈색 현상이 일시적인 것인지, 혹시 탈색을 막을 수 있는 다른 방법이 있는 건지 알고 싶은데요.'라고 대답했지요.

그는 내게 일주일만 더 두고 지켜볼 것을 제안했습니다. '혹시 그때도 색이 빠지거든 다른 옷으로 바꿔드리겠습니다. 불편하게 해드려 정말 죄송합니다.'

전 그제야 기분을 가라앉히고 백화점을 나섰습니다. 조금 지나자 과연 양복은 괜찮아지더군요. 그때 비로소 다시 백화점 측을 믿을 수 있었습니다. 그 지배인은 장사를 할 줄 아는 친구더군요. 하지만 그 직원들은 평생 점원신세를 면치 못하거나 고객을 대할 필요가 없는 포장부서에서 일하는 게 다일 겁니다."

🐾 위의 지배인은 과연 책임자다웠다. 하지만 그 직원들은 말투를 바꾸지 않는 한 결코 아랫자리를 벗어나지 못할 것이다. 바로 이 차이가 사람들 간의 각기 다른 가치를 만들어낸다. 그러니 그가 성공하는 것이 당연하지 않은가!

까다로운 고객

수년 전, 뉴욕의 한 통신회사는 전화상담원에게 욕을 해대는 악질적인 고객 때문에 골치를 썩이고 있었다. 그는 통신요금을 허위로 청구했으니 절대로 지불하지 않겠다며 으름장을 놓는 것은 물론 신문사에 투고를 하고 공공서비스위원회에 제소하기까지 했다. 그 결과 회사는 여러 건의 소송에 휘말렸다.

결국 회사 측에서는 노련한 분쟁 해결사를 투입해 이 말썽 고객을 해결하기로 했다. 이 '해결사'가 우리 세미나에서 말해준 자세한 상황은 이러했다.

"그 손님은 장장 세 시간 동안이나 혼자서 미친 듯이 떠들어 댔습니다. 그 후로 네 번이나 더 면담을 했는데, 전 줄곧 가만히 듣기만 했지요. 면담이 끝날 무렵, 전 그가 조직한 '전화가입자 보호협회'의 회원으로 가입했습니다. 제가 알기로 그 모임의 조직원은 그 사람과 저 단 둘뿐일 겁니다.

면담을 하는 동안, 전 그의 불만에 공감을 표하며 열심히 듣기만 했습니다. 그런데 저희 회사에서 이렇게 대응하는 사람은 저밖에 없었나봅니다. 어쨌든 그 손님의 마음은 점점 풀어졌습니다. 전 세 번째 면담이 진행될 때까지 회사의 요구사항에 대해서는 입도 뻥긋하지 않았습니다. 하지만 모든 면담이 끝날 무렵, 그는 밀린 요금을 모두 납부했을 뿐 아니라 공공서비스위원회에 제소한 소송까지 자진해서 취하해주었습니다.

이 고객은 스스로가 정의를 위해 싸우는 영웅이라고 생각하는 듯했습니다. 불합리한 착취에 맞서 공공의 이익을 보호해야 한다는 것이었죠. 하지만 실제로는 그저 자신의 존재를 인정받고 싶었던 것 같습니다. 불만을 토로하고 소송을 걸면서 이런 만족감을 얻었던 것이지요. 그는 제가 열중해서 경청하는 동안 자신의 존재 가치를 확인할 수 있었고, 그 순간 모든 원한과 불만은 눈 녹듯 사라져버린 겁니다."

위의 고객은 표면적으로 사회정의를 위해 나선 듯 보이지만, 실제로는 자기의 존재를 인정받고 싶은 욕구를 불평, 원망, 불만 등으로 표출한 것일 뿐이다. 그러니 인정받고 있다는 생각이 든 순간 모든 불만이 사라져버린 것이 아닌가. 투덜이를 달랠 수 있는 방법은 단 한 가지이다. 동정심과 인내심을 갖고 귀를 기울여주어라. 그리하면 그의 부드러운 면모를 볼 수 있으리라.

유명인과 사귀는 법

에드워드 보크는 찢어지게 가난한 탓에 학교를 채 6년도 다니지 못했지만 후일 미국 언론계에서 가장 성공한 잡지 편집자가 되었다. 과연 그 비결은 무엇이었을까?

그는 열세 살에 학교를 그만두고 웨스턴 유니언 전신회사의 말단 직원으로 들어갔다. 주급 6달러 25센트를 받는 고된 삶의 연장이었지만, 그는 결코 공부에 대한 꿈을 포기하지 않았다.

보크는 지식에 대한 갈증으로 독학을 시작했다. 차비를 아끼기 위해 걸어 다니고 점심을 굶는 것도 예사였다.

그는 이렇게 모은 돈으로 미국 위인전집을 샀다. 그리고 이들 유명인의 삶에 대해 꼼꼼히 읽은 후, 한 사람 한사람에게 어린 시절에 대해 좀 더 알려달라는 편지를 보냈다. 그들처럼 되려면 어찌해야 하는지 좀 더 많은 이야기를 듣고 싶었던 것이었다.

보크는 당시 대통령 후보였던 제임스 장군에게 어린 시절 운하에서 배 끄는 노동을 한 것이 사실이냐고 물었다. 이 편지를 받은 제임스는 친절하고도 상세한 답변을 보내주었다. 그는 또 그랜트 장군에게 책에 나왔던 전투에 대해 알려달라는 편지를 보냈고 장군은 당시의 지도까지 그려가며 상세한 답신을 보내왔다. 후에 장군은 이 열네 살짜리 소년을 초청하여 함께 식사를 하기도 했다.

보크는 에머슨에게도 "선생님 이야기를 들려주세요."라고 편지를 보냈다. 그리하여 전신회사의 말단직원에 불과했던 이 소년은 유명 인사들(에머슨, 필립 브룩스, 올리버 웬델 홈스, 롱펠로, 에이브러햄 링컨 부인, 셔먼 장군, 제퍼슨 데이비스 등)과 편지를 주고받는 사이가 되었다.

그는 시간이 날 때마다 유명인들을 직접 찾아다녔고 이들은 보크를 귀한 손님으로 대접해주었다. 이런 독특한 경험은 보크에게 무한한 자신감을 심어주었고, 그의 삶 역시 꿈과 야망이 이끄는 대로 발전해갔다.

🦢 〈리더스 다이제스트〉에는 이런 구절이 있다. "사람들은 고통 속에서 의사를 찾아가지만, 실제로는 그저 자기 이야기를 들어줄 사람이 필요할 뿐이다." 유명인사든 평범한 사람이든, 누군가 자신의 이야기를 들어줄 때는 무척 기뻐한다. 그러니 상대방에겐 관심도 없이 온통 자기 이야기만 늘어놓는 사람이라면 비호감이지 않겠는가?

5

상대방이 좋아하는 것에
주목하라

사람들을 끌어당기는 '인간 자석'이 되는 데는 단 한 가지의 비결이 있다. 심오한 지식이나 화려한 말솜씨보다는 질문할 줄 아는 능력, 상대방의 마음을 열 수 있는 힘이 바로 그것이다.

영원히 잊을 수 없는 교양 있는 신사

예일대학교 문학과 교수였던 윌리엄 라이언 펠프스는 어린 시절에 한 가지 지혜를 깨닫게 되었다.

"여덟 살 때의 일이다. 난 고모님 댁에서 주말을 보내고 있었다. 그때, 마침 고모님 댁을 방문했던 한 중년신사와 이야기를 나누게 되었는데, 당시 난 요트에 푹 빠져있었기에 온통 요트에 대한 생각뿐이었다. 그런데 그 분 역시 요트를 좋아하시는 듯했다. 우리는 신이 나서 한참 동안을 요트 이야기로 떠들어댔다.

그분이 돌아가신 뒤에 나는 고모님께 자랑스럽게 말했다.

'그분도 요트에 관심이 많으신가 봐요. 진짜 멋졌어요!'

하지만 고모님은 고개를 저으며 말씀하셨다.

'그분은 변호사야. 요트 같은 거에는 관심이 별로 없으실걸.'

'그러면 왜 온통 요트 이야기만 하신 거죠?'

'그분은 교양 있는 신사니까. 그래서 네가 좋아하는 주제에 흥미를 갖고 관심을 보이신 거란다.'

그때 고모님이 하신 말씀은 아직까지도 잊히지 않는다. 아마 영원히 잊을 수 없으리라."

사람들로부터 호감을 얻고 싶다면 고모님의 말씀을 반드시 기억해라.

수표를 보여줄 수 있나요?

보이스카우트 활동에 무척이나 열성적이었던 찰리프 씨는 얼마 전에 내게 아래와 같은 편지를 보내왔다.

"유럽에서 열리는 보이스카우트 잼버리에 우리 단원을 파견하고 싶었습니다. 그래서 미국의 한 대기업에 스폰서를 요청할 생각이었지요. 때마침 전 그 사장님이 서명까지 마친 100만 달러짜리 수표를 액자에 넣어 간직하고 있다는 정보를 얻었습니다. 그래서 전 사무실에 들어가자마자 그 수표를 보여주실 수 있는지 여쭸습니다.

'100만 달러짜리 수표는 한 번도 본 적이 없어요. 혹시 수표를 보여주실 수 있나요? 돌아가서 우리 단원들에게 얘기해주고 싶어서요.'

사장님은 흔쾌히 수표를 보여주셨습니다. 전 감탄해 마지않으며 또다시 그 수표를 어떻게 끊게 되었는지를 물어보았지요."

자, 여기서 눈치를 챘는가? 찰리프 씨는 자신이 원하는 것에 대해서는 한 마디도 하지 않은 채 먼저 상대방의 관심사에 대해 이야기를 꺼냈다. 결과는 어땠을까?

"한참 뒤에야 사장님은 무슨 일 때문에 왔는지 물으시더군요. 그래서 전 이번 보이스카우트 활동에 대해 설명 드렸습니다. 사장님께서는 흔쾌히 부탁을 들어주셨을 뿐 아니라 훨씬 많은 혜택을 제공해주셨습니다. 원래는 보이스카우트 단원 한 명만 보낼 예정이었는데 단원 다섯 명과 저까지 갈 수 있게 되었으니까요. 우리는 그분이 주신 1천 달러로 7주간이나 유럽에 머물 수 있었습니다. 사장님께선 자사의 유럽 파견 지점장에게 우리를 잘 돌봐 주라는 내용의 소개장까지 써 주셨어요.

뿐만 아니라 사장님은 유럽 출장길에 저희에게 들러 파리 구경을 시켜주셨고, 그때 이후로 가정 형편이 좋지 못한 아이들에게 장학금을 주시는 한편 보이스카우트 활동을 지속적으로 돕고 계십니다.

만약 그때 사장님의 관심사에 귀를 기울이지 않았다면 지금처럼 이렇게 일이 순조롭진 않았겠지요?"

🜊 대화란 총성 없는 전쟁이며 치열한 두뇌 싸움이다. 그러니 철저한 준비 없이는 결코 이길 수가 없다. 대화를 통한 윈-윈 전략을 구상한다면, 반드시 상대방의 관심사에 대해 확실하게 파악해야 한다.

가려운 곳을 긁어주어라

뉴욕의 한 빵집 사장이었던 두버노이는 어느 특급호텔에 빵을 납품하려고 거의 4년 동안이나 호텔에 출근하다시피하며 담당 매니저를 쫓아다녔다. 그는 심지어 매니저가 참석하는 모임까지 따라다녔으나 결과는 매번 실패로 끝났다.

"이후에 카네기 세미나를 수강하면서 전략을 바꿔보기로 결심했습니다. 그 매니저의 관심사에 집중하기로 한 겁니다. 대체 어떤 것에 흥미를 갖고 있을까?

전 미국 호텔협회의 열성적인 회원인 그가 협회의 단체장으로 선출되었다는 사실을 알아냈습니다. 게다가 국제 호텔업협회 협회장도 겸하고 있더군요. 그는 무슨 일이 있어도 이들 단체의 모임에는 빠지는 법이 없다고 했습니다.

이튿날, 전 그 매니저에게 호텔협회의 구체적인 정황에 대해 물어보았습니다. 신이 난 그는 한참 동안을 자세히 설명해주더군요. 호텔협회는 그의 삶의 일부나 다름없는 것 같았습니다.

그래서일까, 제가 그 단체에 관심을 보이자 무척이나 즐거워하더군요. 그는 제게 호텔협회에 가입하라고 권유하기까지 했습니다.

물론 전 빵에 대해서는 일언반구도 하지 않았지요. 그러나 며칠후, 호텔의 사무장이 전화를 걸어와 빵 샘플과 가격표를 갖고 오라고 했습니다. 제가 호텔에 갔을 때 사무장이 그러더군요.

'대체 어떻게 했는지는 모르겠지만, 이번엔 제대로 홈런을 친 것 같군요.'라고요."

두버노이는 매니저의 마음을 열기 위해 4년 동안이나 갖은 애를 썼다. 하지만 그의 관심사를 여전히 알지 못했다면 또 얼마나 많은 시간이 필요했겠는가! 누구에게나 '가려운 곳'은 있기 마련이다. 그곳을 긁어줄 능력만 있다면 성공은 눈앞에 있는 것과 마찬가지이다.

대단한 기교

도로시 딕스 여사는 신문 지상에 오르내리던 유명한 혼인빙자 사기꾼을 인터뷰했다. 그는 스물세 명이나 되는 여인들의 마음을 흔들어놓고 재산을 가로챈 악질 범죄자였다. 물론 인터뷰는 교도소에서 진행되었다. 딕스여사가 물었다.

"하나둘도 아니고, 어떻게 그렇게 많은 여인들의 마음을 빼앗을 수가 있었습니까?"

"뭐 대단한 기교가 있었던 것은 아닙니다. 그저 그녀 자신들에 대해 이야기를 나누었을 뿐이지요."

이 방법은 물론 남자들에게도 똑같이 적용된다. 영국 역사상 가장 현명한 수상이었던 디즈레일리도 말하지 않았던가!

"상대방에 관한 이야기를 꺼내라. 그러면 아무리 말없는 남자와도 몇 시간이고 얘기할 수 있다.

🙏 상대의 마음을 사로잡는 위의 비법을 실천해보라. 물론, 바람둥이 사기꾼이 되지 않는다는 전제하에 말이다.

6

칭찬을
아끼지 마라

> 인생에는 한 가지 중요한 법칙이 있다. 이를 제대로 지킨다면 귀중한 우정과
> 영원한 기쁨을 누릴 테지만, 이를 거스른다면 더없이 험난한 길을 걷게 되리
> 라. 이 법칙은 다음과 같다. 상대방을 귀하게 여기고 칭찬을 아끼지 마라.

탁월한 학생

캘리포니아에서 카네기 세미나 강사로 활약하는 로널드 롤랜
드는 미술 공예교사이기도 했다. 일전에 그는 초급 공예반의 크리
스라는 학생에 대해 다음과 같은 이야기를 들려주었다.

"무척 조용하고 수줍음이 많던 크리스는 크게 눈길을 끄는
아이는 아니었어요. 하루는 열심히 도안을 그리고 있던 크리스와
이런저런 이야기를 나누었는데, 그 아이의 마음속에 활활 타오르
는 불같은 열정이 느껴지더군요.

제가 '상급반 수업을 받는 건 어떠니?'라고 묻자 열네 살 소년의 얼굴은 금세 환희로 가득 찼습니다. 감동에 젖은 아이는 억지로 눈물을 참고 있는 것 같았습니다.

'제가 잘할 수 있을까요? 롤랜드 선생님?'

'물론이지, 크리스. 지금도 잘하고 있잖니.'

그날 수업이 끝난 후, 초롱초롱한 눈으로 '감사합니다. 롤랜드 선생님'하고 인사하는 크리스의 목소리에는 자신감이 넘치더군요.

전 크리스 덕분에 정말 귀중한 교훈을 얻었습니다. 어느 누구라도 마음 깊은 곳에 자신감과 자존심을 품고 있다는 것이지요. 그래서 전 '당신은 잘하고 있습니다.'라는 표어를 칠판 위에 붙여두었습니다. 아이들뿐만 아니라 저 자신에게도 상기시키기 위해서요. 모두가 탁월한 학생이라고 말이죠."

에머슨은 '어느 누구든 분명 나보다 탁월한 면이 있다. 그렇기에 난 모두로부터 배울 수 있다.'라고 말했다. 열등감에 시달리는 사람들이나 상대에게 인정받기 위해 애를 쓸 뿐이다.

시인을 향한 찬사

대장장이의 아들이었던 홀 케인은 학교를 채 8년도 다니지 못했다. 하지만 그가 세상을 떠날 때쯤에는 미국 최고의 소설가이자 세계에서 가장 부유한 작가로 명성을 떨쳤다.

소네트를 좋아했던 케인은 단테 가브리엘 로제티의 시를 모두 외울 정도였다. 그는 로제티에게 그의 예술적 업적을 칭송하는 장문의 편지를 보냈다. 이에 로제티는 무척이나 기뻐하며 케인을 런던으로 불러들여 개인 비서로 삼았다.

"내 심오한 시를 이토록 깊이 이해하는 젊은이가 있다니, 참으로 대견하군!"

바로 이 기회가 케인의 인생을 바꾸어놓았다. 그는 당대의 유명 문인들과 교류하며 그들의 충고와 격려를 받아들였고, 덕분에 작가로서의 뚜렷한 경력을 쌓을 수 있었다.

케인의 고향인 크리바 캐슬은 유명 휴양지로 거듭났으며 그가 남긴 유산만도 250만 달러에 달했다. 만약 그가 유명한 시인의 창작을 칭송하지 않았다면, 그 역시 선조들처럼 가난하고 초라하게 삶을 마쳤을지도 모를 일이다.

⚘ 진심에서 우러나는 찬사야말로 가장 위대한 힘이다. 누구나 중요한 존재이길 원하지 않는가! 찬사란 '상대가 중요한 존재임'을 인정해주는 것이다. 이에 감동한 상대는 무언가 보답하려 할 것이고 이로써 당신의 인생이 바뀔 수도 있다.

고가의 특별한 선물

우리 세미나에 참여했던 코네티컷 출신의 변호사가 있었다. 그가 이름을 밝히길 원하지 않으니 여기서는 K씨라고 부르겠다.

K씨가 세미나에 참여한 지 얼마 되지 않았을 무렵, 그는 부인과 함께 롱아일랜드의 친척들을 방문했다. 그런데 연로하신 숙모님과 이야기를 나누는 사이 아내는 다른 친척들을 만나러 나갔다. 때마침 K씨는 다음번 세미나에서 '칭찬의 원리를 어떻게 활용했는가?'에 대해 발표해야 했기에 먼저 숙모님에게 칭찬의 말을 건네 보기로 했다. 그는 칭찬할 것이 없을까 집안을 천천히 둘러보았다.

"이 집을 1890년에 지으신 거죠?"

"그렇지, 바로 그 해였어."

"이 집을 보면 제가 어릴 때 살던 집이 생각나요. 정말 멋스럽게 지으셨네요. 그런데 요즘 사람들은 이런 집을 볼 줄 모른다니까요."

"그러게 말이야. 요즘 젊은 사람들은 손바닥만 한 아파트에 냉장고랑 자동차 타령만 해대지. 정말 좋은 집을 볼 줄 몰라."

숙모님은 고개를 끄덕이며 옛 기억에 흠뻑 빠지신 듯 촉촉한 목소리로 말을 이었다.

"이건 '사랑'으로 지은 집이야. 우리 부부가 줄곧 꿈꿔왔던 그런 집이지. 모든 걸 우리 손으로 다 만들었단다."

그녀는 K씨에게 집안 구석구석을 보여주었다. K씨는 숙모님이 평생 동안 간직해온 고풍스런 프랑스식 침대와 앤티크풍의 영국 차세트, 이탈리아 명화, 한때 프랑스의 성을 장식했던 실크커튼 등의 애장품을 보며 감탄을 아끼지 않았다.

"숙모님은 집안 구석구석을 보여주시더니 마침내 절 데리고 차고로 가셨습니다. 거기엔 새것이나 다름없는 패커드 한 대가 있더군요."

숙모님은 떨리는 목소리로 말했다.

"남편이 세상을 떠나기 전에 구입한 차야. 하지만 그 이후로는 한 번도 타지 않았지. 네가 좋은 물건을 보는 안목이 있는 듯하니 저 차를 가져가거라."

생각지도 못한 호의에 당황한 K씨는 말도 안 된다는 듯이 사양했다.

"숙모님, 뜻은 감사하지만 차를 받을 수는 없어요. 거의 새것이나 다름없는 차인데요. 그리고 저 차를 주실 만한 가까운 친척도 많으신데…."

"친척이라고?" 숙모님은 잠시 언성을 높이시며 " 그래, 친척들이 많긴 하지. 내가 죽고 나면 이 차를 가지려고 안달하는 놈들 말이야. 하지만 절대 그렇게는 안 되지."라고 소리치셨다.

"숙모님, 그럼 차를 파시던가요."

"차를 팔아?"이번에는 그녀의 언성이 더 높아졌다.

"내가 이 차를 팔 거라고 생각해? 얼굴도 모르는 사람이 이 차를 타고 다니는 꼴을 보라고? 내 남편이 사준 차야. 꿈에라도 차를 팔 수는 없어! 다만, 너만은 멋을 아는 듯해서 기꺼이 주려는 거야."

K씨는 더 이상 거절할 수가 없어 그 추억의 자동차를 받아왔다.

넓고 아름다운 집에서 홀로 옛 추억을 회상하며 살던 노부인은 그저 누군가 자신에게 동감해주길 원했다. 순수한 인간적인 관심과 진심에서 우러나는 칭찬에 목말라했던 것이다. 이때 K씨는 그녀의 갈증을 한껏 채워주었고, 그 마음에 감동한 숙모님은 고가의 선물도 전혀 아까워하지 않았다.

법관과 강아지

원예설계사 인도널드 맥마흔은 내게 이런 이야기를 들려주었다.

"'어떻게 친구를 사귀고 영향력을 확대할 것인가?'에 대한 세미나에 참석한 얼마 후, 전 유명한 법관의 저택 조경공사를 진행했습니다. 그는 정원 어느 곳에 어떤 꽃을 심어달라는 등의 이야기를 하고 있었는데 이때 제가 '법관님, 개들이 정말 멋집니다. 들자하니 견공대회에서 이미 몇 번이나 수상하셨다면서요?'라고 말을 건넸습니다. 제 말은 금세 효력을 발휘하더군요.

'그렇다네, 개를 키우는 건 무척 즐거운 일이지. 자네, 사육장을

한 번 들러보겠나?'

　법관은 거의 한 시간에 걸쳐 견공들과 상패를 보여주었습니다. 그리고 심지어는 개의 족보까지 들고 나와 개의 혈통에 대해서 자세히 설명해 주더군요. 자기의 개는 우수한 혈통을 타고나 그렇게 아름답고 온순한 것이라면서 저에게 아들이 있는지 물었습니다.

　'네.'

　'그럼, 강아지도 좋아하겠군?'

　'물론이죠, 무척 좋아합니다.'

　그러자 법관은 고개를 끄덕이며 말했습니다.

　'잘 됐군. 그럼 내가 한 마리 주리다.'

　이어 강아지 기르는 방법을 세세히 일러주던 그는 말로만 하면 잊어버린다면서 강아지의 족보와 사육법 등을 타이핑해서 건네주었습니다.

　전 그저 진심 어린 칭찬을 했던 것뿐이었는데 법관은 귀중한 시간과 함께 수천 달러짜리 강아지까지 흔쾌히 내주었습니다."

　⚱︎　맥마흔 씨가 강아지를 바랐건 아니건 간에, 분명한 것은 그가 생각지도 못했던 강아지를 얻었다는 사실이다. 게다가 이 강아지 사건을 통해 사법관과 튼튼한 인간관계를 다져놓은 셈이니, 앞으로의 협력관계가 탄탄대로일 것임은 두말할 나위가 없다.

멋진 사무실

수년 전, 코닥필름의 조지 이스트만은 '이스트만 음악학교'와 '킬번 홀'을 건립할 계획을 세우고 있었다. 이때 당시 뉴욕 슈피리어 의자회사의 제임스 애덤슨 사장은 킬번 홀에 들어갈 의자 납품 주문을 따내기 위해 아는 건축가의 도움으로 가까스로 이스트만과의 면담 일정을 잡았다.

애덤슨이 약속 장소에 도착하자 건축가는 당부했다.

"계약을 따고 싶은 건 알겠습니다만, 이건 꼭 아셔야 합니다. 이스트만 씨는 시간개념이 철저한 분이니 절대로 5분을 넘기지 않도록 하세요. 요점만 간단히 말하고 나오시는 게 좋을 겁니다."

애덤슨은 그의 말대로 하리라 굳게 마음을 먹었다. 드디어 그가 사무실에 들어섰을 때 이스트만은 서류더미에 파묻혀 일에 몰두해 있었다. 잠시 후, 인기척을 느낀 이스트만은 안경을 벗고 애덤슨과 건축가에게 다가와 악수를 건넸다.

"어떤 일로 오셨습니까?"

건축가의 소개로 인사를 마친 후, 애덤슨은 자기도 모르게 그만 감탄을 쏟아내고 말았다.

"이스트만 씨, 사무실이 정말 멋지군요. 정말 부럽습니다. 이런 사무실에서는 일하는 것 자체가 즐겁겠어요. 저도 인테리어 목재 장식 분야에서 일하지만, 이렇게 근사한 실내장식은 처음 봅니다."

"그러고 보니 거의 잊고 있었군요. 사실, 이 사무실 참 멋지지 않습니까? 처음 이 사무실을 지었을 때 무척이나 흐뭇했지요.

지금은 일에 쫓기느라 사무실을 둘러볼 틈도 없지만 말입니다."

애덤슨은 사무실 내부의 벽을 쓸어보며 말했다.

"영국산 떡갈나무군요? 이탈리아 산 떡갈나무와는 약간 결이 다르죠."

"맞습니다. 수입한 영국산 떡갈나무죠. 고급목재를 연구하는 친구가 특별히 골라준 거랍니다."

이어 이스트만은 자신이 손수 설계한 사무실 내부를 구석구석 소개해주었다. 목재의 품종과 색채, 조각 공예작품 등에 이르기까지 자세한 설명을 덧붙여가면서 말이다. 창문가에 이르러 그들은 잠시 발걸음을 멈추었다. 이스트만은 자신이 후원하고 있는 로체스터대학교와 공립병원 등을 통해 공익에 기여하고 싶다고 말했고, 애덤슨은 그의 자선활동에 진심으로 경의를 표했다.

이스트만은 유리상자 속에서 자신이 최초로 구입했던 카메라를 꺼내 보여주었다. 그것은 한 영국인이 발명해낸 귀중한 보물이었다.

애머슨이 이스트만에게 사업 초기에 닥친 난관을 어떻게 이겨냈는지 묻자 그는 지독한 가난에 시달렸던 어린 시절 이야기를 꺼냈다. 당시 보험회사 세일즈맨이었던 이스트만은 하루 수입이 고작 50센트에 불과했고, 홀어머니는 하숙을 쳐서 근근이 생활을 꾸렸다. 이때 그는 반드시 성공하겠다며 이를 악물었다고 했다.

애덤슨은 이스트만의 이야기에 열중했다. 사업 이야기에 이르러, 이스트만은 하루 종일 실험에 몰두했던 이야기부터 심지어 사흘 밤낮을 꼬박 새야 했던 추억까지, 애덤슨이 사무실에 들어간 것은 10시15분경이었는데 벌써 한두 시간이 훌쩍 지나있었지만 그들의 이야기는 도무지 끝날 줄을 몰랐다.

이윽고 이스트만은 애덤슨에게 말했다.

"지난 번 일본에서 의자 몇 개를 사왔는데, 베란다에 두었더니 칠이 다 벗겨졌지 뭡니까. 그래서 의자 칠을 새로 했는데 기회가 되면 보여드리고 싶군요. 아니, 지금 저희 집에 가서 같이 점심을 하십시다. 내 보여드리리다."

잠시 후, 애머슨은 이스트만이 직접 칠한 의자를 볼 수 있었다. 억만장자의 의자치고는 무척 소박했지만 손수 칠을 했기에 더욱 가치 있는 물건이었다.

'키번 홀'의 의자 주문총액은 9만 달러에 달했다. 그렇다면 이 계약을 누가 따냈을까? 애머슨 외에 또 누가 있겠는가!

그 후, 이들은 이스트만이 죽는 순간까지 두터운 우정을 유지했다.

아무리 저명한 기업가도 보통 사람들과 마찬가지로 칭찬에 목말라있다. 진정한 찬사란 상황에 맞게 적절히 질문하고 성실히 경청할 수 있는 능력을 말한다.

How to Win Friends & Influence People

3장

설득에
성공하는 방법

논쟁을
피하라

> 말재간만으로 상대를 설복시킬 수는 없다. 궁지에 몰린 상대는 반항심에라도
> 자기 무덤을 팔지 모른다. 외나무다리에서 만난 사나운 개에게는 차라리 길을
> 양보하는 것이 낫다. 물리고 나면 개를 죽이더라도 상처가 남는 법이니.

불필요한 논쟁

2차 세계대전이 끝난 직후, 나는 호주 출신의 유명한 조종사 루스 스미스 경을 위한 만찬에 참석했는데 내 옆에 앉은 사람이 주위 사람들에게 어떤 재미있는 이야기를 해주다가 '인간이 어떤 일을 하더라도 결국 신의 뜻에 따를 수밖에 없다'라는 구절을 인용하면서 그 말이 성경에 나온다고 말했다.

그러나 내가 알기로 그건 분명히 셰익스피어의 작품에 나오는 말이었다. 난 스스로의 박식함을 자랑하고픈 마음에 아무런 거리

낌 없이 그의 잘못을 지적했다. 그러자 그는 정색을 하며 말했다.

"뭐라고요? 셰익스피어라고요? 아닐걸요. 아니에요! 분명히 성경에 나온 말입니다. 틀림없어요."

당시 내 왼쪽에는 오랜 친구 프랭크 가몬드가 앉아있었다. 그는 오랫동안 셰익스피어 연구를 해왔기에 우리는 그의 의견을 듣기로 했다. 그런데 프랭크는 식탁 밑으로 나를 살짝 치면서 입으로는 이렇게 말하는 것이었다.

"데일, 자네가 틀렸네. 이 선생님 말씀이 맞아. 그건 성경에 나오는 구절이라네."

만찬 내내 억울하고 창피했던 나는 그날 밤 집으로 돌아오는 길에 프랭크에게 따져 물었다.

"내가 틀렸단 말인가? 그것이 셰익스피어 작품에 나오는 구절인 건 자네도 알고 있잖은가!"

그러자 프랭크는 옅은 미소를 띠며 대답했다.

"《햄릿》5막 2장에 나오는 구절이지. 허나 데일, 우린 만찬을 즐기러 간 거였잖나. 굳이 그 손님이 틀리다는 걸 증명할 필요는 없었네. 그랬다면 그 사람이 자넬 기꺼워했겠나? 손님 체면을 좀 세워준다고 해서 손해 볼 일은 없네. 그는 자네 의견을 묻지도 않았어. 그런데 굳이 논쟁을 자처할 필요야 없잖은가? 이보게, 그런 식의 말다툼은 가능한 피하는 것이 좋은 거라네."

🧘 불필요한 논쟁에는 승자도 패자도 없다. 사람들은 십중팔구 자신의 의견을 계속 고집할 것이며, 비록 이겼다 하더라도 상대의 호감을 얻긴 그른 셈이다. 자존심을 짓밟힌 상대가 당신을 좋게 봐줄 리 만무하지 않은가.

고객의 마음을 얻는 방법

몇 년 전, 아일랜드 출신의 패트릭 J. 오헤어가 우리 세미나에 참여했다. 정규교육을 제대로 받지 못한 그는 운전기사를 거쳐 자동차 세일즈맨으로 일하고 있었다. 하지만 생각만큼 매출이 오르지 않자 세미나 강좌를 등록한 것이었다. 몇 마디를 나눠본 후, 난 그가 고객들과 잦은 말다툼을 벌인다는 사실을 발견했다.

"고객들의 비판을 들으면 정말 화가 치밀어 오릅니다. 그래서 몇 마디를 퍼붓고는 자리에서 일어나죠. 물론 자동차는 팔지 못한 채로요."

오헤어는 공손하게 말하는 것에는 별로 관심이 없었다. 그래서 난 그에게 말을 적게 하고 논쟁을 피하라고 당부했다.

현재 그는 뉴욕 화이트 모터사의 가장 우수한 세일즈맨으로 등극했다. 어떻게 이것이 가능했을까?

"요즘에는 고객들이 '뭐라고요? 화이트 트럭이요? 그거 별로라던데, 거저 줘도 안 가져요. 난 후지쯔 트럭을 살 거요.'라고 말하더라도 예전처럼 그 자리에서 반박하진 않아요.

오히려 '그렇죠, 후지쯔 트럭이 튼튼하긴 하죠. 후지쯔는 제품도 좋고 세일즈맨들도 친절하더군요.'라고 대답합니다.

그러면 제 말을 들은 고객이 말문을 잃고 맙니다. 후지쯔 트럭이 좋다고 맞장구 쳐주는데 거기다 계속 같은 소리를 늘어놓을 수는 없잖아요. 그때 전 화이트 트럭의 장점에 대해서 말을 꺼냅니다.

사실 예전에는 이런 고객에게 불같이 화를 내곤 했습니다. 심지어는 고객과 논쟁을 벌이기도 했고요. 그런데 그럴수록 손해를 보는 건 저 자신이더군요.

지금 돌이켜보면 제가 얼마나 불필요한 시간과 돈을 낭비했던지요. 하지만 이젠 말을 줄이고 논쟁을 피해가는 법을 배웠습니다. 너무 늦지 않게 깨닫게 되어 다행이지요."

변론, 반박… 때로는 논쟁에서 승리함으로써 쾌감을 느낄 수도 있다. 하지만 결코 상대의 마음은 얻지 못하리니, 이는 공허한 승리에 불과하다. 당신은 유려한 말재간으로 떠벌일 승리가 필요한가? 아니면 상대방의 마음이 필요한가? 두 가지 모두를 얻을 수는 없다.

고집불통 세무원

소득세 상담원인 프레드릭 파슨즈는 정부 세무서 직원과 한 시간이나 논쟁을 벌이고 있었다. 파슨즈는 "이 9천 달러는 사실상 되돌려 받지 못하는 악성채권입니다. 그러니 세금을 부과하면 안 되지요."라고 주장했으나 세무원은 "악성채권이라고요? 그래도 세금은 내야 합니다."라고 반박했다.

파슨즈가 세미나에서 말한 상황은 이러했다.

"그 거만하고 냉정한 세무원은 도무지 어떤 말도 들으려 하지 않더군요. 게다가 논쟁을 하면 할수록 점점 고집불통으로 변해갔습니다. 전 그 상황에서 벗어나기 위해 그에게 칭찬을 하기로 마음먹었습니다. 그래서 이렇게 말했죠.

'선생님께서는 이런 사소한 것보다 훨씬 복잡하고 골치 아픈 문제가 많으시겠지요. 사실 저도 조세공부를 한 적이 있습니다만, 그저 책 몇 권에서 얻은 지식에 불과하답니다. 선생님처럼 현장에서 일할 수 있으면 좋을 텐데요. 많은 것을 배울 수 있을 테니까요.'

그러자 그 세무원은 의자에 등을 기대면서 사실 자기가 적잖은 불법 행위를 적발했다는 말을 꺼냈습니다. 그러고는 점차 부드러운 말투로 바뀌더니 잠시 후 자기 아이들 얘기까지 들려주더군요. 이윽고 그는 자리를 떠나면서 이 문제는 좀 더 고려해보겠다고 말했습니다. 사흘 후, 다시 찾아온 세무원은 이번 세금 건은 징수하지 않기로 결정했다고 답해주었습니다."

인간의 가장 큰 약점은 바로 '자신의 존재감을 확인받고 싶어 한다'는 것이다. 이를 위해 얼마나 많은 이들이 권력과 신분에 기대어 온갖 희생을 치렀던가. 사실, 당신이 그의 자존심을 지켜주기만 한다면 논쟁은 자연스레 끝나게 된다. '당신은 중요한 사람입니다'라는 말에 만족감을 얻은 그는 누구보다 관대하고 친절한 사람이 될 것이다.

2

잘못을
곧바로 지적하지 마라

사람들은 누구나 자신이 옳다고 확신한다. 그러나 좀 더 섬세하고 간접적인
방법으로 의견을 개진하라. 얼굴 표정과 목소리 톤, 손짓만으로도 충분히 상
대의 실수를 말해줄 수 있다. 대놓고 잘못을 지적한다고 해서 그가 동의할 것
같은가? 천만에! 상대의 판단력과 자존심, 지성에 불쾌한 흠집을 낼 뿐이다.

확실한 실패

뉴욕의 젊은 변호사 S씨가 대법원에서 변호를 맡고 있을 때의
일이다. 이 안건에는 거액의 돈과 함께 중요한 법률적 해석문제가
걸려있었다. 당시 치열한 변론이 펼쳐지던 중에 재판장이 S씨에
게 말했다.

"해군법의 제소기한이 6년이잖은가?"

잠시 멈칫하던 S씨는 곧바로 그의 말을 정정해주었다.

"존경하는 재판장님, 해군법에는 제소기한이 정해져 있지 않습니다."

"제 말이 끝나자, 법정 안에는 일순간 정적이 흘렀습니다. 모두가 돌처럼 굳어버린 듯했죠."

S씨는 당시 정황을 이렇게 설명했다.

"제가 사람들 앞에서 재판장의 잘못을 지적했던 겁니다. 당시, 전 유리한 증거도 충분히 확보했고 그 어느 때보다 탁월한 변론을 펼쳤습니다. 하지만 재판장을 설득시킬 수는 없었습니다. 존경받는 재판장에게 '당신이 틀렸소.'라고 말하는 엄청난 실수를 저질렀으니까요."

누구나 실수를 저지를 수 있다. 그러니 지나칠 정도로 솔직하게 상대의 잘못을 지적해줄 필요는 없다. 당신도 틀릴 수 있다는 것을 인정하라. 그리하면 논쟁을 피해 좀 더 객관적으로 볼 수 있을 것이다.

비싼 커튼

한번은 유명한 인테리어 디자이너에게 우리 집 커튼을 주문한 적이 있었다. 그런데 청구된 금액이 너무 많아 깜짝 놀랄 정도였다. 며칠 후, 친구가 집에 놀러 와 커튼 가격을 물어보더니 혀를 쯧 쯧 차며 말했다.

"뭐라고? 엄청 비싸네. 너 분명 바가지 쓴 거야!"

물론, 그녀의 말이 당연히 맞았다. 청구서를 봤을 때 나 또한 같은 생각이었으니 말이다. 하지만 직접 그런 얘기를 듣고 나니 새삼 기분이 나빠졌다. 그래서 비쌀 만하니까 비싼 거라고 애써 변명 섞인 위안을 둘러댔다. 이튿날, 집에 놀러온 또 다른 친구는 커튼을 보고 감탄해마지 않았다.

"와, 정말 근사하다! 나도 저런 커튼이 있었으면 정말 좋겠다!"

이 말에, 난 어제와는 전혀 다르게 반응했다.

"사실, 이 커튼 바가지 쓴 것 같아. 너무 비싸서 좀 후회된다."

잘못을 저질렀을 때는 스스로도 인정할 수 있다. 물론 직접적으로 언급하지는 않더라도 말이다. 하지만 누군가 적나라하게 잘못을 들추어낸다면 이런 마음마저 사라져버릴 것이다.

친구의 고마운 충고

벤자민 프랭클린은 자서전에서 어떻게 자신의 비판적인 성격을 고쳐 미국 역사상 가장 유능한 외교관이 될 수 있었는지 고백을 했다.

그가 아직 실수투성이였던 젊은 시절, 한 교회 친구가 그에게 다가와 진중한 어조로 말을 건넸다.

　"벤, 자넨 정말 너무하는군. 그렇게 아무 생각 없이 사람들을 비판해대니, 누가 자네 의견을 듣고 싶겠는가? 다들 자네가 없는 게 더 낫다고 말하더군. 아무리 자네가 유식하더라도 알면 얼마나 알겠는가. 게다가 사람들이 자네와 말하는 것을 꺼리니, 지금의 그 얄팍한 지식 이상으로 발전하긴 힘들걸세."

　프랭클린은 친구의 충고를 진심으로 받아들여 성공의 발판을 만들었다. 비록 어렸지만 충분히 지혜로웠던 그는 자신의 단점들을 당장 바꾸기로 결심했던 것이다.

　"전 절대로 내 의견만을 고집하거나 상대의 의견을 정면으로 반박하지 않는다는 한 가지 원칙을 세웠습니다. 그래서 '확실히', '의심할 여지없이' 등의 단정적인 어조 대신, '제가 생각하기엔', '제가 알기로는' 등의 완곡한 표현을 사용하기로 했습니다.

　그리고 누군가 제 잘못을 지적하면 그 자리에서 반박하기보다는 에둘러 말하기로 했습니다. '어떤 경우에는 당신의 의견이 옳을 수도 있지만 현재 제 생각은 조금 다릅니다.'라는 식으로 말입니다.

　얼마 후, 제 삶은 확연히 달라졌습니다. 사람들과 더욱 조화롭게 그리고 유쾌하게 지낼 수 있게 되었지요. 제가 겸손한 태도로 의견을 제시할 때면 사람들은 훨씬 관대하게 받아들였습니다. 그래서 설사 틀렸더라도 좀 덜 난처해할 수 있었고, 옳은 의견을 설득시키는 것 역시 훨씬 쉬워졌습니다.

처음에 이 습관을 들일 때는 심한 내적 갈등을 겪어야 했지만, 시간이 지날수록 점차 자연스러워졌습니다. 지난 50년간, 전 단정적인 말을 삼갔고 이 덕분에 사람들의 열렬한 지지를 얻을 수 있었습니다. 말재간도 없고 빈틈도 많은 제가 말이지요."

현명한 자들은 자신의 약점을 적절히 보완하는 한편 타인에게도 배울 줄 안다. 처음 변화를 시도할 때는 힘들지만 곧 편안해진다. 이렇게 인생의 성공 습관을 차근차근 키워가는 것이다.

가치 있는 인내

뉴욕에 사는 마호니 씨는 정유업 관련 특수 장비를 생산, 판매하는 일을 했다. 어느 날, 롱아일랜드에 있는 고객에게 주문을 받았고 이어 제품 설계에 승인을 받은 후 생산에 들어갔다. 그런데 이때 예상치 못했던 일이 벌어졌다.

고객이 친구들과 주문 제품에 대해 상의할 때, 친구들이 이건 너무 넓고, 저건 너무 좁다는 둥, 여긴 좀 잘못된 것 같다는 둥 온갖 지적을 쏟아낸 것이었다. 순간 불안해진 고객은 마호니 씨에게 전화를 걸어 이미 제작에 들어간 제품을 구매하지 않겠다고 통보했다.

"설계도를 정밀하게 검토했지만 우리 생산설비에는 지표상 아무런 문제가 없었습니다. 고객 측에서 제작과정에 대해 제대로 알지 못했던 것이지요. 하지만 '당신이 잘못 판단하신 겁니다.'라고 말할 수는 없었습니다. 그래서 전 롱아일랜드에 있는 그의 사무실로 직접 찾아갔습니다. 그는 저를 보자마자 잡아먹기라도 할 것처럼 매서운 질책을 퍼부었습니다. 그러고는 '이제 어찌할 작정이오?'라고 묻더군요.

전 침착하게 어떤 요구든 그대로 따르겠다고 말했습니다. '분명히 사장님의 요구에 맞는 설비를 제작해야지요. 지금 제작 중인 설비가 마음에 들지 않으시면, 새로운 설계도를 주십시오.

이미 투입된 2천 달러를 손해 보는 한이 있더라도 다시 제작해 드리겠습니다. 하지만 이건 분명히 말씀드리죠. 새로운 설계에 따라 제작했을 시, 발생하는 문제는 사장님께서 책임지셔야 합니다. 물론, 기존 설계대로 제작을 할 경우에는 저희가 모든 책임을 지겠습니다.'

제 설명에 화가 누그러진 고객은 '좋소, 기존 설계대로 합시다. 하지만 정말 문제가 생긴다면 당신에게 모든 책임을 묻겠소.'라고 말했습니다. 결국 제품생산은 아무 문제 없이 마무리되었고 이어 그는 설비제품을 두 개나 더 주문해왔습니다.

그 고객이 저에게 분노를 터뜨리고 심지어 주먹까지 휘두르려고 할 때, 전 온 힘을 다해 참아야 했습니다. 하지만 결과적으로는 충분히 인내할 가치가 있었던 셈이지요.

만약 제가 그의 잘못을 낱낱이 지적했다면 치열한 논쟁이 벌어졌겠지요. 아마 소송까지 불사했을지도 모릅니다. 그랬다면 결국 엄청난 금전적 손해를 보고 중요한 고객까지 잃어버렸겠지요. 상대방의 잘못을 지적하는 게 결코 현명한 일은 아니라는 걸 이번 기회에 절실히 깨달았습니다."

용감하게 잘못을 시인하라. 그러면 부끄러움이나 죄책감을 털어버린 채, 보다 수월하게 문제를 해결할 수 있을 것이다.

스스로
잘못을 인정하라

모두를 감싸 안으면서 갈등을 해결할 수 있는 방법이 있다. 상대가 실수를 저질렀을 때는 넌지시 알려주되, 당신이 잘못했을 때는 먼저 스스로를 반성하라.

관대한 경찰

우리 집은 뉴욕시 중심 번화가에 위치해 있지만 운 좋게도 근처에 드넓은 수풀이 펼쳐져 있다. 봄이 되면 온갖 야생화가 피어나고 다람쥐들이 뛰어 노는 이곳은 원시 그대로 보존된 '숲의 공원'이다. 콜럼버스가 신대륙을 발견할 당시에도 지금과 같은 모습이었으리라.

나는 종종 보스턴산 불독 렉스를 데리고 공원을 산책하는데, 그곳에는 오가는 사람이 거의 없어 목줄을 묶거나 입마개를 씌우지 않고 데리고 다닌다.

그러던 어느 날, 공원에서 거들먹대는 기마경찰과 마주쳤다.

그는 큰 목소리로 소리쳤다.

"공원에 개를 풀어놓으면 어떻게 합니까? 목줄이랑 입마개도 안 했군요! 이거 위법인 거 모르셨습니까?"

"네, 알고 있습니다. 하지만 사람을 물진 않습니다."

그러자 그 경찰은 말도 안 된다는 듯이 엄한 목소리로 다그쳤다.

"그건 당신 생각이지요! 법에서 당신 생각 같은 건 아무 의미가 없어요. 혹시라도 다람쥐나 아이를 물면 어떡합니까? 이번에는 그냥 넘어가지만 다음번에 또 적발되면 그땐 법대로 하겠습니다."

난 알겠다고 고개를 끄덕였다. 그 후로 난 경찰과의 약속을 지키려고 노력했다. 하지만 렉스는 입마개를 싫어했고 나 역시 억지로 씌우고 싶은 생각이 없었다. 결국, 몰래 나가보기로 했고 요행히 몇 번은 들키지 않고 무사히 넘어갔다.

하지만 언덕길에서 렉스와 달리기를 하던 그 날, 갑자기 우리 앞에 예전의 그 기마경찰이 나타났다. 아무것도 모르는 렉스는 경찰관을 향해 꼬리를 흔들며 달음질치는 것이 아닌가. 낭패감에 당황한 나는 두말없이 잘못을 시인했다.

"경찰관님, 잘못했습니다. 지난번에 경고하셨는데도 제가 또 그냥 나왔네요. 이젠 어떤 처벌이든 달게 받겠습니다."

그러자 경찰관은 부드러운 목소리로 말했다.

"아, 근처에 사람도 없는데요, 뭘. 조그만 강아지가 뛰어다니는 거야 뭐 어떻습니까!"

"네, 그렇긴 하지만 법을 어겼으니….'

"이렇게 작은 강아지가 누굴 물진 않겠지요."

"하지만 다람쥐를 물지도 모르는데….'

"뭘 그리 심각하게 생각하십니까? 그럼, 이렇게 하죠. 제 눈에 띄지 않게 저 언덕 너머로 가세요. 그러면 된 겁니다."

그 경찰 역시 보통 사람들처럼 존재감을 확인받고 싶었던 것이다. 그래서 내가 잘못을 인정하자, 생각지도 못한 관대한 호의를 베풀어 준 것이었다. 만약 내가 그 경찰과 논쟁을 벌였다면 어떻게 되었을까?

하지만 난 정면충돌을 벌이는 대신 그의 절대적인 권위를 인정하고 이어 내 잘못을 솔직히 시인했다. 그러자 경찰은 예전의 그 권위적이고 위압적인 태도를 버리고 더없이 관대하고 친절한 모습을 보였다. 바로 이렇게 렉스 사건은 원만히 해결되었다.

인간이라면 누구나 '존중받고 싶어 하는' 본성이 있다. 그러니 당신이 스스로의 잘못을 시인한다면, 상대는 오히려 더욱 관대한 태도로 당신을 감싸줄 것이다. 이렇게 해야 스스로의 자비심을 보일 수 있으니 말이다. 하지만 당신이 잘못을 회피하려 논쟁을 벌인다면 이와 정반대의 결과를 초래하게 되리다.

먼저 질책하기

상업미술가 워렌 씨는 내게 까다로운 고객을 어떻게 다루는지에 대해 이야기해주었다.

"광고나 출판용 그림은 간결하고 명확하게 메시지를 전달할 수 있어야 합니다. 간혹 미술 편집자들이 촉박하게 일을 맡길 때가 있는데, 그럴 땐 시간이 없으니 실수를 저지르기도 하죠.

그런데 제가 아는 편집자 중에 항상 트집을 잡아대는 사람이 있습니다. 그 사람을 만나고 나면 완전히 맥이 빠지고 기분이 상하고 말죠. 사실, 까다로운 것 자체는 별 문제가 아닌데 그걸 표현하는 방식 때문에 불쾌해지는 겁니다.

얼마 전, 급하게 완성된 그림원고를 보내자마자 전화가 걸려오더군요. 그는 지금 당장 사무실로 오라고 외쳤습니다. 아니나 다를까, 그 편집자는 그야말로 살기등등하게 마치 절 잡아먹을 듯이 쳐다보더군요.

그때 전 종전과는 다른 태도로 이 문제를 받아들이기로 했습니다. 그래서 그가 소리 지르기 전에 먼저 말했습니다.

'화나신 것 압니다. 제가 잘못했으니 변명의 여지도 없지요. 이렇게 오랫동안 제게 일을 맡겨주셨는데 좀 더 잘하지 못해서 죄송합니다.'

그러자 그는 자책하는 절 물끄러미 바라보다가 조금 미안해졌는지 다소 누그러진 목소리로 대답했습니다.

'그렇게 엉망은 아닙니다. 그저 손볼 곳이 몇 군데 있습니다
만…'

'그래도 실수는 실수지요. 불쾌하게 해드려 죄송합니다.'

그는 뭐라고 말을 하려 했지만 전 오히려 계속 스스로를 질책했
습니다. 난생 처음 하는 경험이었지만 그다지 나쁘진 않더군요.

'평소에 제게 신경도 많이 써주시는데 최고로 해드려야 옳지요.
좀 더 주의했어야 하는데 죄송합니다. 그럼 이 그림은 다시 그려
다 드리겠습니다.'

그러자 그는 고개를 절레절레 흔들며 말하더군요.

'아니요, 아닙니다! 그럴 필요까지는 없어요.'

그리고 심지어는 일부만 수정하면 되니 별일 아니라며 절 안심
시키기까지 했습니다.

'이런 일로 회사에 손해날 일은 없으니 너무 그렇게 염려할 필
요 없어요.'

이렇게 제가 잘못을 스스로 뉘우치자 그는 더 이상 화를 내지
않았습니다. 그날, 결국 그는 제게 식사를 대접해주었고 헤어지기
전에 수표 한 장과 함께 새로운 일거리까지 맡겨주었습니다.

🐚 뭔가 잘못된 일을 했다면 스스로 먼저 질책하고 반성하는 것이 어떠한
가? 이것이 차라리 타인에게 비난받는 것보다 낫지 않겠는가? 질책당하기 전
에 먼저 잘못을 인정하라. 그러면 상대는 오히려 쉽게 당신을 용서해줄 것이다.

할 말이 없게 만든 편지

앨버트 허바드는 '마음을 움직이는 저돌적인' 문체로 유명한 작가였으나, 종종 지나치게 신랄한 문체 때문에 사람들의 격렬한 비난을 받기도 했다. 하지만 처세술에 능했던 그는 적을 친구로 만드는 뛰어난 재능을 갖고 있었다.

어느 독자가 분노에 가득 찬 편지를 보냈을 때, 허바드는 아래와 같은 답장을 보냈다.

"… 그렇습니다. 다시 곰곰이 생각해보니 제 자신도 동의할 수 없겠더군요. 생각이란 변하잖습니까? 어제 쓴 글도 오늘은 마음에 들지 않을 수 있거든요. 어쨌든, 이 문제에 대한 선생님의 의견을 알고 싶습니다. 혹시라도 저희 마을에 오실 일이 있다면 시간을 내어 한 번 들러주십시오. 허심탄회하게 이야기라도 나눠보면 어떨까요? …."

이렇게 공손한 편지를 받고서 더 이상 어떤 말을 할 수 있겠는가?

자, 정답은 네 글자이다. 할 말 없음!

🦢 당신이 옳다면, 상대를 배려하는 완곡한 어조로 동의를 구해보자. 하지만 당신이 틀렸을 때에는(이런 경우는 생각보다 훨씬 자주 발생하는 일이다) 재빨리 솔직하게 잘못을 인정하라. 그러면 변명을 늘어놓을 때보다 훨씬 많은 것을 얻을 수 있다.

늘어나는 단골 고객

하워드는 자동차를 판매하는 세일즈맨이다. 그는 내게 말했다.

"자동차 세일즈 업무는 스트레스가 너무 심합니다. 고객들이 불평을 늘어놓을 때조차 웃어야 하니까요. 그런데 제가 도통 그런 쪽에 소질이 없어선지 고객들과 자주 다투게 됩니다. 매출도 자꾸 떨어지고요."

하지만 세미나에 참여한 후, 그는 조금 다른 방법을 시도해보기로 했다. 고객에게 "번거롭게 해드려 죄송합니다. 혹시 불편하신 사항이 있으면 언제라도 말씀해주세요."라고 말한 것이었다. 그러자 고객들은 금세 화를 누그러뜨렸다.

"고객의 화를 풀어주자 일은 쉽게 해결되었습니다. 많은 분들이 제 사과에 깊은 인상을 받았다더군요. 심지어 새 차를 구입하려는 친구를 소개시켜 주신 고객도 계십니다. 덕분에 치열한 경쟁 속에서도 제 단골고객은 점점 늘어났지요. 고객을 더 존중하고 배려하는 것이 궁극적으로 승리하는 방법임을 깨달았습니다."

소크라테스는 이런 교훈을 남겼다. "내가 아는 단 한 가지는 내가 아무 것도 모른다는 사실이다." 하물며 소크라테스도 그러한데 보통 사람들이야 두말할 필요가 있겠는가? 그러니 상대의 잘못을 지적하기보다 이렇게 말하라. "제가 틀릴 수도 있죠. 가끔 실수를 하기도 하니까요. 자, 무엇이 문제인지 다시 한 번 생각해봅시다." 이 말에 반박하는 자는 그 어디에도 없을 것이다.

실수를 인정한 문제 해결

브루스 하비는 휴가 중이었던 직원에게 급여를 전액 지급하는 실수를 저질렀다. 이에 하비는 곧 해당 직원을 불러 다음 달 급여에서 초과분을 삭감 지급하겠다고 설명했다. 그러자 직원은 "그러면 제가 곤란해집니다. 분기에 나눠서 삭감하면 안 될까요?"라고 요청했다.

그러나 이 절차를 시행하려면 반드시 사장님의 허가를 받아야 했다.

"전 분명 사장님이 싫어하실 걸 알았지만 이건 제 잘못이었고 사장님께 자초지종을 설명해드려야 했습니다. 그래서 '제가 실수했습니다.'라는 말과 함께 전체 상황을 말씀드렸습니다. 그러자 사장님은' 그건 인사부가 잘못한 게 아닌가!'라며 화를 내시더군요. 전 재차 제 잘못이라고 말씀드렸습니다. 그랬더니 이번에는 회계부서의 부주의 탓으로 돌리시는 게 아닙니까. 전 다시금 제 실수라고 말씀드렸지요. 이어 사장님은 사무실의 다른 동료를 질책하려 하셨지만 '제 잘못입니다'라는 계속되는 해명에, 결국 '알았네. 자네가 잘못했으니 빨리 문제나 해결하게나.'라고 말씀하셨습니다. 문제는 별 탈 없이 순조롭게 해결되었습니다. 용감하게 책임을 떠안은 제 자신이 참 뿌듯하고 자랑스럽더군요. 그일 이후로 사장님께선 절 더욱 신임하십니다."

꧁ 용감하게 잘못을 시인하라. 그러면 부끄러움이나 죄책감을 털어버린 채 보다 수월하게 문제를 해결할 수 있다.

위대한 인물

남북전쟁 시기에 남부 연합군 총사령관 로버트 E. 리 장군은 피케트의 게티즈버그 전투 패배를 자신의 책임으로 돌리는 영웅다운 면모를 보여주었다. 그 해, 피케트가 지휘한 게티즈버그 전쟁은 서양역사에 길이 남을 훌륭한 전투였다.

그 비극적인 7월 어느 오후, 그는 수많은 병사들의 환호성을 받으며 적진을 향해 내달렸다. 피케트를 위시한 남부 연합군은 마치 영화의 한 장면처럼 장엄하게 돌진했고 이 모습을 바라보던 북부 연합군에서는 감탄사가 터져 나올 정도였다.

이들은 적들의 거센 대포반격에도 아랑곳하지 않고 과수원과 들판을 지나 앞으로 전진해갔다. 바로 그 순간, 산등성이에 매복해있던 북부 연합군이 무방비상태의 피케트 부대에 맹렬한 사격을 퍼부었다.

산등성이는 삽시간에 불바다로 변했고 차마 눈뜨고 볼 수 없을 정도의 참혹한 광경이 펼쳐졌다. 피케트가 이끄는 5천 대군은 전멸하다시피 했지만, 잔여 병력을 데리고 간신히 산등성이를 넘은 피케트는 날카로운 검을 휘두르며 있는 힘을 다해 소리쳤다.

"형제들이여, 돌격하라!"

남은 군사들의 사기는 하늘을 찌를 듯 높았고 곧 북부 연합군과의 피비린내 나는 육박전이 벌어졌다. 결국 남부 연합군은 산 정상에 승리의 깃발을 꽂고야 말았다. 하지만 빛나는 승리도 잠시, 피케트의 돌격전은 결국 남부 연합군의 패배로 끝나고 말았다. 이들은 북부 연합군의 방어선을 도저히 뚫을 수 없었던 것이다.

비통함에 젖은 리 장군은 남부 연맹정부 대통령이었던 제퍼슨 데이비스에게 더 젊고 유능한 사령관을 파견해 달라는 말로 사의를 표명했다. 사실, 리 장군은 패배의 책임을 타인에게 돌릴 수도 있었다. 당시 지휘관이 책임을 다하지 않았으며 기마부대 지원병이 너무 늑장을 부렸던 탓도 있었기 때문이다.

하지만 리 장군은 그렇게 하지 않았다. 피케트 장군의 패잔병들이 부대로 돌아왔을 때, 그는 홀로 나아가 그들을 맞이했다.

그리고 통렬한 표정으로 자책했다.

"이는 모두 나의 책임이오. 내가 모든 것을 책임지겠소."

리 장군이 피케트에게 패전의 책임을 떠넘기려고 했다면 수십 가지의 핑계를 댈 수 있었을 것이다. 하지만 리 장군은 그 역사적인 순간의 책임을 떠맡았던 인물이었다. 이제는 누구도 그를 패배자라고 생각하지 않는다. 아니, 오히려 더없이 위대한 인물의 상징으로 새로이 회자되고 있다.

4

부드럽고 온화한 표현으로
상대의 감정을 보듬어라

상대가 불쾌해할 때에는 아무리 명확한 논리로 주장한다 해도 설득이 힘들다. 그러니 상대에게 더없이 친절하고 부드럽게 대하라. 동조를 이끌어내기가 한결 수월해질 것이다.

록펠러의 놀라운 연설

1915년, 록펠러는 콜로라도 주에서 '가장 나쁜 놈'으로 꼽혔다. 당시에는 미국 역사상 최악의 파업사태가 장장 2년 동안 지속되고 있었다. 분노한 광부들은 록펠러가 소유한 콜로라도 석탄 철강회사에 '임금을 인상하라'며 격렬하게 요구했다.

이들은 심지어 회사의 기물을 파괴했고, 이 때문에 군부대까지 동원되어 시위를 진압해야 했다. 유혈사태가 연이어 발생하면서 적지 않은 광부들이 사살되었다. 양측의 팽팽한 긴장감 아래, 원망과 분노의 불길이 온 도시를 감싸고 있었다.

바로 이때, '나쁜 놈' 록펠러의 뛰어난 연설 덕분에 순식간에 파업참가자들의 분노가 잦아들었다. 심지어 그에게 동조하는 시위자들도 생겨났다. 록펠러는 무척 진지하고 진실한 자세로 광부들과 소통을 시도했고 결국 파업참가자들은 하나둘씩 각자의 자리로 되돌아갔다. 파업의 가장 큰 원인은 임금문제였으나 더 이상 이 말을 꺼내는 사람은 없었다.

자, 록펠러의 청중이 바로 분노에 날뛰던 광부들이었음을 기억해보자. 이들은 심지어 록펠러를 사과나무에 매달아 죽이겠다고 공언했던 사람들이었다. 그럼에도 불구하고 록펠러는 무척이나 겸손하고 온화한 태도로 이들에게 다가섰다.

그는 연설 중에 "이 자리에 서게 되니 무척 영광입니다.", "여러분의 가정을 방문하여", "여러분의 가족들을 만나고", "우리는 이곳에서 친구로 만난 것입니다.", "상호 우호적인 정신을", "모두의 이익을 위해", "여러분 덕분에 제가 이 자리에 설 수 있었으니" 등의 어구를 사용했다.

록펠러의 연설은 아래와 같다.

"오늘은 제 인생에 있어 무척 특별한 날입니다. 이렇게 회사 측의 노동자대표, 직원 및 임원들을 한 자리에서 뵙게 되는 영광을 누리니 아마 오늘을 영원히 잊지 못할 듯합니다. 만약 우리가 2주 전에 이렇게 모였더라면, 전 그저 얼굴 정도나 아는 낯선 사람에 불과했을 겁니다.

하지만 지난 2주 동안, 전 남부 탄광지역을 방문해 그곳 대표 분들과 대화를 나누는 한편 여러분의 가정을 방문해 가족들과의 조촐한 만남도 가졌습니다. 그러니 이제 우리는 더 이상 낯선 사람이 아닌 친구로서, 이 자리에 다시 만난 것입니다. 이 같은 상호 우호적인 분위기 속에서 모두의 공동 이익에 대해 말할 수 있어 정말 기쁘게 생각합니다.

이 모임은 회사 직원과 노동자 대표들의 자리이기에, 제가 이 자리에 설 수 있는 것은 모두 여러분의 덕분입니다. 전 비록 직원도 노동자 대표도 아니지만 공장의 주주와 이사회를 대표하는 사람으로서 여러분과 친밀한 관계를 맺고 있다고 생각합니다."

이것이야말로 적을 친구로 만드는 놀라운 기술이지 않은가?

만약 록펠러가 다른 방법을 택했다면, 예를 들어 그들이 직면한 상황과 위기를 지적하며 파업자들과 논쟁을 벌였다면, 혹은 당시 파업의 책임을 물어 엄중히 질책했다면 상황은 어찌되었을까? 아마 더 극렬한 분노와 원망의 불길이 치솟아 상황은 더욱 악화되었을 것이다.

우드로 윌슨은 이런 말을 했다. "당신이 두 주먹을 불끈 쥐고 온다면 난 더 굳게 주먹을 쥘 것이다. 하지만 내게 '앉아서 천천히 이야기해봅시다. 우리 생각이 다른 이유는 어디에 있을까요?'라고 말한다면 곧 '우리 생각에 차이점보다 공통점이 더 많음'을 알게 될 것이다." 록펠러는 바로 이 방법을 이용한 것이다.

까다롭기로 유명한 고집쟁이

엔지니어인 스트러브는 집세를 깎고 싶었으나, 집주인은 까다롭기로 유명한 고집쟁이였다. 그는 세미나에서 다음과 같은 이야기를 들려주었다.

"전 집주인에게 계약기간이 다 되어 다른 아파트로 이사를 가야겠다고 편지를 썼습니다. 사실, 솔직히 이사를 가긴 싫었습니다. 집세를 깎아준다면 계속 살고 싶었지요. 하지만 이 까다로운 집주인은 집세를 깎아준 적이 단 한 번도 없었다더군요. 게다가 사람들은 그를 '다루기 힘든 사람'이라며 치를 떨었습니다. 어쨌든 전 세미나에서 배운 것을 시험해보기로 했습니다.

집주인은 편지를 받자마자 비서와 함께 절 찾아왔더군요. 전 그를 반갑게 맞이하며 제가 얼마나 이 아파트를 좋아하는지에 대해 이야기했습니다. 그리고 그가 무척 효율적으로 빌딩을 관리하고 있다는 칭찬도 늘어놓았지요. 이때까지도 전 집세에 대해서는 한마디도 하지 않았습니다. 다만 계속 살고 싶지만 그럴 형편이 되지 않는다고 말했지요.

집주인은 저처럼 호의적인 세입자는 처음 만나보는 듯 약간 당황하기까지 했습니다. 그러고는 지난 번 세입자들에 대해 불평을 늘어놓기 시작했습니다. 그들은 자기만 보면 불만을 늘어놓기 일쑤이며 심지어 항의편지를 열네 통씩이나 보낸 사람도 있었다고요. 어떤 세입자는 위층의 코고는 소리 때문에 시끄러우니 계약을 해지하겠다고 위협하기까지 했답니다.

이윽고 집주인은 이렇게 좋은 세입자를 만나기도 쉽지 않은데 혜택을 줘서라도 붙잡아야 된다면서 제가 얘기를 꺼내기도 전에 집세를 깎아주겠다고 했습니다. 하지만 그가 제시한 금액 역시 제가 감당하기엔 좀 많은 액수였습니다. 결국 전 솔직히 제가 낼 수 있는 금액에 대해서 차분히 말했고 그는 제 제안을 받아들였습니다.

집주인은 자리를 뜨면서 '수리나 보수가 필요한 부분이 있으면 말씀하세요.'라고 말했습니다.

제가 만약 예전 세입자들처럼 집주인에게 접근했다면 분명 실패하고 말았을 겁니다. 하지만 진심이 담긴 따뜻한 마음으로 솔직히 대하니, 만족스러운 소기의 성과를 거둘 수 있었습니다."

🙏 야단만 치는 부모님, 안하무인 직장상사 그리고 잔소리만 늘어놓는 부인을 완전히 바꿀 수 있을까? 사람의 생각은 여간해서 바뀌지 않으며 강제적으로는 더욱 불가능하다. 그러니 방법을 바꾸어 보라. 우호적인 태도로 칭찬과 동의를 표한다면 마치 꿀에 벌이 날아들 듯 그들의 마음을 사로잡을 수 있으리라.

에밀에게 건 마법

롱아일랜드 가든 시티에 사는 도로시 데이 부인은 사교계의 유명인사로, 그간에 겪은 많은 이야기들을 들려주었다.

"얼마 전, 몇몇 지인들을 초대해 오찬모임을 함께했습니다. 저에게는 무척 중요한 행사였기에 만반의 준비를 해두려 온갖 노력을 기울였지요. 보통 이런 모임에는 집사 에밀이 절 도와주곤 했는데 이번에는 정말 실망스러웠습니다.

오찬 요리는 완전히 엉망인데다 웨이터도 달랑 한 명뿐이었습니다. 게다가 그 웨이터는 고급연회의 기본도 모르는 신출내기더군요. 기분이 엉망진창이었지만 손님들 앞이어서 억지로 웃을 수밖에 없었습니다. 전 어금니를 악물며 중얼거렸지요.

'감히 이 따위로… 에밀, 어찌되는지 두고 봐라!'

다음 날, 전 인간관계론에 대한 세미나에 참석했습니다. 그리고 에밀에게 책임을 돌려봤자 별 소용이 없다는 것을 깨달았지요. 잠시 제 화풀이는 할 수 있겠지만, 마음을 상한 에밀은 더 이상 절 성심성의껏 돕지 않을 테니까요.

그래서 생각을 바꿔 에밀의 입장에서 생각해봤습니다. 사실, 에밀이 직접 요리를 망친 것도 아니었고 멍청하고 답답한 웨이터 역시 엄밀히 말해 그의 탓은 아니었지요. 실제로 에밀도 이 일 때문에 골치를 썩이고 있을지 모르잖습니까? 전 너무 성급히 화를 내는 게 아닌가, 너무 엄격히 대하는 건 아닌가를 반성해 봤습니다.

그리고 이 일이 있기 전과 마찬가지로 그의 노고를 칭찬해주기로 했습니다. 결과는 물론 훌륭했지요.

다음날에 에밀이 절 만나러 왔을 때, 그는 이 일에 대해 구구절절 변명을 늘어놓을 작정이었나 봅니다. 하지만 전 부드럽게 말했습니다.

'에밀, 내가 모임을 주최할 때는 에밀이 그 자리에 있어줬으면 좋겠어요. 뉴욕 최고의 집사인 에밀이 곁에 있어야 든든하거든요. 그날 요리는 분명 에밀의 탓이 아니라고 생각해요. 당신 역시 마음이 편치 못했겠죠.'

그러자 찌푸렸던 에밀은 금세 환하게 웃으며 대답했습니다.

'네, 부인. 그 골칫거리 웨이터도 저로서는 어쩔 수가 없었습니다.'

'에밀, 또 다른 연회를 준비 중인데 조언을 부탁해요. 그리고 그 웨이터는 계속 써도 괜찮을까요?'

제 물음에 에밀은 고개를 끄덕이며 말했습니다.

'부인, 걱정 마세요. 두 번 다시 그런 일은 없을 겁니다.'

그로부터 일주일 후 오찬모임을 준비할 때, 에밀은 제게 식단의 재료 목록까지 상세히 알려주었습니다. 전 더 이상 예전의 잘못은 추궁하지 않은 채 적잖은 팁까지 지불했지요.

식탁 위에는 손님들을 반기는 장미꽃다발이 놓여있었고, 에밀은 줄곧 자리를 지키며 시중을 들어주었습니다. 격조 높고 세심한 서비스에 맛깔스럽고 깔끔한 요리까지, 모든 것이 완벽했습니다. 네 명이나 되는 웨이터가 식사 내내 서비스를 해주었고, 마지막에 는 에밀이 직접 디저트를 서빙해주더군요.

오찬이 끝난 후 그 자리에 참석했던 귀빈 한 분이 '대체 무슨 마 법을 부리신 겁니까? 이렇게 훌륭한 오찬은 처음입니다.'라고 하 셨습니다.

그 말은 사실이었죠. 전 에밀에게 호의와 칭찬이라는 마법을 걸 었으니까요."

'해님과 바람'이라는 우화를 아는가? 태양과 바람은 누가 먼저 노인의 외투를 벗기는가를 두고 내기를 걸었다. 먼저 바람이 있는 힘껏 숨을 내뿜 자 노인은 오히려 옷을 단단히 여몄다. 하지만 태양이 따뜻한 기운을 내뿜 자 노인은 스스로 옷을 벗었다. 보라, 온화한 호의는 광폭한 분노보다 훨씬 강력하다.

5

소크라테스처럼
대화하라

당구를 쳐본 적이 있는가? 목표지점을 향해 무작정 공을 치면 오히려 탄성을 받아 그대로 되돌아오기 일쑤이다. 하지만 살짝 비껴간 지점을 목표로 삼으면 원하는 방향으로 공을 보낼 수 있다.

조금 특별한 말투

그리스의 철학자 소크라테스는 왕성한 호기심과 기이한 행동, 심오한 사상으로 세계철학사의 대 스승으로 알려져 있다. 또한 인류의 문명을 이끌어 온 세계에서 가장 영향력 있는 사상가로 끊임없이 추앙받고 있다.

그렇다면 소크라테스는 어떤 방법으로 사람들을 이끌었을까? 그들의 잘못을 신랄히 비판했을까? 아니다. 소크라테스는 절대로 그렇게 하지 않았다.

오늘날 '소크라테스의 변증법'이라 일컬어지는 대화법은 사람들에게 '네, 네'라는 대답을 이끌어내는 데서 시작된다. 즉, '네'라고 대답할 수밖에 없는 질문을 계속하면서 어느덧 반대자의 찬성을 이끌어내는 방법이다.

얼굴이 빨개질 때까지 싸우느니 차라리 전략적인 대화법을 시도하라. 만약 상대가 틀렸다면, 그리고 잘못을 정정해주고 싶다면, 긍정적인 어조로 말하라. 그러면 상대는 경계심을 늦추고 당신의 길을 따를 것이다.

'네, 네' 대화법

뉴욕의 한 은행에서 출납원으로 일했던 에버슨 씨는 '네, 네' 대화법을 이용해 단골고객을 확보할 수 있었다.

"고객 한 분이 은행계좌를 개설하기 위해 오셨길래, 전 규정에 따라 계좌신청양식을 건네 드렸죠. 그런데 그 분은 다 채우지도 않은 신청서를 주시며 '이 질문들은 답하고 싶지 않소.'라고 말했습니다.

만약 제가 이 세미나에 참석하기 전에 그 분을 만났더라면, 당연히 '신청서 양식을 채우지 않으면 계좌를 개설하실 수 없습니다.'라고 대답했겠죠. 그렇게 제 권위를 내세우며 득의양양했을 겁니다. 하지만 그날, 전 '네, 네' 대화법을 사용해보기로 결심했습니다. 그래서 고객의 입장에 서서 대화를 시작했지요.

'네, 신청서를 쓰는 건 좀 번거로운 일이죠. 여기 이 칸은 그냥 남겨두셨네요? 뭐 큰 문제는 없지만… 하지만 혹시 선생님께서 돌아가셨을 경우에 그 예금을 상속자나 친족들의 명의로 전달해야지 않을까요?'

'물론이오.' 그 고객은 당연한 듯 대답하시더군요.

'그러시다면 이곳 친족 성명 란에 기본 정보를 주시면 저희가 곧바로 이분께 전달해 드리겠습니다.'

'좋소, 그렇게 하지요.'

그 고객 분은 은행이 아닌 자기 자신을 위해 상세정보가 필요하다는 사실을 깨닫고 점차 기분이 누그러지셨습니다. 그리고 신청서의 빈칸을 다 채운 후에는 제 권고에 따라 어머니의 신탁 계좌까지 개설하셨지요. 그렇게 긍정적인 어조로 대화를 시작하니 제 의견을 납득시키기도 훨씬 쉬웠습니다."

당신의 학생, 고객, 남편 혹은 부인에게 일단 '아니오'라는 말이 나온 후에는, 이를 긍정으로 바꾸기 위해 엄청난 인내와 지혜가 필요하다. 먼저 '아니오'라는 말이 나왔다면, 혹여 스스로 틀렸다고 생각할지라도 자신의 자존심을 지키기 위해서라도 그 의견을 고집하려 할 테니 말이다.

뜨거운 엔진

웨스팅하우스의 세일즈맨인 조셉 앨리슨 씨는 다음과 같은 이야기를 들려주었다.

"제가 담당한 구역에 한 대기업이 있었습니다. 저희 회사는 이 기업과 거래를 트기 위해 갖은 애를 다 썼었죠. 하지만 제 전임자는 장장 10여 년에 걸친 노력에도 불구하고 단 한 건의 계약도 따내지 못했습니다. 저 역시 3년 동안 그 기업 사장님을 쫓아다녔지만 아무런 소득이 없었지요.

이렇게 13년 동안 졸라댄 결과, 대기업 측에서는 마침내 저희 엔진을 몇 대 구입하여 시험가동을 해보겠다고 했습니다. 만약 이번 거래가 성공적으로 성사된다면 앞으로 수백 대를 팔 수 있는 가능성이 열려 있었지요.

전 자사 엔진에 아무 결함이 없다는 것을 확신하고 있었기에 한껏 흥이 나서 그 기업체를 찾아갔습니다. 하지만 프로젝트 총괄 엔지니어가 그러더군요.

'앨리슨, 자네 회사 엔진은 살 수 없을 것 같네.'

순간 심장이 철렁 내려앉더군요.

'무슨 일입니까?'

'엔진이 너무 뜨거워서 만질 수가 없네.'

전 논쟁을 해봤자 아무 소용이 없다는 걸 직감했기에 '네'라는 대답을 이끌어내기로 했습니다.

'스미스 씨, 그 말이 맞습니다. 정말 엔진이 너무 뜨겁군요. 전기 제조업협회 기준보다 과열되는 엔진은 구매할 수가 없겠지요?'

그는 고개를 끄덕였고, 전 첫 번째 '네'를 얻어냈지요.

'협회 규정에 따르면, 엔진이 실내온도보다 화씨 72도 가량 높아지는 건 괜찮지요?'

'그렇소, 하지만 이 엔진은 그보다 훨씬 더 뜨겁단 말이오.'

전 그와 논쟁을 벌이는 대신 계속해서 질문을 던졌습니다.

'공장 온도가 몇 도지요?'

그는 한참 생각을 하다가 대답했습니다.

'아, 대략 화씨 75도쯤 일거요.'

'아, 실내온도 75도에 72도를 더하면 기체 온도는 147도가 되겠군요. 147도나 되는 뜨거운 물에 손을 넣으면 데지 않을까요?'

'그렇소.'

'그렇다면, 스미스 씨. 엔진에 손을 대지 않는 게 어떨까요?'

'일리가 있는 말이오.'

잠시 후, 그는 비서를 불러 3만 5천 달러어치의 물품을 주문했습니다. 전 그때서야 '논쟁이야말로 가장 비효율적인 해결책'임을 몸소 깨달았습니다. 상대의 입장에서 '긍정'을 이끌어내는 것보다 더 좋은 방법은 없더군요."

사람들은 흔히들 상대의 의견에 반박하며 자신의 의견을 고집하는 실수를 저지른다. 누군가 의견을 제시할 때, 곧바로 논리, 사실 등을 앞세워 상대를 굴복시키려는 것이다. 하지만 그래보았자 상대는 더욱더 강경해질 뿐이다.

win-win 전략

우리 세미나의 강사인 에디는 사냥을 무척 좋아해서 장비를 구매하는 데 적잖은 비용을 투자하곤 했다.

에디의 동생이 방문했을 때의 일이다. 그는 동생과 함께 사냥을 즐기기 위해 단골가게에서 사냥장비 한 벌을 대여하고자 했다. 하지만 가게 점원은 대여는 하지 않는다고 대답했고 할 수 없이 에디는 다른 가게에 전화를 걸었다.

"무척 쾌활한 목소리의 젊은 남자가 전화를 받더군요. 그는 대여수익이 많지 않아서 활 대여는 하지 않는다고 말하며 미안해했습니다. 그리고 전에 활을 대여한 적이 있느냐고 묻길래 몇 년 전에 그런 적이 있었다고 대답했더니 그는 다시 묻더군요.

'당시에 아마 25달러에서 30달러쯤 줬겠지요?'

'네.'

그러자 그 돈을 아끼고 싶지 않느냐고 물었습니다.

'물론이죠!'

그는 현재 34달러 95센트짜리 풀세트 장비를 판매하고 있으니 대여료에 4달러 95센트만 더 지불하면 온전히 한 세트를 구입할 수 있다고 말했습니다. 그리고 그렇게 하는 것이 더 저렴하기 때문에 대여 업무를 하지 않는 거라고 설명해주었습니다.

그래서 전 '좋아요, 그렇게 하지요.'라고 대답했습니다.

결국 전 그 가게에서 활 세트를 구입했을 뿐 아니라 몇 가지 장비까지 추가로 구입했습니다. 그리고 그때부터 단골이 되었지요."

대화를 시작할 때 자기 의견보다는 양측이 동조할 수 있는 이야기를 꺼내어라. 그리고 '우리는 같은 목표를 추구하고 있다. 단지 방법에 차이가 있을 뿐'이라는 생각을 전해주어라.

6

상대에게 말할
기회를 제공하라

우리는 그리 대단한 존재가 아니기에 항상 겸손해야 한다. 100년 후에는 존재조차 까맣게 잊힐 것 아니겠는가! 그 누구도 죽음을 피할 수는 없다. 삶이란 이리 짧고 덧없을진대 아무리 잘났다고 떠들어봐야 무슨 의미가 있겠는가? 차라리 그 시간에 타인의 지혜를 좇는 것이 낫다.

후두염이 가져온 성공

몇 년 전, 미국 최대의 자동차 제조업체에서 향후 1년간 사용할 차량시트용 직물을 구매하기 위해 해당 업체들과 협상을 벌이고 있었다. 당시 이 거액의 계약 건을 두고 세 곳의 직물 제조업체가 경합을 벌였다. 이에 자동차 회사 측은 세 곳의 직물 샘플을 자체적으로 검사할 테니, 각 업체는 정해진 날짜에 최종 프레젠테이션을 할 발표자를 보내라고 요청했다.

이들 가운데 한 업체의 발표자로 나선 G씨는 심한 후두염을 앓고 있었다. 그는 우리 세미나에서 다음과 같은 이야기를 들려주었다.

"제가 회사 임원진 앞에서 발표할 차례가 되었는데 도무지 목소리가 나오지 않더군요. 회의실에는 직물담당 엔지니어, 구매담당 매니저, 세일즈 담당자 및 회사 사장이 앉아 있었습니다.

전 자리에서 일어나 무언가 말하려고 애썼지만 전혀 소리를 낼 수가 없었습니다. 그래서 재빨리 '여러분, 목소리가 나오지 않아 말씀을 드릴 수가 없습니다.'라는 문구를 써서 보여주었지요.

그러자 그 회사 사장이 나서서 '그럼 제가 대신해서 말씀해드리지요.'라고 하시더군요. 그는 샘플의 장점을 설명하면서 철저히 제 입장에서 발표를 진행했습니다. 그리고 토론을 할 때에도 저희 측을 옹호해주더군요. 그러는 동안 전 웃으며 고개를 끄덕이거나 손짓을 하거나 한 게 전부였습니다. 이 특이한 프레젠테이션이 끝난 뒤 마침내 저희 업체가 계약을 따냈습니다. 계약금액만도 160만 달러에 달하는, 총 50만 야드의 시트직물을 납품하게 된 것입니다.

만약 목이 멀쩡했다면 계약을 따내기 힘들었을 겁니다. 전 세일즈에 대해 완전히 잘못 이해하고 있었으니까요. 하지만 이번 기회를 통해 상대에게 말할 기회를 주는 것이 얼마나 중요한지를 깨닫게 되었습니다.

⚘ 사람들은 흔히들 달변가가 되면 사람들이 신뢰할 거라고 오해한다. 하지만 실제로는 상대에게 말할 기회를 주는 것이 더욱 가치 있는 선택이다. 많은 이들이 상대를 설득시키지 못하는 이유는 말을 못해서가 아니라 말을 너무 많이 하기 때문이다. 이는 세일즈맨들이 흔히 저지르는 실수이기도 하다.

닭장에 등 달기

필라델피아 전기회사에 근무하는 웨브 씨는 펜실베이니아의 어느 시골지역을 시찰하고 있었다. 그곳은 네덜란드 출신의 부유한 농민들이 거주하는 곳으로 무척 깔끔하고 정돈된 마을이었다. 어느 멋진 농가 앞을 지나면서 지역담당자에게 물었다.

"왜 사람들이 전기를 사용하지 않나요?"

"이 마을 사람들은 찔러도 피 한 방울 안 나올 사람들이에요. 아무것도 사려고 하지 않습니다. 게다가 저희 회사를 달갑잖게 생각하고 있어서 도무지 설득할 수가 없었습니다."

이 말에 웨브 씨는 한 번 더 시도해볼 요량으로 한 농가의 문을 두드렸다. 문이 빠끔히 열리더니 나이가 지긋한 드러켄브로드 부인이 고개를 내밀었다. 웨브 씨는 당시의 상황을 이렇게 설명했다.

"노부인은 우리가 전기회사 사람이란 걸 눈치채고 곧바로 문을 쾅 닫아버렸습니다. 전 다시 문을 두드렸지요. 부인은 전기회사 따위는 관심이 없다고 말하더군요.

그래서 전 '귀찮게 해드려 죄송하지만, 부인. 전 전기를 팔러온 게 아닙니다. 달걀을 좀 사고 싶어서요.'라고 말했습니다. 그러자 드러켄브로드 부인은 미심쩍은 눈초리로 문을 빠끔 열었습니다.

'부인께선 아주 멋진 도미니크 종 닭을 기르고 계시더군요. 신선한 달걀을 좀 살 수 있을까요?'

그녀는 문을 활짝 열어젖히고는 호기심 어린 목소리로 물었습니다.

'내가 기르는 게 도미니크 종이란 걸 어떻게 아셨수?'

'저도 닭을 기르거든요. 그런데 이렇게 좋은 도미니크 종 닭은 처음 봅니다.'

부인은 뭔가 의심스러운 듯 계속해서 질문을 해댔습니다.

'집에서 닭을 키운다면서 왜 달걀을 사려는 게요?'

'저희 집 닭은 레그혼종이어서 흰 달걀을 낳거든요. 그런데 케이크를 만들 때는 노란달걀을 쓰는 게 훨씬 맛있잖습니까. 집사람이 케이크 하나는 끝내주게 만들거든요.'

부인은 드디어 온화하기 그지없는 모습으로 대문을 열어주었습니다. 집으로 들어간 저는 농장 마당에서 아주 근사한 외양간을 발견하고는 이렇게 말했습니다.

'드러켄브로드 부인, 남편께서 소를 키우는 것보다 부인께서 닭

을 치는 수입이 더 많으실 것 같은데요?'

그녀는 금세 얼굴이 환해지더군요. 실제로 부인이 훨씬 많은 수입을 얻고 있었음에도 고집쟁이 남편은 그 사실을 인정해주지 않는 듯했습니다. 부인은 흔쾌히 닭장을 구경시켜 주었고 전 그곳 닭장 설비를 둘러보며 칭찬을 아끼지 않았습니다. 우린 어느새 닭을 키우는 경험을 나누는 친구가 되었지요.

마침내 부인은 '옆집 사람이 닭장에 등을 달았더니 수확이 늘었다고 그러던데, 그게 참말이우?'라고 물으며 전등이 과연 효과적인지 궁금해했습니다. 그로부터 2주 후, 드러켄브로드 부인이 기르는 도미니크 종 닭들은 환한 전등 불빛 아래서 모이를 쪼게 되었지요. 이렇게 부인은 더 많은 달걀을 수확했고 전 전기설비를 판매하는 데 성공했습니다.

만약 제가 부인의 생각은 아랑곳하지 않은 채 줄곧 제 얘기만 늘어놓았다면 결코 전기시설을 판매할 수 없었을 겁니다. 이렇게 까다로운 고객에게는 절대 물건을 팔 수가 없습니다. 단지 스스로 물건을 사도록 만드는 거지요."

양측이 모두 '윈-윈' 할 수 있었던 위의 사례는 깊이 생각해 볼 가치가 있다. 웨브 씨가 노부인의 관심사에 주의를 기울이지 않았다면 결코 전기설비를 판매하지 못했을 것이다. 자, 많은 이들이 선택의 결정권을 상대방에게 쥐어준다 그러고는 상대가 까다롭다며 불평을 해대는 것이다. 그렇다면 넓은 그물을 던져놓고 스스로 들어오도록 만드는 것이 오히려 낫지 않은가?

바로 내가 찾던 사람일세!

뉴욕 어느 유명 일간지의 경제란에 경험이 풍부한 인재를 모집한다는 대대적인 구인광고가 났다. 이를 본 큐벨리스는 곧바로 이력서를 접수시켰다. 며칠 후, 면접을 보러 오라는 통보를 받은 큐벨리스는 월스트리트를 돌아다니며 회사 창립자의 생애와 족적에 대해 샅샅이 조사했다. 이윽고 면접이 시작되었고 그는 이렇게 말문을 열었다.

"귀사의 일원이 될 수 있다면 정말 영광스러울 것입니다. 사장님께서는 28년 전에 달랑 책상 하나와 속기사 한 명만으로 이 사업을 시작하셨다고 들었는데, 그게 정말인가요?"

자수성가형 인물은 대개 자신의 초창기를 되돌아보길 좋아한다. 물론 이 창업주도 예외는 아니었다. 그는 어떻게 단돈 450달러로 회사를 창업했는지에 대해 이야기하기 시작했다. 수많은 시련과 역경을 거치면서, 휴일도 없이 하루에 12시간씩 일하며 결국 성공신화를 만들어낸 것이었다. 그리하여 이제는 월스트리트 최고의 금융가들에게 자문을 해주기에 이르렀다며 사장은 스스로를 무척 자랑스러워했다. 이야기를 마치고 난 사장은 큐벨리스의 이력에 대해 짧게 질문한 뒤, 부사장을 불러 이렇게 말했다.

"바로 내가 찾던 사람일세!"

🙎 상대방의 자랑을 묵묵히 들어줄 수 있는 사람은 거의 없다. 친구들과 함께 있을 때도 자기 얘기만 늘어놓기 바쁘지 않은가. 그러니 별 의미도 없는 자기 얘기를 늘어놓느라 상대를 지치게 만들지 마라.

도와주세요!

대규모 철강회사에 근무하는 애머슨은 브루클린의 한 파이프 기사와 거래를 트고 싶어 했다. 하지만 사업적 수완이 뛰어난 이 파이프기사는 애머슨을 보자마자 퇴짜를 놓았다. 게다가 그는 무례하다 못해 난폭하기까지 했다. 당시 거만한 표정으로 담배를 물고 있던 그는 애머슨을 보자마자 소리쳤다.

"귀찮게 할 생각 말고 당장 나가시오. 난 아무것도 필요 없소!"

그 후 애머슨은 '도와주세요!' 전략을 구사하기로 마음먹었다. 당시 애머슨의 회사는 롱아일랜드의 퀸스타운에 지점을 낼 계획이었는데 이곳은 그 파이프기사의 사무실과 무척 가까운 곳이었다. 그래서 애머슨은 다시 그를 찾아가 정중하게 물었다. "선생님, 이번엔 사업 이야기를 하려는 게 아니라 여쭤볼 것이 있어 왔습니다. 오래 걸리진 않을 겁니다."

여느 때처럼 거만하게 담배를 물고 있던 그는 마땅찮다는 듯이 다그쳤다.

"좋소, 무슨 일이오? 빨리 말하시오."

"저희 회사에서 퀸스타운에 지점을 내려고 하는데, 이곳 사정은 선생님께서 제일 잘 아실 것 같아서요. 선생님의 고견을 듣고 싶어서 왔습니다."

이토록 정중하고 진실한 요청을 처음 받아본 파이프기사는 무척 우쭐한 기분이 들었다. 이렇게 큰 회사의 직원이 내게 조언을 구하다니!

그는 애머슨에게 의자를 권하며 이야기를 시작했다. 퀸스타운에 지점을 내려는 계획에 찬성한 그는 한 시간여에 걸쳐 지점 개설, 물품 조달 등에 관련된 상세 정보까지 꼼꼼하게 알려주었다. 대규모 철강회사에 자문을 해주다니, 그는 무척 중요한 사람이 된 듯한 기분에 절로 어깨가 으쓱해졌다. 어느덧 더없이 친절해진 파이프기사는 업무 이야기에 이어 개인적인 고민까지 털어놓았다.

"그날 저녁에 전 거액의 계약뿐 아니라 훌륭한 사업파트너까지 얻게 되었습니다. 그렇게 소리만 질러대던 사람과 골프도 치게 되었으니까요. 제가 도움을 청하면서 '당신은 중요한 사람입니다.'라는 느낌을 준 것이 주효했던 것 같습니다."

소리만 질러대던 파이프기사가 어떻게 순한 양으로 갑자기 변했을까? 그토록 대단한 대기업 직원이 자신에게 조언을 구해오지 않았는가! 덕분에 그는 '세일즈맨에게 이용당한다'는 생각보다는 '난 중요한 사람이다!'라는 자부심을 얻게 되었다. 자, 무언가를 팔려거든 상대의 호감을 이끌어내라.

7

자발적으로
돕게 하라

상대에게 어떤 일을 하도록 만드는 방법은 단 한 가지뿐이다. 이 방법에 대해 차분히 고민해본 적이 있는가? 그렇다, 바로 상대가 그 일을 원하도록 만드는 것이다. 기억하라, 결코 다른 방법은 없다.

미완성된 디자인

의상 디자이너인 웨슨 씨는 지난 3년간 한 주도 빠짐없이 한 유명 디자이너를 방문했다.

"그 디자이너는 절 거절하진 않았지만 한 번도 제 디자인을 사 준 적이 없었어요. 매번 한참 동안 디자인을 쳐다보고는 '웨슨 씨, 미안하지만 이 디자인은 안 되겠네요.'라고 말했죠."

이렇게 약 150차례나 거절당하고 나서야 웨슨 씨는 무언가 새로운 조치를 취해야겠다고 생각했다. 그는 매주 인간관계론에 대한 강의를 들으면서 새로운 길을 모색해보았다.

얼마 지나지 않아 그는 새로운 방법을 시도했다. 미완성된 디자인을 들고 디자이너를 찾아가 "좀 도와주시겠습니까. 여기 디자인 초안 몇 장을 갖고 왔는데 어떻게 완성하면 좋을까요?"라고 물었던 것이다. 디자이너는 미완성의 디자인을 물끄러미 쳐다보다가 이윽고 입을 열었다.

"여기 두고 가세요. 제가 한 번 손을 보지요."

며칠 후에 웨슨 씨가 다시 찾아갔을 때 디자이너는 디자인에 대해 수많은 아이디어를 제시해주었고 마침내 그의 의견을 반영한 디자인이 완성되었다. 이후 그 디자인을 판매할 수 있었음은 물론이다.

"예전에는 왜 거절당할 수밖에 없었는지 이제야 깨달았습니다. 그때는 제가 보기에 근사한 디자인을 제시했었죠. 하지만 이젠 구매자의 의견을 듣고 그에 따라 디자인을 완성하려고 노력합니다. 결국, 제가 디자인을 판매하는 것이 아니라 그가 적극적으로 구매하는 셈이지요."

이렇게 웨슨 씨는 지난 9개월 동안 10건의 디자인을 판매했으며 더불어 1,600달러에 달하는 디자인 수수료도 챙길 수 있었다.

⚖ 원하지도 않는 물건을 억지로 살 사람은 없다. 그러니 상대의 의견을 물어보아라. 웨슨 씨가 디자이너에게 조언을 구했던 것처럼 말이다. 그러면

상대는 까다롭게 굴기는커녕 적극적으로 판매 아이디어를 제시해 줄 것이다.

루즈벨트의 지혜

루즈벨트는 뉴욕 주지사 시절에 매우 탁월한 성과를 거두었다. 각 정당 지도자들과 조화롭게 어울리면서도 그들의 반대 의견에 유연히 대처할 수 있는 능력 덕분이었다. 대체 어떻게 해냈던 것일까?

예를 들어, 중요 보직에 공석이 생겼을 경우 루즈벨트는 각 정당 대표들에게 추천을 받았다.

"처음에 그들은 해당 보직에 전혀 맞지 않는 사람을 추천했습니다. 그래서 난 '이 사람은 정책과 여론 부문에서 그다지 영향력을 발휘하지 못할 듯합니다. 시민들의 반대도 있을 테고요.'라고 에둘러 거절했습니다. 그 다음에는 좀 더 나은 인사를 추천해오긴 했지만, 전체적으로 그리 득이 될 것도 손해 볼 것도 없는 경우였습니다. 그래서 또다시 여론의 반대를 이유로 정중히 거절했지요.

세 번째 추천인 역시 부족하지는 않았으나 최적의 인물은 아니었습니다. 그래서 정당대표들에게 '죄송하지만 한 번만 더 추천해 주시겠습니까'라고 요청했지요. 그 후에 마지막으로 추천받은 인물이 바로 내가 찾던 인물이었습니다. 난 대표들에게 감사의 인사를 전한 뒤 바로 임용절차를 밟았습니다. 그리고 모든 공을 정당 대표들에게 돌렸지요.

이후 난 '그대들의 의견을 수렴해 사람을 뽑았으니 이젠 그대들이 내 의견을 들어줄 차례'라고 말했습니다. 결국, 그들은 선거권 세법 및 시공무원 법안 등 정부의 중대 개혁안에 대해 제 뜻을 따라주었습니다."

루즈벨트는 절대 자신의 뜻을 직접 강요하지 않았다. 대신 상대로 하여금 스스로 생각하고 행동하도록 만들었다. 주요 인사를 임명할 때에도 마음속으로 이미 적임자를 정해놓고는 정당 대표들이 '스스로 선택했다'는 생각이 들도록 주도권을 쥐어주었던 것이었다.

상대의 의견을 묻고 그들의 생각을 존중해줘라. 당신이 그저 자신들을 돕는 자라고 생각하면 상대는 기꺼이 협력해 줄 것이다. 이는 복잡한 정치투쟁뿐만 아니라 업무 및 일상생활에서도 무척 유용한 팁이다.

까다로운 손님

롱아일랜드의 한 중고차 세일즈맨 역시 위의 방법을 이용해 까다로운 스코틀랜드인에게 중고차를 판매했다.

처음에 그는 다양한 종류의 차량을 보여주며 각 차량의 성능 및 장점에 대해 상세히 설명해주었다. 하지만 구매자는 이건 외관이 볼품없고 저건 설계가 튼튼하지 못하다, 이건 쉽게 망가질 것 같다, 저건 너무 비싸다며 온갖 불평을 늘어놓기만 했다. 답답해진 세일즈맨은 우리 세미나에서 그 까다로운 손님에 대한 고민을 털어놓았고 우리는 어떤 차가 좋은 건지 손님에게 직접 물어보라는 조언을 해주었다.

며칠 후에 중고차를 팔려는 고객이 찾아왔는데, 세일즈맨이 보기엔 그 차야말로 스코틀랜드 고객에게 딱 맞는 차량인 듯했다. 그는 곧바로 스코틀랜드인에게 전화를 걸어 잠시 도와줄 수 없겠냐고 물었다. 스코틀랜드인이 도착하자 그는 "선생님께선 차를 꼼꼼히 체크하고 가격을 따질 줄 아시니, 이 차 가격을 좀 매겨주시겠어요?"라고 요청했다.

그 스코틀랜드인은 함박웃음을 머금고 흔쾌히 제안을 수락했다. 그는 차를 타고 시내를 한 바퀴 돌아보고 온 후에 득의양양하게 말했다.

"300달러가 좋겠네요. 그러면 합리적일 것 같습니다."

"제가 그 가격에 차를 확보하면 손님께서 사실 의향은 있으신가요?"

300달러에? 당연하지 않은가? 그건 자신이 매긴 가격이니 말이다. 결국 거래는 이렇게 성사되었다.

물건을 판매할 때에는 억지로 구매를 강요하지 마라. 그리고 어떤 것을 사라고 권유하는 대신 상대가 직접 고를 수 있도록 유도하라. 사람들은 스스로 선택한 물건에 더욱 애착을 느끼는 법이다. 물론 삶의 다른 선택들도 마찬가지이다.

조언을 구하는 편지

브루클린의 한 대형병원에서는 신관을 증축하는 동시에 성능이 뛰어난 X-레이 장비를 갖출 계획을 세웠다. 그리하여 병원 측 X-레이 장비 구매를 담당한 L 박사에게 매일같이 수많은 세일즈맨들이 찾아왔다. 그들은 자사의 장비가 최고라고 선전하며 거액의 계약을 따내기 위해 온갖 노력을 기울였다.

하지만 이들 중에 유독 사람을 다루는 데 탁월했던 고수가 있었으니, 그는 L 박사에게 다음과 같은 편지를 보냈다.

"저희 회사에서 최근 새로운 X-레이 장비를 제작했습니다. 하지만 아직 완벽한 것이 아니기에 좀 더 성능을 보완해야 합니다. 시간이 괜찮으시다면 저희 장비를 한번 봐주시고 어떤 점을 개선해야 할지 조언해 주실 수 있으신가요? 박사님께서 무척 바쁘시다는 것은 알고 있습니다만 고견을 주시면 다시없는 영광이겠습니다. 시간만 정해주시면 언제든 차량을 보내드리겠습니다."

L 박사는 우리 세미나에서 당시의 일을 다음과 같이 술회했다.

"그 편지를 받고 무척 놀랐지만 한편으로는 기분이 좋더군요. 기존의 X-레이 장비회사측은 자사 제품에 대해 자화자찬하기 바빴을 뿐 우리가 어떤 제품을 원하는지 물어본 적이 없었거든요. 전 그 주에 스케줄이 꽉 차 있었지만 저녁모임을 취소하면서까지 장비회사를 찾아갔습니다. 그 회사는 제 의견을 반영해 장비를 개량했고 최종적으로 출시된 제품은 제 마음에 쏙 들었습니다. 사실, 누구도 그 장비를 사라고 말한 사람은 없었지만 전 그 제품을 구매하기로 결정했습니다."

L 박사가 얻은 것은 X-레이 장비뿐만이 아니라 존중받은 느낌, 자기만족감 그리고 자신감이었다. 그러니 기능상 타사 제품과 크게 다를 바가 없을지라도 '전체적인 만족감'이 월등히 높았던 위 업체를 선택하는 게 당연하지 않은가.

캠프장 예약

몇 년 전, 난 캐나다 뉴브룬즈윅에서 낚시를 즐기며 휴가를 보내고 싶었다. 그래서 현지 여행정보센터에 관련 자료를 보내달라는 편지를 썼다. 그런데 내 이름과 주소 등의 개인정보가 나 몰래 공개되었는지, 언젠가부터 브룬즈윅의 현지 여행사, 캠프장 등지에서 엄청난 양의 우편물이 쏟아져 들어왔다.

대체 어느 곳을 선택해야 할지 몰라 갈팡질팡하고 있을 때, 문득 내 눈에 띄는 자료가 있었다. 그 여행업자는 예전에 자신의 캠프장에 머물렀던 뉴욕출신 방문객들의 이름과 전화번호를 알려주었는데, 공교롭게 내가 아는 사람도 명단에 포함되어 있었다. 난 즉시 그 친구에게 전화를 걸어 캠프장에 대해 알아보았고, 이어 그곳 캠프장을 예약했다.

다른 캠프장에서 아무리 세심한 서비스를 제공하더라도 고객이 '스스로 선택하게' 한 이곳만큼 매력적이진 못하리라.

🔖 다른 캠프장에서 제공하는 서비스가 훨씬 좋을 수도 또, 훨씬 저렴할 수도 있다. 하지만 이들은 고객에게 '선택권'을 쥐어주는 차별성을 두지 못했기에 천편일률적인 광고에서 벗어나지 못했다.

어디로 여행 갈까?

오클라호마 주 툴사에 살고 있는 폴 데이비스 씨는 가족여행을 가기 전에 어떻게 의견을 일치시켰는지에 대해 이야기해주었다.

"전 예전부터 게티스버그의 전쟁터와 필라델피아의 역사 유적지, 포지 계곡, 제임스 타운 그리고 윌리엄스버그의 식민지부락을 여행해보고 싶었습니다. 그런데 3월 즈음에 아내 낸시가 멋진 여름 휴가계획이 있다면서 뉴멕시코, 애리조나, 캘리포니아와 네바다 등 서부지역을 가는 게 어떻겠냐고 말하는 게 아닙니까? 오래전부터 꿈꿔왔던 여행이라면서 말이죠. 하지만 한 번에 두 군데를 다 갈 수는 없잖습니까?

전 한창 미국역사를 배우고 있는 딸아이 앤이 미국에서 일어난 여러 사건들에 대해 관심을 갖고 있다는 걸 알았지요. 그래서 휴가 때 그 역사현장들을 둘러보는 게 어떠냐고 물었습니다. 물론 아이는 무척 좋아했습니다.

이틀 후, 가족 모두가 모인 식사시간에 전 '다들 괜찮다면 여름 휴가 때는 동부로 가는 게 어때? 앤에게도 의미 있는 여행이 될 테고… 무척 재미있을 거야.'라고 말했습니다. 그리고 실제로도 무척 재미있었습니다. 특히 저한테는 말이죠."

위의 에피소드는 '상대가 스스로 생각해냈다고 느끼게 하라'는 원칙을 응용한 좋은 예시이다. 자신이 얼마나 동부에 가고 싶은지를 강조하는 대신 딸아이의 학업과 흥미를 우선시한 것이다. 사람들은 때로 타인을 위해 기꺼이 자신의 몫을 포기하기도 한다.

8

공감하고
인정하라

치열한 설전과 논쟁을 그치고 우호적인 협력을 이끌어내고 싶은가? 상대에게
호감을 주고 싶은가? 그렇다면 여기에 답이 있다. "그렇게 생각하시는 것이
당연합니다. 저라도 그랬을 테니까요." 이런 대답에 꼬투리를 잡을 사람은 아
무도 없지 않겠는가.

마음이 뻥 뚫린 사과

언젠가 방송에서 《작은 아씨들》의 작가 루이자 메이 올컷 여사
에 관해 이야기한 적이 있었다. 난 그녀가 매사추세츠 주의 콩코
드에서 자라났으며 바로 그곳에서 작품을 집필했음을 알고 있었
다. 그런데 나도 모르게 "뉴햄프셔의 콩코드에 인터뷰를 하러 갔
더랬죠."라고 말해 버리고 만 것이었다. 한 번이었다면 그냥 넘어
갈 수도 있었지만 두 번씩이나 그렇게 말해버린 게 화근이었다.

이후 온갖 비난과 질책이 담긴 서신, 전보 등이 끊임없이 사무실로 날아들었다. 매사추세츠 주 콩코드에서 자라 현재는 필라델피아에 살고 있다는 한 부인은 그야말로 미친 듯이 분노를 토해냈다. 그녀의 편지를 읽고 나니 이런 말이 절로 나왔다.

"하나님, 이런 여인과 결혼하지 않게 해주셔서 정말 감사합니다."

난 비록 내가 말실수를 하긴 했지만 이렇게 기본적인 예의도 지키지 않은 무례한 편지를 보낸 것이야말로 훨씬 교양 없는 행동임을 지적해주고 싶었다. 화가 치밀어 오른 나는 체면을 차리는 말 따위는 늘어놓고 싶지도 않았다. 그저 그녀가 얼마나 무례하고 포악한 사람인지 따져 묻고 싶었다. 하지만 실제로 그렇게 무례하게 굴 수는 없었다. 그건 바보나 하는 짓이 아닌가!

난 이 갈등을 보다 원만하게 해결하고 싶었다. '내가 그녀였더라도 똑같이 느꼈을 거야. 아마 더 분노했을지도 모르지'라고 생각을 바꾸자 갑자기 그녀에게 동정심이 느껴졌다. 후일에 필라델피아에 방문했을 때 난 그 부인에게 전화를 걸었다.

"안녕하세요. 몇 주 전에 제게 보내주신 편지 잘 받았습니다. 날카로운 지적을 해주셔서 많은 도움이 되었습니다. 감사합니다."

전화 속의 그녀 목소리는 차분하면서도 우아했다.

"누구신지요? 죄송하지만 처음 듣는 목소리라서요."

"뵌 적이 없으니 아마 잘 모르실 겁니다. 전 데일 카네기라고 하는데, 몇 주 전에 제 방송에 대해 몇 가지를 지적해 주셨죠. 올컷 여사의 출생지에 대해 잘못 말했던 점, 사과드립니다."

그러자 그녀는 미안한 듯이 말을 이었다.

"죄송합니다. 카네기 선생님. 그때 제가 너무나 화가 나서 제정신이 아니었습니다. 부디 맘을 푸셨으면 좋겠네요."

"아닙니다! 아니에요! 죄송한 건 오히려 저죠. 초등학생도 안 할 실수를 저질렀으니… 방송에서 정식으로 사과를 드렸지만 부인께는 특별히 말씀을 전해야겠기에 이렇게 전화 드렸습니다."

"전 매사추세츠 주 콩코드에서 나서 자랐고, 저희 집안은 지난 200년 동안 대대로 명망 있는 가문이었습니다. 그래서 줄곧 제 고향을 자랑스럽게 생각했지요. 그런데 올컷 여사가 뉴햄프셔 출신이라고 말하는 걸 들으니 저도 모르게 예민해졌나 봅니다. 그런 무례한 편지는 보내지 말았어야 했는데 정말 죄송합니다."

"실로 마음고생이 심한 건 사실이었습니다. 제가 한 잘못이긴 하지만 상처도 컸거든요. 하지만 부인처럼 교양 있는 분이 한낱 방송인에게 편지를 쓰는 것도 쉬운 일은 아니었겠지요. 앞으로도 많은 관심과 비평 부탁드리겠습니다. 이렇게나마 인사를 전하게 되어 기쁘네요."

이렇게 내가 먼저 사과하고 공감을 표하자 상대 역시 같은 모습을 보여주었다. 난 스스로의 감정을 통제할 수 있었다는 자신감과 함께, 원수를 은혜로 변모시킨 지혜로운 처사에 스스로 깊은 만족감을 느꼈다. 분노에 치를 떨던 부인이 한없이 순한 양으로 변하자 내 상처받은 마음도 뻥 뚫리는 기분이었다.

꡾ 논쟁을 멈추게 하고 분노를 없애주는 비법이 여기 있으니, 아무리 교활하고 완고한 사람이라도 곧 우호적인 사람으로 변모하리라. 세상 대부분이 사람들은 공감과 인정에 목말라있다. 그러니 상대의 입장에 서서 이해하려 애쓴다면 자연스레 그의 마음을 얻게 될 것이다.

어느 부인의 편지

태프트 대통령은 그의 저서 《공직자의 윤리》에서 다음과 같은 흥미로운 이야기를 들려주었다.

"정계에 영향력 있는 남편을 둔 한 부인이 아들의 자리를 보아달라며 근 두 달간이나 내 주위를 맴돌았다. 그녀는 적잖은 의원들을 대동하고 나타나 아들의 보직을 부탁하길 수차례 반복했다. 하지만 그 직위는 전문성을 요하는 자리인지라 관련인사의 추천을 받아 임명했다.

얼마 후, 부인은 내게 배은망덕하다며 편지를 띄웠다. 자신은 내가 관심을 가졌던 법안을 통과시키기 위해 온갖 힘을 다해 주 의회의원들을 설득했는데, 정작 자신의 부탁은 헌신짝 취급한다는 내용이었다. 그리 힘들지도 않은 부탁을 거절하다니, 참으로 인정머리 없는 사람이라는 비난도 빼놓지 않았다.

이런 무례하고 졸렬한 사람에게라면 누구라도 매서운 질책을 퍼붓고 싶을 것이다. 물론 곧바로 반박편지를 쓸 수도 있다. 하지만 진정으로 현명한 사람이라면 답장을 바로 부치는 대신 이틀쯤 뒤에 다시 한 번 읽어볼 것이다. 사실 뭐 그리 긴급한 사안도 아니지 않은가. 이틀 후에 자신의 반박편지를 다시 읽어볼 때쯤엔 그 편지를 부치고 싶은 생각 따위는 사라진 후일 테니 말이다. 나는 종종 이런 방법을 이용한다.

며칠 후, 난 평정을 되찾은 뒤에 답장을 썼다. 부인이 얼마나 상심했을지 그 고충을 이해하지만 그 보직은 대통령의 권한만으로는 임명할 수 없으며 반드시 엄격한 추천 및 자질 검증을 거쳐야 한다고 설명했다. 그리고 부인의 아들이 원하는 자리를 얻게 되길 희망한다는 말로 끝을 맺었다.

이 편지 덕분에 부인의 마음이 많이 풀렸던 듯, 며칠 후 '일전에 보내드린 편지에 대해서는 정말 죄송합니다.'라는 짧은 편지를 보내왔다.

하지만 얼마 후, 내가 임명한 담당자에게 사정이 생겨 또다시 그 보직이 공석이 되었다. 이어 부인의 남편 이름으로 편지가 한 통 왔는데, 전에 받은 그 부인의 편지와 필체가 똑같았다. 부인이 이 일로 상심한 나머지 신경쇠약, 위암진단까지 받았다면서 죽은 사람을 살리는 셈치고 그 보직을 아들에게 줄 수 없겠느냐는 내용이었다.

난 곧바로 부인의 남편에게 '부인이 속히 쾌차하기를 바란다. 하지만 보직 임명은 변경할 수 없다'는 내용의 편지를 썼다. 이튿날, 백악관에서 열린 음악회에서 우리 부부에게 가장 먼저 인사를 건넨 이가 누군지 아는가? 바로 그들 부부였다."

태프트는 말했다. "난 스스로의 분노를 제어할 수 있었다는 데에, 그리고 모욕을 호의로 되돌려주었다는 데에 만족감을 느꼈다." 어찌 그렇지 않겠는가? 분기탱천하여 고래고래 소리를 질러보았자 무슨 도움이 되겠는가? 원망과 복수의 칼날을 자초하는 대신 좀 더 유연하게 거절하는 법을 익히는 것이 훨씬 낫다.

까다로운 성악가

솔 휴로크는 지난 20년 동안 최정상의 성악가들과 공연을 추진해온 최고의 원로매니저이다. 그는 성격이 까다로운 예술가들과 작업을 하기 위해서는 아무리 우스꽝스러운 일이라도 그들과 공감할 줄 알아야 한다고 말했다.

한때 휴로크는 세계 최고의 베이스 가수였던 표드르 샬리아핀의 매니저로 일한 적이 있었다. 이 위대한 가수는 마치 심술궂은 어린아이처럼 괴팍하게 굴며 휴로크의 골치를 썩이기 일쑤였다. 휴로크의 말을 빌리자면 '그는 모든 면에서 정말 끔찍한 사람'이었다.

예를 들면 음악회가 예정된 당일 낮에 갑자기 전화를 걸어 "솔, 오늘 음악회는 취소하도록 해. 목이 너무 아프고 몸도 안 좋아."라고 통보하는 식이었다. 그렇다면 휴로크는 그를 탓했을까? 아니다, 그렇게 해서는 전혀 해결되는 바가 없음을 이미 알고 있는 휴로크였다.

그는 곧바로 샬리아핀이 묵고 있는 호텔로 달려가서 그에게 진심 어린 동정심을 표했다.

"저런, 불쌍한 친구. 이럴 수가 있나. 몸도 안 좋은데 공연은 무슨? 내 곧바로 공연을 취소하겠네. 손해는 조금 감수해야겠지만 명성을 잃어버리는 데 비하면 그야 아무것도 아니지."

그러자 샬리아핀은 잠시 머뭇거리다 한숨을 내쉬며 대답했다.

"글쎄, 잠시 있어보지. 5시쯤 다시 오게나. 그때 상황을 보세."

오후 5시에 휴로크는 다시 샬리아핀의 호텔로 찾아가 공연을 취소할 것을 누차 강조했다. 이에 샬리아핀은 "저녁에 다시 한번 들러주게나. 그때는 좀 나아질지도 모르니."라고 대답했다.

7시 30분경, 까다로운 베이스 가수는 무대에 오르기로 마음을 굳혔다. 다만 휴로크가 극장에 나가 '샬리아핀이 지독한 감기에 걸려 목소리가 좋지 않다'는 사실을 알려야 한다는 조건이었다. 그는 물론 흔쾌히 동의했고 덕분에 음악회는 순조롭게 진행될 수 있었다.

사람들은 누구나 동정을 갈구한다. 아이들은 자신의 상처를 보여주고 싶어 하며, 어른들도 역시 자신의 질병, 사고, 상처 등에 대해 이야기하려 안달이 나있다. 이렇듯 인간은 동정심을 구하는 본성을 갖고 태어난다.

9

신뢰하고 있음을
보여라

세상의 모든 사람들은 스스로를 과대평가하며 자신은 꽤 괜찮은 사람이라고
생각한다.

당신을 믿어요

해밀턴 파렐 씨가 펜실베이니아 주의 어느 부동산회사에서 일할 때였다. 어느 날, 불만에 가득 찬 한 세입자가 당장 이사를 가겠다며 길길이 날뛰었다. 계약 기간이 아직 4개월이나 남아 있었지만 그는 계약을 파기하는 일쯤은 대수롭지 않게 생각하는 듯했다. 파렐 씨는 당시의 일을 이렇게 회상했다.

"겨우내 그 집에서 살았는데 갑자기 이사를 가겠다니요. 지금 방을 비우면 가을 전까지는 세를 놓기도 힘들 텐데… 그야말로 생돈 220달러가 날아가는 셈이었지요. 전 화가 치밀어 올랐습니다.

예전 같았으면 당장에 계약서를 들고 세입자를 찾아가 따졌을 겁니다. 그리고 계약에 따라 4개월 치 임대료를 한꺼번에 내라고 요구했겠지요. 하지만 전 분통을 터뜨리는 대신 이렇게 이야기했습니다.

'선생님, 정말로 이사 가실 거라고는 믿지 않습니다. 제가 이 일을 오래한 덕에 사람 보는 눈은 정확하거든요. 선생님처럼 신뢰를 소중히 하시는 분이 그럴 리가요.'

세입자는 잠자코 제 말만 듣고 있더군요.

'그럼, 제가 한 가지 제안을 하죠. 다음달 1일까지 시간을 갖고 다시 한 번 생각해보세요. 그때에도 이사를 가시겠다면 저도 받아들이겠습니다. 제 판단이 틀린 것뿐이니까요. 하지만 전 선생님이 약속을 지키실 거라고 굳게 믿습니다.'

월말 즈음에 그는 제 발로 찾아와 임대료를 모두 지불하고 갔습니다. 그리고 가족들과 상의해본 결과 이사를 하지 않기로 결정했답니다. 아마도 자신의 명예를 지키는 방법은 계약을 준수하는 수밖에 없었을 테니까요."

사람들이 어떤 행동을 하는 데는 두 가지 이유가 있다. 첫 번째는 진짜 이유이고 두 번째는 그럴 듯해 보이는 이유이다. 진짜 이유라면 굳이 말할 필요가 없지만, 두 번째의 그럴싸한 이유라면 당신도 충분히 잘 활용할 수가 있다. 누군가를 변화시키고 싶다면 상대의 고상한 동기에 호소하라.

고객이 작성한 요금청구서

어느 자동차회사에 여섯 명이나 되는 고객이 수리비용을 납부하지 않겠다고 선언했다. 그들은 발행된 청구서 따위는 무시한 채 줄곧 요금 청구항목이 잘못되었다고 주장했다. 회사의 신용 관리부 담당자는 고객들이 과다 청구했다고 주장하는 요금을 회수하기 위해 아래와 같은 조치를 취했다.

① 각 고객을 방문하여 납부하지 않은 요금을 회수하러 왔다고 거침없이 말했다.

② 회사 측의 청구항목은 정확하며, 오히려 고객들의 주장에 근거가 없다고 말했다.

③ 자동차에 대해서는 자신들이 고객보다 훨씬 전문가임을 넌지시 알려주며 비용을 지불하는 것 외에 다른 방법은 없다고 말했다.

과연 요금을 받아낼 수 있었을까? 그 결과는 격렬한 논쟁의 연속이었다. 일이 이렇게 되자, 회사 측 신용관리부의 책임자는 강제 수단을 동원하기로 마음을 먹었다.

하지만 다행히 그즈음에 지점장이 이 사건에 대해 알게 되었다. 그는 문제를 일으킨 고객들이 이전에는 단 한 번도 체납한 적이 없는 신용우수 고객이라는 것을 알아챘다. 이에 분명 회사측에 문제가 있는 것이라고 생각한 지점장은 제임스 토머스 씨에게 문제를 해결하도록 지시했다. 토머스 씨의 설명에 따르면 그는 다음과 같은 절차를 밟았다.

① 다시 한 번 각 고객들을 방문하였으나 체납된 비용에 대해서는 한 마디도 꺼내지 않았다. 그저 회사 측의 서비스 상태를 조사하러 왔다고만 설명 해주었다.

② 난 고객의 설명을 성실히 듣겠으며, 스스로 함부로 판단하지 않을 것임을 분명히 했다. 그리고 회사 측에 착오가 있었을지도 모른다는 점을 인정했다.

③ 나는 오로지 고객의 자동차에만 관심을 쏟고 있으며, 본인 소유의 자동차에 한해서는 그들 자신이 더 잘 알고 있음을 인정했다.

④ 그들이 모든 고충을 털어놓을 수 있도록 귀를 기울이고 그들의 의견에 공감을 표했다.

⑤ 드디어 고객들의 분노는 점차 잦아들었고, 비로소 난 사건의 자초지종에 대해 다시 한 번 생각해보자고 건의했다. 물론 그들의 고상한 동기에 호소하는 방식으로 말이다.

"먼저, 회사 측의 대응방식이 적절하지 않았던 듯합니다. 지난번 저희 직원 때문에 불편을 겪고 화가 나신 점에 대해서는 회사 측을 대표하여 사과말씀을 드립니다. 이번에 함께 말씀을 나누면서 선생님의 공정하고 관대하신 판단력에 깊은 감동을 받았습니다. 그래서 작은 부탁을 하나 드릴까 합니다. 누구보다 선생님께서 잘 아시리라 확신하니까요. 저희가 드린 청구서에서 어느 부분에 문제가 있는지 알려주시겠습니까? 선생님께서 저희 회사의 사장이라고 생각하시고 문제점을 지적해주시면 그대로 따르겠습니다."

그들은 흔쾌히 청구서를 정정해주었다. 청구서 비용은 150달러에서 400달러까지 다양했는데 그렇다면 고객들은 그저 자신의 편의대로만 수정했을까? 한 명은 그랬다. 하지만 나머지 5명의 고객들은 회사 측의 손을 들어주었다. 더욱 놀라운 사실은 그 후 2년 안에 그들이 모두 신차를 주문했다는 것이었다.

"이번 경험을 통해, 전 고객에 대한 정보가 부족할 때는 그저 그가 정직하고 진실한 사람이라고 믿는 것이 중요함을 깨달았습니다. 일단 상대가 바른 사람이라고 믿어주면 그 역시 기대에 부응하기 위해 행동하기 때문입니다. 물론 예외도 있기 마련이지만, 진심으로 믿어준다면 대다수의 경우는 기대하는 바대로 행동하게 됩니다."

상대에 대해 정확한 결론을 내리지 못했을 경우에는 일단 그가 정직하고 건실한 사람이라고 믿어라. 상대가 옳다고 믿어주면 그 역시 기대에 부응하기 위해 행동하게 된다.

피임약 광고

어느 기독교 단체장을 역임했던 의사 B씨는 보스턴의 저명한 신문사에 편지 한 통을 보냈다. 그는 스스로가 해당 신문을 오랜 기간 동안 열독해온 애독자임을 밝히고 당지의 날카로우면서도 치밀한 논조에 깊이 공감한다고 말했다. 그리고 탁월한 사회논평을 전하는 이 신문은 모든 가정에서 필독해야 할 신문이라며 찬사를 아끼지 않았다. 하지만 그는 이어 다음과 같은 말을 남겼다.

"그런데 어느 날 제 친구가 말하길, 어린 딸아이가 신문에서 피임약 광고를 보고는 무슨 뜻인지 묻는데 어떻게 설명해야 할지 참 난처했다고 합니다.

귀사의 신문은 보스턴 상류계층 가정이라면 반드시 한 부씩 구독하는 유명 일간지입니다. 그러니 제 친구는 차치하고라도 또 다른 가정에서도 이런 일이 일어날 수 있겠지요. 만약 사장님께 이토록 순진무구한 딸아이가 있다면 그런 피임약 광고를 보여주고 싶으시겠습니까? 어린 딸아이가 물어보면 대체 뭐라고 대답해야 할까요?

탁월한 신문임에도 단지 불건전한 광고 때문에 신문을 끊어야 하는 아버지의 마음을 이해하실 수 있으신지요? 이에 개인적으로 심히 유감스럽습니다. 다수의 독자들 역시 안타까움을 금할 수 없을 겁니다."

이로부터 이틀 후에 해당 신문사의 발행인은 B씨에게 답신을 보냈다. 이때가 1904년 10월 13일이었다. 그리고 B씨는 답신을 받은 지 30년이 훨씬 지난 후에도 여전히 그 편지를 간직하고 있었다. 내용은 다음과 같다.

"이번 달 11일에 본지 편집장이 선생님께서 보내주신 편지를 갖고 왔습니다. 전 편지를 다 읽은 후 깊은 감동에 사로잡혔습니다. 사실 선생님께서 제기하신 그 문제는 저희가 줄곧 고심하고 있었으나 차일피일 미루며 제대로 손을 대지 못하고 있었던 것입니다. 이제 선생님의 충고 덕분에 본지의 불건전한 광고는 모두 과감히 삭제하기로 결정했습니다. 물론 빠른 시일 안에 불건전한 의약광고를 완전히 중단할 수는 없으나, 어떤 광고든 독자들에게 반감을 주는 광고는 싣지 않는다는 원칙을 따르겠습니다. 선생님의 진심 어린 질책과 충고에 다시 한 번 깊은 감사의 말씀을 전합니다. 덕분에 많은 도움을 얻었습니다."

B씨만큼 지혜롭게 처신할 수 있는 자가 얼마나 되겠는가? 만약 당신이 이런 상황이라면 어떻게 했겠는가? 당신의 이웃이 날마다 음악을 큰소리로 틀어놓고 시끄럽게 군다고 가정해보자. 이럴 때에는 아무리 소리를 지르고 화를 내봤자 무용지물이다. 오히려 상대의 고상한 음악적 취미를 칭찬해주고 그가 무척이나 예의 바른 사람인 듯 해주어라. 그리고 당신의 노모가 신경쇠약에 걸려있다는 점만 알려주면 그는 당장이라도 볼륨을 낮춰줄 것이다.

10

쇼맨십을
발휘하라

> 남자들은 때로 사랑하는 여인의 발아래 무릎을 꿇기도 하고, 촛불 아래 저녁
> 만찬을 준비하기도 한다. 프러포즈의 성공률을 높이기 위해 미리 낭만적인 분
> 위기를 조성해두는 것이다. 이렇게 언제고 극적인 순간을 연출해 낼 수 있다
> 면 사람들은 당신의 매력에 빠져들고 말 것이다.

서른두 병의 콜드크림

〈아메리칸 위클리〉지의 제임스 보인튼은 최고급 콜드크림 브
랜드에 관한 상세한 시장보고서를 작성해야 했다. 그의 클라이언
트는 경쟁업체의 가격인하에 대응하기 위해 데이터가 필요했던
것이다. 보인튼은 해당 담당자 앞에서 보고서 프레젠테이션까지
진행해야 했다.

보인튼은 당시의 상황을 이렇게 설명해주었다.

"첫 번째 프레젠테이션에서는 자료 조사방법에 대한 쓸데없는 논쟁으로 시간을 허비했습니다. 그는 내 방법이 틀렸다고 말했고 저 역시 이에 맞서 반론을 펼쳤죠. 서로 자신의 방법이 옳다고 우기는 통에 시간만 하염없이 흘렀습니다. 결국 제 방법을 관철시켜 만족스럽긴 했지만 회의는 그렇게 끝나고 말았습니다.

두 번째 프레젠테이션에서 저는 다른 전략을 구사해보았습니다. 자료의 수치와 이론 등은 한편에 밀어놓고 그저 현상을 극적으로 보여주려 한 것입니다. 제가 막 사무실에 들어섰을 때 그는 누군가와 통화를 하고 있었습니다. 그 사이에 전 서른 두병의 타사 콜드크림을 책상 위에 펼쳐놓았습니다. 그는 한눈에 경쟁사들의 제품을 알아보았습니다. 저는 곧 각 콜드크림에 붙여둔 조사결과 메모지를 읽어주었습니다. 이렇게 각각의 콜드크림 특징을 일목요연하게 정리해주었죠.

그 후에 어떻게 되었는지 아십니까? 그는 각각의 콜드크림을 찬찬히 살펴보았고, 우린 드디어 우호적으로 다가설 수 있었습니다. 그는 무척 흥미로운 듯 계속해서 제게 질문을 했습니다. 원래 우리의 미팅 시간은 10분이었지만 실제로는 1시간이 넘도록 의견을 나누었답니다.

제 조사보고서는 종전과 다를 바가 하나도 없었지만, 상황을 극적으로 연출함으로써 전혀 다른 결과를 얻어냈습니다."

ᘒ　보인튼의 두 번째 조사보고서는 첫 번째 것과 다를 바가 없었지만, 상황을 극적으로 보여줬던 쇼맨십 덕분에 전혀 다른 결과를 낳았다. 일례로, 쥐약의 효능을 증명하기 위해 살아있는 쥐 두 마리를 쇼윈도에 진열했던 판매상은 평소보다 몇 배나 많은 쥐약을 판매할 수 있었다.

단돈 2센트 가격의 책

수년 전, 〈필라델피아 이브닝 불리튼〉지는 온갖 악의적인 추문으로 시달리고 있었다. 광고가 턱없이 많은데다 기사 내용도 부실하고 빈약하다는 비판이었다. 이 소문은 곧바로 독자들에게 영향을 미쳤고 곧이어 판매부수가 급격히 떨어졌다. 당사는 이 위기를 타개하기 위해 곧바로 적극적인 대응책에 돌입했다.

그들은 하루 동안 일어난 각종 기사들을 편집하여 《하루》라는 책으로 묶어냈다. 장장 307페이지에 달하는 방대한 양이었음에도 단돈 2센트만 받고 팔았다.

당사의 발행인은 〈필라델피아 이브닝 불리튼〉지가 상세하고 유익한 정보를 전해준다는 이미지를 심어주기 위해 이런 극적인 방법을 선택한 것이었다. 그 결과, 이는 그 어느 수치보다 훨씬 유익하고 효과적으로 고객들을 설득할 수 있었다.

♟ 현대는 쇼맨십의 시대이다. 사람들의 시선을 끌어들일 수 있는 방법을 연구하라. 자동차 위에 코끼리를 올려놓고 얼마나 튼튼한지를 강조했던 볼보나 동화 속 캐릭터를 현실로 이끌어낸 미키마우스 등은 무척 흥미롭지 않은가?

청소하는 기차

다섯 살짜리 아들과 세 살짜리 딸을 둔 앨라배마 주의 조 팬트 씨는 아이들이 스스로 장난감을 정리하도록 하기 위해 '기차놀이'를 발명했다.

그는 어린 조이를 세 발 자전거의 기사로 앉히고 딸 자넷을 자전거 뒤편에 타게 했다. 그리고 저녁때마다 방과 거실을 한 바퀴씩 돌면서 장난감 '석탄'을 모두 자전거 뒤편에 싣도록 한 것이었다.

이렇게 팬트 씨는 아이들을 가르치거나 훈계할 필요 없이 집안에 널린 장난감을 모두 치울 수 있었다.

♟ 부모들의 골치를 썩이는 청소 문제도 이렇게 손쉽게 해결할 수 있다. 그런데 얼마나 많은 부모들이 곰곰이 생각해보지도 않은 채 아이들에게 목소리를 높이는가? 극적인 연출법은 사람들의 시선을 끌어당기기 마련이다. 호기심이 풍부한 동물인 인간은 재미있는 오락을 즐길 줄 안다.

미리 준비된 답장

인디애나 주의 미사와카에 사는 매리 캐서린 울프는 최근 직장 문제로 골치가 아팠다. 사장과 면담을 해야겠다고 생각한 그녀는 월요일 아침 일찍 사장 비서를 찾아가 면담을 신청했다. 하지만 이미 일주일 내 모든 스케줄이 꽉 찬 상태였다. 비서는 "사장님 스케줄은 이미 다 찼어요. 하지만 혹시 시간이 난다면 한번 잡아볼게요."라고 말했다.

울프는 당시 상황을 이렇게 설명해주었다.

"일주일 내내 전 아무런 연락도 받지 못했어요. 그래서 비서에게 물어보았더니 줄곧 시간이 없다는 대답만 하더군요. 주말 전에 꼭 사장님을 만나고 싶었기 때문에 한 가지 묘안을 짜냈습니다.

전 사장님에게 공식적인 서신을 띄웠습니다. 업무가 바쁘신 것은 알지만 면담 역시 중요하다는 뜻을 전했지요. 그리고 편지 속에 제 이름을 적은 봉투와 용지를 넣은 뒤, 다시 돌려 보내주기만 해달라고 청했습니다. 그 속에는 이렇게 썼지요.

울프 씨;

__월 __일 __시 __분부터 __분까지 시간을 낼 수 있습니다. 이 편지를 오전 11시에 사장의 공문 함에 넣어두었는데 당일 오후 2시쯤에 답신을 받을 수 있었습니다. 사장님은 그날 오후에 10분가량 시간을 내주겠다는 답신을 직접 보내주었습니다.

그날 전 사장을 만나 한 시간이나 넘게 이야기를 나누면서 문제를 해결할 수 있었습니다. 그때 아무런 조치도 취하지 않았더라면 아마 지금까지도 마냥 기다리고 있었을지 모릅니다."

현명한 쇼맨십은 생각지도 못한 혜택을 가져다준다. 그러니 창의력을 발휘해 보아라. 고리타분한 옛날 방식을 걷어치우고 신선한 아이디어로 승부를 걸어라.

11

앞서고자 하는
욕망을 자극하라

> 업무 효율을 높이기 위해서는 경쟁 심리를 자극하라. 누구나 타인보다 앞서고
> 자 하는 욕망이 있기 때문이다.

'6'이라는 숫자에 숨은 뜻

찰스 슈왑이 운영하던 공장 가운데 한 곳은 자체생산량이 목표
치에 턱없이 부족했다. 슈왑은 공장장에게 이렇게 물었다.

"무슨 특별한 원인이 있는 게 아니오? 당신처럼 유능한 사람이
목표치도 달성하지 못하다니⋯."

"저도 답답해 죽겠습니다. 직원들을 달래도 보고 윽박질러도 보
았는데 아무 소용이 없어요. 왜들 저리 나태하고 무성의한지⋯ 대
체 일을 하려고 하질 않습니다."

마침 오전 작업반이 일을 마치고 저녁반과 업무 교대를 하는 시

간이었다. 슈왑이 공장장에게 분필 하나를 갖다달라고 부탁하고는 곁에 있던 직원에게 물었다.

"오늘 오전반에서는 작업을 몇 번이나 완료했소?"

"여섯 번입니다."

슈왑은 아무 말도 하지 않은 채 바닥에 '6'이라는 숫자를 커다랗게 써놓고 자리를 떴다. 그러자 저녁반 사람들이 바닥의 숫자를 보곤 오전반 직원에게 무슨 일이냐고 물었다.

"오전에 작업을 몇 번이나 완료했냐고 물으시기에 여섯 번이라고 대답했더니 저리 바닥에 써놓고 가버리셨네."

이튿날 아침, 슈왑이 다시 공장에 시찰 왔을 때 바닥의 숫자는 '7'로 바뀌어 있었다. 오전 작업반 사람들은 저녁반이 더 열심히 일했다는 데에 충격을 받은 듯 맹렬히 작업에 몰입했다.

이들은 작업을 마무리할 때 즈음 바닥에 '10'이라고 써 놓았다. 이렇게 공장 내 업무효율은 점차 향상되어 갔다. 얼마 후 이곳은 슈왑이 소유한 공장 가운데 최고의 업무성과를 거두어냈다.

목표를 달성하려거든 직원들의 의지를 불태워라. 그리고 이를 위해서는 남보다 앞서고자 하는 욕망을 자극하면 된다.

경쟁심은 도전의식을 자극하며, 일에 몰두하는 사람이 최고의 성과를 가져온다. 경쟁이란 남들보다 우수한 능력과 가치를 입증하기 위한 절호의 기회이다. 그러니 경쟁을 즐기는 자만이 성공을 맛볼 수 있다!

대단한 인재

뉴욕 주 데블스 아일랜드 서쪽 끝에 자리한 악명 높은 '싱싱 교도소'는 미국 전역에서 가장 흉폭하고 거친 죄수들을 수감하는 곳이었다. 온갖 추잡한 스캔들과 추문이 끊이지 않았던 이곳에 마침 교도소장 자리가 비게 되었다. 교도소를 관리할 만한 적임자를 찾는 데 애를 먹고 있던 스미스 주지사는 결국 루이스 로스라는 사람을 불러들였다.

"싱싱 교도소를 맡아주지 않겠나? 그곳에는 당신처럼 경험이 많은 인재가 필요하네."

사실 싱싱 교도소는 정치적 영향력과 직결되는 자리였기에 수시로 교도소장이 바뀌곤 했다. 심지어 임기 3주 만에 직책을 박탈당한 자도 있었다. 바람 앞에 등불같은 자리에 군이 모험을 걸 필요가 있을까? 스미스 주지사는 이 같은 로스의 고민을 알아채고 웃음 띤 얼굴로 말했다.

"이봐 젊은이, 두려운가? 뭐, 자네 탓은 하지 않겠네. 결코 쉬운 곳이 아니니 말이네. 정말 대단한 자가 아니고서야 그곳을 감당해낼 수 없을걸세. 출중한 지혜와 기백을 갖춘 자만이 그 엄중한 책임감을 떠안을 수 있을 테니 말이네."

스미스 주지사는 은근히 로스의 도전정신을 자극했다. 이에 로스는 강철같이 강인한 인재가 되고픈 욕망에 불타올랐다.

후일에 로스는 오래도록 싱싱 교도소장으로 재임하며 그 누구보다 탁월한 업적을 남겼다. 그리고 《싱싱 교도소에서의 2만 년》이라는 저서를 통해 전 미국의 독자들을 열광시켰다. 그는 수많은 TV에 출연하는 유명인사가 되었고 싱싱 교도소 내의 이야기는 영화로도 제작되었다. 그의 범죄자들에 대한 인도주의적 대우는 '싱싱 교도소'라는 감옥에서 기적을 만들어냈다.

 영웅은 언제나 남들보다 탁월해지기를 열망하기에 기꺼이 치열한 경쟁에 뛰어들어 도전의식을 불태운다. 만약 이 도전정신이 아니었다면 오늘날의 미국 역사는 조금 달라졌을지도 모른다. 시어도어 루즈벨트가 대통령 선거에서 사퇴하려고 할 때, 토머스 콜리어 플래트가 호통쳤다. "산후안의 영웅이 어찌 갑자기 겁쟁이가 되었단 말인가?" 이에 루즈벨트는 다시금 정신을 차려 경쟁에 나설 힘을 갖게 되었고 결국 대통령으로 당선되었다.

4장

상대방의 변화를
유도하는 방법

1

칭찬하고
부드러운 방법으로 대하라

타인을 비판하기에 앞서 먼저 진심어린 칭찬을 해주어라. 곧바로 '하지만'이라고 말하지 마라. '하지만'이 비판을 위한 비판으로 둔갑할 때 사람들은 칭찬의 진의를 의심하게 된다. 그러니 '그리고'라는 말로 당신의 기대감을 보여주어라. 예를 들어. "존, 성적이 날로 향상되는 걸 보니 무척 기쁘네. '하지만'…"이라고 말하는 대신 "성적이 날로 향상되어 가는구먼. 그리고 더 열심히 하면 정말 잘할 수 있을 거야."라고 칭찬하라.

대통령의 칭찬

캘빈 쿨리지 대통령이 재임했던 시절, 내 친구가 백악관으로 초청받은 적이 있었는데 그가 대통령의 개인 집무실에 막 들어서는데 쿨리지가 비서에게 말했다.

"오늘 옷이 아주 멋지네요! 정말 매력적이오."

평소 과묵한 대통령이 이런 칭찬을 하다니, 분명 놀랄만한 일이었다. 생각지도 못한 칭찬을 들은 여비서는 몸 둘 바를 몰라 하며 얼굴까지 붉어졌다. 그러자 대통령은 웃으며 말했다.

"그렇게까지 놀랄 거 없어요. 기분이 좋아지라고 한 말이니까. 앞으로는 공문서를 쓸 때 구두점에 주의를 기울여줬으면 좋겠군요."

ᘒ 면도를 하기 전에도 먼저 비누 거품을 문지르지 않는가. 불쾌한 말도 기분 좋은 칭찬에 이어 들으면 그다지 불쾌하지 않은 법이다. 쿨리지가 이러한 사실을 알고 있었는지는 모르지만 그는 분명 심리학적 기교에 능통한 사람이었다.

하나뿐인 성씨

와크 건축회사의 가우 씨는 필라델피아에서 진행된 우리 세미나 코스의 수강생이었다. 여느 사람들과 다름없이 평범한 그가 들려준 이야기는 다음과 같았다.

와크 건축회사는 필라델피아의 대규모 빌딩 건축공사를 수주하여 준공 일을 눈앞에 두고 있었다. 일은 계획대로 차질 없이 진행되어 마침내 완공 단계에 들어섰다. 그런데 하필이면 이때 심각한 문제가 터지고 말았다. 빌딩 외장공사에 사용할 청동장식 납품

업자가 납기일을 맞출 수가 없다고 통보한 것이다. 그렇게 되면 공사 전체가 연기되어 거액의 손해를 떠안아야 할 판이었다. 가우 씨는 장거리 전화로 치열한 논쟁을 벌였지만 아무런 소용이 없었다. 그리하여 그는 마침내 하청업체와 교섭을 벌이기 위해 뉴욕행 비행기에 몸을 실었다.

가우 씨는 사장실에 들어서면서 이렇게 말문을 열었다.

"브루클린에는 사장님의 성씨가 사장님 한 분밖에 없더군요. 알고 계셨어요?"

사장은 의외라는 듯 고개를 내저으며 대답했다.

"아, 그래요? 몰랐는데요."

"사장님께 전화를 걸려고 전화번호부를 뒤졌는데 사장님 성씨는 브루클린에 단 한 사람밖에 없던걸요."

그는 흥미를 느낀 듯 직접 전화번호부를 뒤져보더니 무척이나 자랑스러운 말투로 자신의 집안에 대한 이야기를 늘어놓기 시작했다.

"하긴, 제 성씨가 흔한 건 아니지요. 제 선조는 200년전에 네덜란드에서 뉴욕으로 이주해오셨답니다."

가우 씨는 다시 칭찬을 늘어놓았다.

"이렇게 규모가 크고 훌륭한 청동 공장은 본 적이 없습니다."

"이 공장을 짓는데 얼마나 많은 땀을 흘렸던지… 무척 자랑스러운 곳이랍니다. 한번 둘러보시겠습니까?"

공장을 한 바퀴 돌아본 가우 씨는 공장의 조직체계에 대해 칭찬했다. 다른 공장과 비교해 어떠어떠한 점이 탁월하다는 등의 구체적인 칭찬을 해준 것이었다. 이에 사장은 공장 내 몇몇 특수 기계는 자신이 직접 개발한 것이라며 자랑을 늘어놓았다. 한참 동안이나 기계의 성능과 사용방법에 대해 자세히 설명해주던 사장은 이어 함께 식사를 하자며 가우 씨를 잡아끌었다. 가우 씨는 이때까지도 자신이 온 이유에 대해서는 한 마디도 꺼내지 않았다. 점심식사가 끝난 후 사장은 함박 미소를 머금고 이렇게 말했다.

"그럼 일 얘기를 해볼까요? 선생님이 오신 이유는 잘 알고 있습니다. 하지만 이렇게 이야기가 잘 풀릴 줄은 몰랐네요. 필라델피아로 돌아가서 기다리시면 물품은 차질 없이 배송해드리겠습니다. 다른 주문이 늦어지더라도 와코 측 물품은 기일 내에 보내드릴 테니 걱정 마세요."

덕분에 가우 씨는 자칫하면 늦어질 뻔했던 공사를 기한에 맞춰 완공할 수 있었다. 만약 가우 씨가 보통 사람들처럼 강압적인 태도로 윽박질렀다면 상황은 어떻게 되었을까?

가우 씨는 어떠한 요구도 하지 않은 채 자신의 목표를 이루어냈다. 만약 가우 씨가 사장과 격렬한 논쟁을 벌였다면 이렇게 만족스러운 결과를 얻을 수 있었을까? 물론 아니다. 상대의 반감을 사서는 결코 그를 변화시킬 수 없다. 먼저 진심 어린 칭찬으로 상대의 마음을 열어라.

실수투성이 출납계원

뉴저지 주 연방신용조합의 지점장인 도로시 레블류스키는 우리 세미나에서 한 인턴사원의 경우에 대해 이야기해주었다.

"저희는 최근에 출납계 인턴사원을 고용했습니다. 고객에게 친절하고 업무능력도 우수한 사원인데 마감회계를 할 때 문제가 생겼습니다. 출납계 팀장은 그녀를 해고시켜야 한다고 강력하게 주장했습니다.

'그녀 한 사람 때문에 업무 전체가 늦어지고 있어요. 몇 번이나 가르쳐줬는데도 도대체 알아듣질 못해요.'

이튿날, 전 그 인턴사원이 일반 업무에서는 누구보다 빠르고 정확하게 업무를 처리하고 있음을 알게 되었습니다. 단지 마감회계에 서툴렀기에 실수가 잦았던 것뿐이었지요. 그래서 다들 퇴근한 후에 전 그녀와 단둘이 이야기를 나눴습니다. 먼저 고객에 대한 성실한 태도와 빠르고 정확한 업무능력에 대해 칭찬을 해주었지요. 그리고 저희 회사에서 사용하는 회계 프로그램에 대해 찬찬히 설명해주었습니다. 제 격려에 자신감을 얻은 그녀는 곧 해당업무를 빠르게 터득했습니다. 그리고 그날 이후로는 아무런 실수도 하지 않았지요."

갓 업무를 시작했을 때에는 누구나 초조하고 불안하기 마련이다. 과연 이 일을 잘 해낼 수 있을까? 난 왜 이렇게 실수를 많이 할까? 하지만 이는 성장해가기 위한 단계에 불과하다. 그러니 해충을 잡을 때는 살충제만 적당히 뿌려주면 된다.

담배 한 개비

어느 날 오후, 철강공장을 둘러보던 슈왑은 '금연'이라는 푯말 아래서 담배를 피우던 종업원들을 발견했다. 그렇다면 그는 대체 글자도 읽을 줄 모르냐고 호된 질책을 퍼부었을까? 물론 아니다.

슈왑은 오히려 담배를 한 개비씩 나누어주며 이렇게 말했다.

"이보게들, 밖에 나가 피워주면 더 고맙겠네."

종업원들은 잘못을 비난하기는커녕 작은 선물까지 나누어준 슈왑에게 무한한 존경심을 느끼게 되었다.

🧘 규범을 어겼는데 비난은커녕 호의를 받는다면 무척 부끄러울 것이다. 때문에 같은 잘못을 되풀이하지 않도록 애쓰게 되리라. 자, 그러니 비난받아 마땅한 사람이라도 그를 격려하고 지지해주어라.

깨끗해진 앞뜰

집수리를 하는 인부들에게 항상 현장 부근을 깨끗하게 하는 방법이 있을까? 여기 로드아일랜드에 사는 마지 제이콥 부인의 경험담을 들어보자.

공사를 시작하고 처음 며칠 동안, 집안의 정원에는 온통 지저분한 잡동사니들로 가득했다. 하지만 제이콥 부인은 인부들과 논쟁을 벌이는 대신 아이들과 함께 나무 부스러기 등을 주워 한쪽에 가지런히 정리해두었다.

그리고 다음날 아침, 공사 담당자에게 "어제 저녁에 저렇게 깨끗하게 정리해주고 가셔서 너무 감사해요. 이웃에도 폐가 안 되었어요."라고 말했다. 그날 이후로 공사장 인부들은 작업을 마칠 때마다 나무 부스러기 등을 가지런히 정리해두고 돌아갔다.

상대의 체면을 살려주며 스스로 잘못을 인식하도록 만드는 사람들이 있다. 하지만 이렇게 현명하고 교양 있는 사람들은 극소수일 뿐 대부분은 상대를 비난하고 질책하는 데 몰두한다.

연설문 원고

1887년 3월 8일에 탁월한 연설가였던 헨리 워드 비처가 세상을 떠났다. 그리고 그 다음 주 일요일, 라이먼 애벗은 원래 비처가 하기로 예정되어 있던 연설을 대신 맡아달라는 부탁을 받았다. 애벗으로서는 여간 부담스러운 일이 아닐 수 없었다.

그는 완벽을 기하기 위해 수차례 원고를 썼다 지우기를 반복했고 마침내 완성된 원고를 아내에게 읽어주었다. 하지만 글로 쓴 설교문이 다들 그렇듯 그 원고도 형편없었다. 만약 애벗 부인이 교양 없는 여자였다면 이렇게 말했을지도 모른다.

"여보, 정말 형편없어요. 도저히 안 되겠어요. 이런 원고로 연설을 하면 다들 졸게 뻔하다고요. 무슨 강의를 듣는 것도 아니고 이렇게 지루해서야… 그렇게 오랫동안 연설을 했는데 좀 자연스럽게 할 수 없어요?"

하지만 사람의 심리에 정통했던 애벗 부인은 "이 원고를 〈노스 아메리카 리뷰〉에 실으면 정말 좋은 글이 될 거예요."라고 에둘러 비평했다. 남편의 원고를 칭찬하는 동시에 연설문으로는 어울리지 않는다는 사실을 간접적으로 알렸던 것이다. 이에 애벗은 부인의 뜻을 알아채고, 원고 없이도 훌륭한 연설을 해냈다.

애벗 부인은 직접적으로 비판을 할 수도 있었다. 하지만 만약 그랬다면 결과는 어찌 되었겠는가? 아마 남편의 체면을 깎아내린 멍청한 여인으로 더 이상 남편의 신뢰와 사랑을 얻지 못했을 것이다. 자, 직원과 아이들에게도 마찬가지이다. 장점은 칭찬해주고 단점은 간접적으로 알게 해주어라.

안전모 착용하기

어느 건설현장의 안전요원이었던 저스틴은 공사장 인부들이 안전모를 제대로 착용했는지 확인하는 업무를 맡고 있었다. 그는 안전모를 미착용한 인부들에게 규정을 준수하도록 종용하면서 또다시 어기면 상부에 보고하겠다며 위협을 가하기도 했다. 인부들은 마지못해 그의 명령을 따랐으나 그가 보이지 않을 때는 곧바로 안전모를 벗어버리곤 했다.

이에 저스틴은 다른 방법을 강구해보기로 했다. 안전모를 쓰지 않은 사람을 만날 때면 혹시 안전모가 불편하지 않은지, 어딘가에 문제가 있지 않은지 친절하게 물어보았다. 그러고는 혹시 모를 사고를 예방하기 위해서는 안전모를 착용하는 것이 좋다고 다정스레 말을 건넸다. 그 이후로는 기꺼이 안전모 규정을 준수하는 사람들이 점차 늘어났다.

  사람이란, 때로 누군가 일깨워주지 않으면 정작 중요한 것을 잊고 사는 미련한 존재이다. 때문에 타인의 비판이 필요한 것이다. 하지만 지나치게 직설적이고 격렬한 비판에는 반항심이 싹트기 마련이다. 대신 누군가 자신을 위해 진심으로 걱정해준다는 것을 느낄 때 기꺼이 잘못을 고칠 수 있다.

불시착 후의 태도

유명한 비행사였던 폴은 각종 대회에서 에어쇼를 펼치곤 했다. 한번은 그가 산티아고 에어쇼에서 공연을 하던 도중, 고도 100미터 지점에서 엔진에 불이 붙고 말았다. 폴은 가까스로 무사히 착륙했지만 기체는 심각하게 손상되고 말았다.

불시착을 한 후에 폴은 가장 먼저 기체의 연료를 점검해보았다. 그의 예상대로 연료탱크에는 기체연료가 아닌 분무식 연료가 탑재되어 있었다. 폴이 비행기 담당 정비사를 찾아갔을 때, 아직 젊었던 그 정비사는 자신의 실수에 무척 괴로워하고 있었다.

자신의 사소한 실수로 고가의 비행기가 치명적인 손실을 입었을 뿐 아니라 자칫 세 사람의 목숨도 앗아갈 뻔 했던 것이다. 폴이 얼마나 분노했을지는 미루어 짐작해볼 수 있다. 하지만 그는 정비사를 질책하거나 욕하지 않았다. 오히려 눈물범벅이 된 정비사의 어깨를 두드려주며 이렇게 말했다.

"난 자네가 다시는 실수를 저지르지 않을 거라고 믿네. 그러니 내일 내 비행기를 정비해주게나."

관용은 엄중한 질책보다 훨씬 효과적이다. 현명한 자들에게만 보이는 이런 비범한 태도는 어떤 질책이나 비난보다 효과적으로 사람을 움직일 수 있다.

2

자신의 잘못을
먼저 이야기하라

자신의 약점과 잘못을 이야기한다고 해서 사랑받지 못하는 것은 아니다. 사람들은 오히려 당신을 기꺼이 받아들이고 자신의 단점까지도 자연스레 드러낼 것이다. 사람이란 무릇 불완전한 사람에게 더욱 편안함을 느끼기 때문이다.

나도 예전에는 그랬지

몇 년 전, 열아홉 살짜리 조카 조세핀이 고향 캔자스를 떠나 뉴욕에서 내 비서업무를 맡았다. 당시 조세핀은 갓 고등학교를 졸업한 터라 사회경험이 전무했고, 업무를 처리하는 데도 미숙한 점이 너무 많았다. 하지만 매번 그 아이를 야단치려고 할 때마다 스스로 이렇게 되뇌었다.

"잠깐만, 데일. 넌 조세핀보다 두 배는 더 살았으니 그 아이보다 경험이 많은 건 당연하잖아. 그러니 조세핀에게 너만큼의 판단력과 창의력을 기대하긴 무리잖아? 이봐, 데일. 네가 열아홉 살 때는 어땠지? 그 수많은 실수와 판단 착오를 잊진 않았겠지?"

이렇게 생각하자, 당시 열아홉 살의 나보다는 오늘날의 조세핀이 훨씬 잘하고 있다는 생각이 들었다. 그래서 난 야단을 치는 대신 이렇게 말했다.

"조세핀, 실수를 했구나. 하지만 나 역시도 네 나이 때는 말도 안 되는 우스운 실수를 숱하게 저질렀단다. 판단력이란 경험을 쌓으면서 얻게 되는 것이니 걱정하지 않아도 돼. 다만 네가 이렇게 해본다면 훨씬 잘할 수 있지 않을까?"

당신의 기준으로 상대를 판단하지 마라. 세상 밖에 나가보지도 못한 사람이 외교관처럼 행동할 수야 없지 않은가! 그리고 비판할 때에 상대의 지적 수준 등을 거론함으로써 자존심에 상처를 내지 마라. 세상에 완벽한 사람은 없는 법이다.

오타 줄이기

엔지니어인 딜리스톤 씨는 매번 타이핑할 때마다 오타를 내는 비서 때문에 골치를 썩이고 있었다. 그가 내게 들려준 이야기는 다음과 같았다.

"처음에는 실수를 몇 번 수정해 주었는데 도무지 개선의 여지가 없더군요. 제 비판에 별로 신경 쓰지 않더라고요. 그래서 전 다른 방법을 쓰기로 했습니다. 사실, 저 역시도 다른 엔지니어들처럼 철자법에 익숙하지 않았습니다. 그래서 작은 색인사전을 들고 글을 쓸 때마다 확인하는 습관이 있었지요.

얼마 후, 그녀가 또 오자를 냈을 때 전 '이 글자는 틀린 것 같은데… 하긴, 나도 가끔 틀리는 글자야. 그래서 매번 사전으로 확인을 하지'라고 말하며 제 사전을 펼쳐 보여주었습니다. '여기 있군. 그런데 이런 사소한 일에 실수를 하면 프로답지 않아 보여. 그래서 작은 일일수록 더욱 신경을 써야 하지.'

그녀가 제 방식을 따라했는지는 모르겠지만 그날 이후 실수가 눈에 띄게 줄어들었습니다."

자신이 완벽하다고 믿는 바보들은 타인의 잘못을 들춰내는 데 정신이 팔려 있다. 물론 이들의 비판이 정당할 수는 있으나 결코 상대의 마음을 움직일 수는 없다.

어리석은 황제

1909년, 온화한 성품의 폰 뷜로 왕자는 자신을 낮추고 남을 칭찬하는 방법의 필요성에 대해 절감했다.

당시 독일 최후의 황제인 빌헬름 2세는 그 어느 때보다 강력한 육해군을 육성하고 있었다.

그때 온 세상을 뒤흔들어 놓을 만한 사건이 벌어졌다. 거만하고 안하무인인 빌헬름 2세가 영국을 향해 어리석기 그지없는 황당무계한 의견을 발표하고, 이를 〈데일리 텔레그래프〉지에 실어도 좋다고 윤허를 내린 것이었다.

그는 자신이 영국에 호감을 가진 유일한 독일인이라는 둥, 일본에 대항하기 위해 해군을 육성하고 있다는 둥, 게다가 자신이 아니었다면 영국은 진즉에 러시아로부터 온갖 수모와 모욕을 당했을 거라는 둥의 폭탄발언을 서슴지 않았다. 심지어 영국의 로버트 경이 남아프리카를 정복한 것 역시 자신의 계획이었다는 말까지 내뱉었다.

근 백여 년간 평화로웠던 유럽에서 그렇게 충격적인 발언을 한 사람은 빌헬름 2세밖에 없었다. 온 유럽은 분노와 충격에 휩싸였다. 특히 영국인들의 분노는 하늘을 찔렀고 독일의 정치가들은 날벼락을 맞은 듯 망연자실했다.

상황이 이렇게 되자 빌헬름 2세도 사태의 심각성을 깨닫기 시작했다. 그는 어찌할 바를 몰라 폰 뷜로에게 책임을 떠넘기려 했다. 뷜로 왕자의 조언으로 그런 성명을 발표한 것이라고 말을 돌릴 속셈이었다.

이에 폰 뷜로는 이렇게 말했다.

"전하, 그 누구도 제가 감히 전하께 그런 충고를 했으리라고 믿을 사람은 없을 것입니다."

하지만 이 말을 끝내기도 전에 뷜로는 자신이 중대한 실수를 저질렀음을 눈치챘다. 과연 빌헬름 2세는 격분하여 소리쳤다.

"그래! 자네가 보기엔 내가 멍청이로 보이겠지. 자네라면 이런 실수 따위는 저지르지 않았을 테니 말일세."

황제를 비난하기에 앞서 칭찬을 했어야만 했지만, 때는 이미 늦어버린 후였다. 하지만 뷜로 왕자는 다시 공손하게 말했다.

"전하, 제 말뜻은 그것이 아닙니다. 다방면에 걸친 전하의 지성을 제가 어찌 따라가겠습니까. 특히 해군이나 자연과학 부문에 있어서는 더 할 말이 없지요. 전하께서 기압계나 무선전신 등에 대해 말씀하실 때는 그저 탄복할 따름입니다. 제 지식이 일천하여 아무것도 이해하지 못하는 것이 부끄러울 뿐이지요. 다만 부족한 저로서도 역사나 정치, 외교 부문에는 짧은 지식이나마 갖고 있답니다."

그러자 빌헬름 2세의 얼굴에 노기가 가시기 시작했다. 뷜로 왕자는 자신의 부족함을 드러내고 황제를 칭찬함으로써 그의 노여움을 풀어준 것이었다. 마침내 황제는 왕자의 손을 부여잡고는 기쁜 목소리로 이렇게 말했다.

"역시, 내 든든한 양팔이 되어줄 자는 자네밖에 없네. 앞으로도 계속해서 나를 도와주게나. 누구라도 감히 자네를 해하려는 자가 있으면 내가 멋지게 갈겨주겠네."

능수능란한 외교가였던 뷜로 왕자는 시의적절하게 위기를 모면했지만, 천하의 그 역시도 실수를 하고 말았다. 황제를 모자란 사람으로 취급하는 대신 그의 뛰어난 점을 먼저 언급했어야 했던 것이다.

자신을 낮추고 상대를 칭찬할 줄 알면, 거만하기 그지없는 사람도 진실한 친구로 변모시킬 수 있다. 칭찬과 겸허를 적절히 활용하라. 그리하면 생각지도 못한 기적을 만날 수 있으리라. 이로써 상대는 당신의 이야기에 좀 더 귀를 기울일 것이다

담배의 해로움

클라란스 제르허센은 내게 다음과 같은 이야기를 들려주었다.

"열다섯 살짜리 아들이 담배를 피운다는 걸 알았을 때 전 무척 충격을 받았습니다. 데이비드만은 담배를 피우지 않길 바랐지만, 저 역시 담배를 피우고 있던 터라 그 아이를 설득할 방법이 없었

지요. 결국 전 제가 어린 나이에 담배를 시작해서 건강을 해치게 된 상황과 담배를 끊고 싶지만 너무나 힘이 든 현실에 대해 차분히 이야기해주었습니다.

담배를 반드시 끊어야 한다는 등의 훈계 대신, 남모를 제 고충에 대해 솔직히 이야기해준 것이지요. 그러자 데이비드는 한참을 생각하더니 고등학교를 졸업할 때까지는 담배를 피우지 않겠다고 말했습니다.

그리고 몇 년이 지난 지금까지도 데이비드는 담배를 피우기는 커녕 피울 생각조차 하지 않습니다. 저 역시 담배를 끊기로 결심했고 가족의 도움을 받아 결국에는 금연에 성공했습니다."

오점을 발견했을 때는 시기적절하게 고쳐야 한다. 하지만 잘못을 시인하지 않고 오히려 고집만 부린다면 상대에게 핑곗거리를 제공해줄 뿐이다.

지시받고 싶은 사람은 아무도 없다

> 딱딱한 어조로 명령을 늘어놓는 사람만큼 귀찮은 불청객은 없다. 스스로는 대단하다고 생각할지 모르지만, 이만큼 교양이 없음을 드러내는 습관도 없다.

화술의 미학

얼마 전, 저명한 전기 작가인 아이다 타벨 여사와 함께 식사할 기회가 있었다. 그녀는 내가 인간관계에 관한 책을 쓴다는 것을 알고 '사람들을 어떻게 대할 것인가'에 대한 의견을 제시해주었다.

일전에 여사가 오웬에 관한 전기를 쓰고 있을 때였다. 그녀는 오웬의 동료를 인터뷰했는데 그는 지난 3년 동안 오웬이 누군가에게 명령을 내리는 것을 한 번도 본 적이 없다고 말했다. 오웬은 언제나 지시가 아닌 제안을 했다.

이를테면, "이렇게 하시오, 저렇게 하지 마시오."라는 말 대신

"이렇게 생각해 보면 어떨까?", "그렇게 하면 될 것 같은가?"라고 말했다. 그는 원고를 마무리할 때마다 "자네 생각은 어떤가?"라고 넌지시 물어보았으며, 구술시킨 편지가 마음에 들지 않을 때에도 "이 부분은 고치는 게 어떨까? 좀 가벼워 보이지 않는가?"라고 차분하게 의견을 전했다. 그는 일방적으로 지시하는 대신 상대에게 일에 관한 권한을 부여해주었다. 그리하여 실수를 통해 경험을 쌓고 교훈을 얻을 수 있도록 해 주었던 것이다.

복종하길 좋아하는 사람은 없다. 이에 오웬은 상대의 자존심을 지켜줌으로써 보다 유연하고 효율적인 협력을 이끌어 냈다.

아이디어 채택

　노스캐롤라이나 주 출신의 캐서린은 어느 방직공장의 감독자로 일했다. 그녀는 내게 민감한 문제를 다루는 방식에 대해 이야기해주었다.

　"노동자들의 작업 의지를 북돋아주기 위해 생산 작업량에 따라 보상금을 지급했습니다. 그런데 생산제품이 두세 종류에 지나지 않았을 때에는 이러한 보상책이 효과가 있었지만, 생산품목이 열두 종으로 늘어나면서 기존의 보상책은 의미가 없어졌습니다. 더 이상 노동자들의 노동 의욕을 자극하지 못한 것이지요.

그래서 전 각 개인이 생산하는 제품에 등급을 나누어 그에 따른 합당한 보상금을 지급한다는 아이디어를 냈습니다. 그리고 공장 관리자들에게 제 방법이 옳다고 설파했지요. 전 기존 방식의 허점을 상세히 설명하며 제 아이디어를 주지시켰습니다. 하지만 지나치게 제 의견만 고집한 결과 다른 가능성을 무시한 꼴이 되고 말았지요.

세미나에 참여한 이후에 제 잘못을 깨달았습니다. 그래서 먼저, 관리자 회의를 소집했습니다. 그리고 가장 좋은 해결책이 뭐가 있을까 함께 이야기해보았습니다. 전 종전과는 다르게 차분히 제 의견을 설명했고, 회의가 끝날 때쯤에는 결국 제 아이디어가 채택되었습니다."

누군가 자신의 의견과 생각을 물어올 때 사람들은 뿌듯함을 느낀다. 그러니 일방적인 명령이나 강요로 일할 때에는 분명 유쾌할 수 없다. 상대에게 자신의 의견을 강요하지 마라. 스스로도 강요당하길 싫어하면서 왜 타인에게 강요하려 하는가?

학생들의 불만

펜실베이니아 주에서 교사로 일하는 댄 산타렐리는 학교에서 한 학생이 진입로에 불법주차를 해 놓았던 일에 대해 이야기해주었다.

한 교사가 식식거리며 교실에 들어와서 소리쳤다.

"진입로를 막아놓은 건 대체 누구 차야?"

차 주인이 대답하자 선생은 험악한 목소리로 소리 질렀다.

"당장 차를 빼. 안 치우면 끌어내버릴 테니까." 학생은 하는 수 없이 수업 도중에 차를 빼러 나가야했다. 하지만 그날 이후, 많은 학생들이 그 선생에게 불만을 표하며 말을 듣지 않았다.

만약 그 교사가 조금 다른 방식으로 의견을 피력했다면 어땠을까?

통로에 세워둔 차가 누구 건지 물은 뒤 다른 사람들을 위해 차를 옮겨주었으면 좋겠다고 제안했다면 학생은 기꺼이 그렇게 했을 것이고 그 선생은 학생들의 존경을 한 몸에 받았을 것이다.

 군대에서는 명령을 어기면 엄중한 처벌을 받는다. 왜 그래야만 할까? 이는 다음과 같은 명제로 설명할 수 있다. '명령에 복종하길 좋아하는 사람은 없다.' 일방적인 명령은 반항심을 불러일으키기도 한다. 제안이 아닌 명령을 강요당할 때는 누구라도 불쾌해지지 않겠는가?

갑작스런 주문

남아공 요하네스버그에서 작은 정밀기기 부품공장을 운영하는 이안 맥도널드는 어느 날 대량의 긴급주문을 받게 되었다. 하지만 아무리 날짜를 계산해 봐도 도저히 기한 내에 납품을 할 수 없을 것 같았다.

공장의 작업 스케줄은 이미 정해져있던 터라 단기간에 대량생산은 어려울 듯 보였다. 그래서 이안은 공장 노동자들을 불러 주문 상황에 대해 상세히 설명해주었다.

"우리가 이 주문을 어떻게 처리하면 좋을까요? 생산속도를 높이기 위해서 작업 스케줄이나 분업방식을 조정할 수 있을까요?"

이에 노동자들은 각기 다양한 의견을 제시했고 결국 주문을 받아들이기로 결정했다. 그들은 '할 수 있다'는 태도로 문제를 기꺼이 받아들였으며, 마침내 기한에 맞춰 주문량을 완성해냈다.

ℰ 금자탑의 축조 과정에 대해 의문을 제기하는 사람이 있다. 금자탑은 노예들이 아닌 신실한 마음을 가진 지원자들이 건설했다는 것이다. 그렇지 않다면 어찌 그리 완벽하게 아름다울 수 있겠는가? 여기서 우리는 한 가지 교훈을 얻을 수 있다. 온 마음을 쏟아 행하는 일만이 비로소 완벽해질 수 있다는 것이다. 명령과 압제 속에 억지로 행하는 일은 결코 완벽히 아름다울 수 없다.

4

상대의 자존심을 생각하고
체면을 세워 주어라

> 누구에게나 자존심은 있으며, 사람들은 이를 위해 어떤 대가라도 감수할 준비
> 가 되어있다.

부사장의 책망

펜실베이니아 주에 사는 프래드 클라크는 자신의 회사에서 일
어난 일을 이야기해주었다.

"한번은 부사장이 회의석상에서 어느 생산 감독자에게 매우 날
카로운 질문을 던졌습니다. 당시 생산관리 공정을 책임지고 있던
그 감독자는 매우 탁월한 전문가였는데, 부사장은 어쩐 일인지 무
척 공격적인 어조로 날카롭게 질문을 해댔습니다.

부사장은 감독자가 난처해하는 모습에 아랑곳하지 않았고 사
람들 앞에서 당황한 감독자는 그저 말을 돌리기에 바빴습니다. 이

때문에 부사장은 더욱 화를 냈고 결국 감독자를 '거짓말쟁이'로 몰아붙이며 질책해댔습니다.

본래 유능했던 감독자는 순식간에 쓸모없는 사람으로 전락해 버렸고, 그의 근로의욕도 한순간에 꺾이고 말았습니다. 몇 달 후에 그는 다른 경쟁업체로 이직해버렸는데, 듣자하니 그곳에서는 무척 일을 잘하고 있다고 합니다."

인간의 가장 큰 약점은 '체면'을 중시한다는 것이다. 그러니 자신의 체면뿐만 아니라 타인의 체면도 지켜주어야 한다. 누구나 최후의 심리방어선을 갖고 있는데, 일단 이것이 무너지면 결국 '자위'라는 수단에 도달할 수밖에 없다. 이는 스스로를 보호할 수도 혹은 무너뜨릴 수도 있는 힘이다.

상사의 배려

식품포장회사의 마케팅전문가로 근무하는 안나 마조네는 우리 세미나에서 자신이 저지른 실수에 대해 발표했다.

"신상품의 테스트 마케팅 결과가 나왔을 때 전 어찌해야 할 바를 몰랐습니다. 기획 단계에서 중대한 실수를 저지른 탓에 테스트 자체를 다시 시행했어야 했거든요. 엎친 데 덮친 격으로 다음번 회의에서 테스트결과를 보고하기 전까지 상사와 이 문제를 협의할 시간조차 없었습니다. 보고 당일에 제 차례가 되었을 때 무척 긴장했습니다. 두 무릎이 떨려서 제대로 서 있을 수조차 없었지요. 하지만 마음을 안정시키려고 속으로 수없이 중얼거렸습니다. '침착해, 침착!'

전 여자란 너무 감정적이라 중요한 일을 맡길 수 없다는 따위의 말을 듣고 싶지 않았기에 절대로 울지 않겠다고 다짐했습니다. 그리고 간단히 보고를 마친 후, 실수를 범했기 때문에 다음 회의에 다시 보고하겠노라고 말씀드렸지요.

그런데 상사는 질책을 하기는커녕 '수고했네. 새로운 프로젝트에는 실수가 있기 마련이야. 다음번에는 잘해줄 것으로 믿네.'라고 말해주었습니다. 회의를 마친 후, 조금은 혼란스러웠지만 다시는 그 분을 실망시켜드리지 않겠다고 다짐했습니다."

사람의 자존심에 상처를 주는 행위는 범죄나 다름없다. 중요한 것은 당신이 그 사람을 어떻게 생각하느냐가 아니라 그 사람이 스스로를 어떻게 생각하느냐 하는 것이다. 상대가 틀렸다면 그 자신이 당신보다 더 잘 알고 있을 것이다. 그러니 비난과 질책을 늘어놓기보다 관용과 위로를 보여주어라. 그리하면 상대는 당신의 배려에 감동하여 더욱 자신을 부끄러워할 것이다.

새로운 직책

몇 년 전, 제너럴 일렉트릭사는 부사장 찰스 스타인메츠를 해임해야 하는 문제에 직면했다. 그는 전기에 관한 한 업계 최고의 인재였으나 회계부 관할 부사장으로서는 영 형편없었다. 스타인메츠는 무척 예민한 성격인데다 전기학 부문에서 그만한 인재를 찾기도 힘들었기 때문에 회사 측에서는 이 문제를 어찌 처리해야 할지 고심을 거듭했다. 마침내 회사 측에서는 그에게 '고문 엔지니어'라는 새로운 직책을 부여했다.

이에 스타인메츠는 무척 기뻐했고 그룹회장 역시 만족스러워했다. 그들은 괴팍한 성미의 고위급 관리를 적절히 대접해줌으로써 자칫 불쾌할 수도 있는 일을 매끄럽게 처리해냈다.

ᚼ 사람들은 상대의 잘못을 꼬집어내어 기분을 상하게 하는 데 일가견이 있다. 하지만 타인을 비판하여 얻는 것이 무어란 말인가? 사람이라면 누구나 자존심을 갖고 있다. 만약 상대가 당신을 함부로 대한다면 당신은 어떻겠는가?

원만한 해고

공인회계사인 마셜 그랜저는 내게 다음과 같은 편지 한 통을 보내왔다.

"고용인을 해고한다는 건 그리 기분 좋은 일은 아니지요. 해고되는 입장에서는 분명 불쾌하고 괴로운 일일 테니까요. 하지만 저희 업무 자체가 시즌적인 성향이 강하기 때문에 매년 3월 즈음에는 많은 직원들을 해고해야 합니다. 때문에 심리적 부담감을 가진 업계에서는 가능한 간소하고 빠르게 해고절차를 진행하지요. 직원을 해고할 때, 저희는 통상적으로 이렇게 말합니다.

"이리 앉으시지요. 이번 분기가 끝났으니 더 이상 진행되는 업무도 없습니다. 알고 계시겠지만, 저희가 바쁠 때에만 일시적으로 고용하기로 했었잖습니까."

이 말을 들은 당사자는 마치 내팽개쳐졌다는 느낌을 받게 되겠지요. 평생토록 회계업무를 해왔더라도, 이렇듯 아무렇지 않게 직원을 내치는 회사에 애정을 가질 리는 만무합니다.

결국 저는 좀 더 직원들을 배려하는 입장에서 일을 처리하기로 마음먹었습니다. 개개인과 업무에 대한 면담을 하면서 이야기하는 겁니다.

"아무개 씨, 이번 분기 성과가 무척 탁월하군요. 특히 뉴욕에 파견되었을 때, 무척 세심하고 꼼꼼하게 일을 처리해주어서 감사합니다. 아무개 씨와 같은 인재와 함께 할 수 있어서 정말 영광이었습니다. 능력이 출중하신 분이니 어딜 가시더라도 잘하실 거라고 믿습니다. 언제나 아무개 씨를 지원하고 있다는 것을 잊지 마십시오!"

그 결과, 사람들은 해고를 당하면서도 버려진다는 느낌은 갖지 않게 되었습니다. 뿐만 아니라 회사 측에서 필요하다면 언제든 고용해줄 거라고 믿게 되었지요. 물론, 다음 분기에 저희는 다시 그들을 고용했고 그들도 기꺼이 회사로 와주었습니다."

꧁ 사람은 체면을 중시하는 동물이다. 심지어 '체면'을 지키기 위해 목숨을 버리는 경우도 있지 않은가. 상대의 자존심을 짓밟고 상처를 줄 때, 당신은 원한에 쌓인 적을 한 명 더 갖게 되었을 뿐이다. 설사 그가 원한은 품지 않았더라도 적어도 당신에게 호감을 가질 리 만무하다. 자, 굳이 적을 만들 필요가 있는가?

승자의 자세

1922년, 수백 년에 걸친 극심한 대립 끝에 터키인들은 자국 영토에서 그리스인들을 추방하기로 결정했다.

터키 대통령 무스타파 케말은 신중한 어조로 병사들에게 말했다. "우리의 목표는 지중해다."

이 말 한마디로 근대역사상 가장 치열했던 전쟁이 시작되었고 결국 터키가 승리했다. 터키군은 그리스의 두 장군, 트리코피스와 디오니스가 케말에게 투항하러 가는 동안 끝없이 저주와 욕설을 퍼부었다. 하지만 케말은 전혀 승리자의 위용을 뽐내지 않았다. 오히려 그리스 장군들의 손을 부여잡으며 위로했다.

"이리 앉으시지요. 많이 피곤하시겠습니다."

그는 그리스 장군들과 전시상황에 관한 이야기를 나눈 뒤 웃으며 말했다.

"사실 전쟁이란 게임과 같아서 아무리 뛰어난 사람들도 가끔 지곤 한답니다."

🙍 사람들은 언제나 실패의 핑계를 찾곤 한다. 하지만 상대가 먼저 위로의 말을 건네면 오히려 스스로의 잘못을 인정하고 만다. 그래야만 자신이 더욱 고상해 보이지 않겠는가?

개구쟁이에게 감투를

켄트 부인은 자신이 정성껏 가꾼 잔디밭을 짓밟고 다니는 동네 개구쟁이들을 어떻게 다루어야할지 고민하다 한 가지 묘책을 생각해냈다.

가장 말썽꾸러기 소년에게 '탐정'이라는 직함을 주고 잔디밭의 침입자를 물리칠 권한을 부여해준 것이었다. 권력을 쥐게 된 소년은 탐정의 의무를 충실히 이행했다. 심지어 뒤뜰에 불을 피워놓은 채 밤늦게까지 잔디밭을 사수하기도 했다.

🧘 사람들은 자신의 이름을 무척 중요하게 여긴다. 뿐만 아니라 자신의 권위 또한 귀중한 가치로 받아들인다. 사람은 권력과 권위 등을 소유함으로써 '위대한 인물'과 동등하다는 허영심을 누리고자 한다. 그러니 상대에게 권위를 부여해주어라. 이는 그에게 반드시 엄청난 힘을 불어넣어 줄 것이다.

직함을 부여하다

뉴욕에서 인쇄회사를 경영하고 있는 원트는 한 직원의 불량한 업무태도를 바로잡고 싶었다. 그 기계공은 밤낮으로 돌아가는 수십 대의 기계를 관리하고 있었는데, 언제나 "업무시간이 너무 길다, 일이 너무 많다"며 불평을 늘어놓기 일쑤였다.

하지만 원트는 '조수를 붙여 달라'는 요구를 들어주지 않고도 그를 온전히 만족시켜주었다. 대체 어떻게 했을까? 방법은 간단했다. 원트는 기계공에게 개인 사무실을 마련해주고 '서비스팀 매니저'라는 직함을 부여했다.

이제 그는 아무나 부르면 뛰어가야 하는 기계공이 아니었다. 한 팀의 매니저로 승격되었으니 더 많은 책임을 져야 하는 것도 당연했다. 그에겐 더 이상 회사에 불평하고 원망할 이유가 없었다.

꒰ঌ 나폴레옹은 1천 5백 명의 병사에게 레지옹 도뇌르 훈장을 수여했고, 18명의 장군에게 '프랑스 대원수'라는 직위를 수여했다. 그리고 스스로의 군대를 '불패의 부대'라고 일컬었다. 이에 사람들은 "유치하다", "장난감 따위를 수여하다니"라며 나폴레옹을 조롱했다. 그러자 나폴레옹은 이렇게 대답했다. "사실이다. 하지만 때론 장난감에 지배당하는 게 바로 인간이다."

너무 하찮은 일

1915년, 전 미국인을 충격에 몰아넣었던 바로 그 해였다. 당시 유럽 각국은 피비린내나는 대규모 살상전을 거듭하고 있었다. 유래를 찾아볼 수 없이 극심한 혼란에 빠진 전 세계에는 평화의 희망조차 찾아볼 수 없었다. 하지만 우드로 윌슨 대통령은 유럽의 군벌 세력들과 협의하기 위해 평화사절단을 파견하기로 결심했다.

열렬한 평화주의자였던 국무장관 윌리엄 제닝스 브라이언은 당시 평화사절단의 임무를 맡고 싶어 했다. 자신의 이름을 역사에 남길 수 있는 절호의 기회가 아닌가. 하지만 윌슨 대통령은 국무장관의 절친한 친구였던 에드워드 하우스 대령에게 그 임무를 맡겼다. 하우스 대령은 뛸 듯이 기뻤지만 다른 한편으로는 불안감을 지울 수 없었다. 친구의 기분이 상하지 않도록 이 소식을 전하기란 결코 쉽지 않은 일이었다.

이에 하우스 대령은 다음과 같은 일기를 남겼다. "브라이언은 내가 평화특사로 임명되었다는 소식을 듣고 무척 실망하는 듯했다. 그는 자기가 이 일을 맡게 될 줄 알았다고 말했다. 그래서 난 '대통령께선 정부 고위관리가 이 일을 맡기엔 적절하지 않다고 생각하시네. 고위급 관리가 움직이면 사람들의 주목을 끌 테고, 이어 미국 국무장관이 여기에 왜 왔을까 궁금해 할 테니 말이네'라고 말해주었다."

하우스 대령은 평화특사 업무가 브라이언 국무장관이 맡기엔 너무 하찮은 일이라고 넌지시 말함으로써 브라이언의 기분을 풀어준 셈이었다.

브라이언은 어떻게 기분을 풀 수 있었을까? 하우스 대령은 미국의 국무장관이란 무척 중요한 직책이기에 평화특사 따위는 어울리지 않는다고 암시했다. 이로써 브라이언은 기꺼이 그 상황을 받아들였다. 노련하고 현명했던 하우스 대령은 정치가로서의 탁월한 자질을 갖추고 있었던 셈이었다.

5

성공을 위해
달리도록 자극하라

서커스단에서 호랑이를 훈련시킬 때는 잘할 때마다 고기를 던져준다. 그렇다면 사람에게도 똑같은 원칙을 적용시킬 수 있지 않을까? 우리는 왜 고기 대신 채찍만 휘둘러대는 것일까? 왜 칭찬 대신 질책만 늘어놓는 것일까? 조그만 발전이라도 칭찬해주자. 칭찬의 힘은 위대하다.

단 한 번의 칭찬

수년 전 런던에 작가를 꿈꾸던 한 청년이 있었다. 하지만 그의 꿈은 현실과는 거리가 멀어보였다. 학교는 4년도 채 다니지 못했고, 아버지의 빚 때문에 감옥신세까지 졌으며 하루하루 굶주림의 고통에서 허덕이고 있었다.

그는 결국 쥐가 우글거리는 창고에서 구두약 상표를 붙이는 일자리를 구했다. 그리고 비좁은 다락방에서 런던 빈민가를 떠돌아다니는 부랑자들과 함께 살았다.

당시 그는 자신의 글재주에 도통 자신이 없었다. 그래서 사람들의 비웃음을 살까 두려워 한밤중에 몰래 원고를 발송하곤 했다. 하지만 번번이 퇴짜를 맞던 그에게 마침내 기쁜 소식이 전해졌다.

비록 원고료를 받지는 못했지만 처음으로 편집자로부터 호평을 받은 것이었다. 드디어 인정을 받은 셈이었다. 젊은이는 너무나 감격한 나머지 길거리로 뛰쳐나가 눈물을 흘렸다.

한 번의 칭찬이 이 청년의 인생을 뒤바꾸어놓았다. 만약 그 편집자의 격려를 받지 못했다면, 그는 여전히 쥐가 우글거리는 창고에서 영원히 꿈만 꾸었을지도 모른다. 이 청년이 누구인지 아는가? 영국 역사상 가장 위대한 문호였던 찰스 디킨스이다.

  하버드대의 윌리엄 제임스 교수는 인간의 잠재성에 대해 이렇게 평했다. "우리는 인간의 잠재능력에 비추어 보아 고작 절반 정도 깨어있을 뿐이다. 현재 우리가 사용하는 힘은 인간 잠재력의 극히 일부에 불과하다."

선생님의 편지

50여 년 전, 런던의 한 포목점에서 일하던 소년이 있었다. 그는 매일 아침 5시에 일어나 가게 문을 연 뒤, 하루에 14시간 동안이나 고된 노동에 시달렸다. 이렇게 2년이 지나자 더 이상 견딜 수가 없었던 소년은 아침밥도 먹지 않은 채 약 25킬로미터를 달려 어머니를 찾아갔다.

절망감에 휩싸인 그는 어머니 앞에서 통곡을 하며 그 포목점으로 다시 돌아가기 싫다고 울부짖었다. 다시 돌아가느니 차라리 죽고 싶은 생각뿐이었다.

벼랑 끝에 선 그는 모교의 선생님에게 더 이상 살고 싶지 않다며 장문의 편지를 보냈다.

하지만 선생님은 그의 경솔한 생각을 꾸짖기는커녕 "넌 똑똑하니 지금보다 더 나은 일을 할 수 있을 게다."라고 격려해주었다. 그러고는 어느 학교의 교사 자리를 소개해주었다.

선생님의 칭찬 덕분에 영국문학사에 길이 남을 한 사람이 탄생하게 되었다. 이 소년은 후에 77권의 책을 저술했고 그 필력만으로 백만장자로 등극했다. 누구인지 짐작할 수 있겠는가? 바로 영국의 역사학자 웰스이다.

누구나 타고난 재능이 있다. 다만 그 재능을 찾아냈을 때는 성공을, 찾지 못했을 때는 실패를 맛볼 뿐이다. 그러니 어느 누구도 업신여기지 마라. 지금 그가 하는 일은 단지 그에게 어울리지 않을 뿐이다. 만약 제대로 된 방향을 찾아간다면 그 역시 무한한 능력을 발휘할 수 있으리라.

신입사원의 재능

캘리포니아 주 우드랜드 힐즈에 사는 키드 로퍼는 회사에서 '칭찬'의 원칙을 적용해보았다.

어느 날, 로퍼는 회사인쇄소에서 좀처럼 보기 힘든 우수한 인쇄 제작물을 발견해냈다. 그런데 알고 보니, 그 제작물은 좀처럼 회사 일에 적응을 하지 못해 상급자의 골치를 썩이고 있던 한 신입사원이 제작한 것이었다. 상급자는 심지어 그를 해고하려고까지 했다.

이에 로퍼는 그 신입사원을 만나기 위해 직접 인쇄소로 찾아갔다.

"내가 얼마 전에 받아본 제작물, 정말 마음에 들었네. 우리 회사에서 가장 훌륭한 제품이라고 해도 과언이 아닐걸세."

그는 청년이 어떤 면에서 탁월하며 회사에 얼마나 중요한 인재인지를 구체적으로 말해주었다.

이런 솔직한 평가가 청년의 작업태도에 어떤 영향을 끼쳤을까? 그 날 이후, 청년은 성실하고 헌신적인 직원으로 변모했으며 줄곧 동료들에게 로퍼 씨는 내 작품을 알아봐준 사람이라고 자랑하곤 했다.

⚲ 누구나 다른 사람들에게 인정받고 싶어 한다. 자, 이제 당신의 인생을 되돌아보라. 몇 마디의 칭찬으로 인생의 전환점을 맞이한 적이 있었던가? 당신을 칭찬해준 사람을 평생 고마운 사람으로 기억하고 있지 않은가? 이제는 당신이 그 사람의 역할을 맡을 차례이다.

재능을 알아본 친구

1922년 캘리포니아에 가난에 찌들어 살던 한 청년이 있었다. 매주 교회 성가대에서 노래를 불렀던 그는 간혹 결혼식장에서 노래를 불러주고 5달러가량을 받았다. 도저히 시내에서 살 형편이 못되었기에 시골 포도농장의 낡은 집을 세내어 살았다.

하지만 얼마 안 되는 집세조차 낼 능력이 없어 벌써 열 달째 월세가 밀려 있었다. 그는 하는 수 없이 집주인의 포도농장에서 일을 하며 집세를 갚아나갔다. 때로는 먹을 것이 없어 오로지 포도로만 끼니를 때우기도 했다.

생활고에 쪼들리다 못한 그는 결국 가수의 꿈을 포기하고 트럭을 팔아버릴 생각을 하게 되었다. 그때 마침 친구였던 루퍼트 휴스가 그의 재능을 칭찬해주었다.

"자네 목소리는 정말 훌륭해. 뉴욕에 가서 기회를 찾아보게."

당시 좌절에 빠져있던 젊은이는 친구의 칭찬으로 다시 한 번 용기를 낼 수 있었고, 이것이 일생일대의 변화를 가져왔다. 그 친구에게 2,500달러를 빌려 무작정 동부로 갔던 것이다. 결국 그는 이름만 들으면 알 수 있는 유명한 바리톤 가수가 되었다. 바로 로렌스 티베트였다.

또 다른 성악가 엔리코 카루소도 이와 비슷한 경험을 했다. 카루소의 음악 선생은 "네 목소리는 빗속에 들리는 바람 소리 같구나. 도무지 재능이 없어."라고 신랄하게 비평했다. 하지만 카루소의 어머니는 아들의 재능을 칭찬하고 격려하며, 있는 돈을 다 내어 최고의 선생님을 찾아다녔다. 만약 이들에게 어머니와 휴스가 없었다면 두 천재의 재능도 사장되고 말았으리라. 칭찬과 격려에는 인생을 바꾸는 힘이 있다.

인생이 바뀐 마리

조제트 르블랑은 저서 《마테를링크와 함께한 내 인생》에서 어느 볼품없는 벨기에 여종이 변화해가는 모습을 이렇게 묘사했다.

"당시, 건너편 호텔에서 일하는 여종이 내게 식사를 날라주었다. 사람들은 그 아이를 '접시닦이 마리'라고 불렀는데 그건 그녀가 주방 허드렛일로 일을 시작했기 때문이었다. 마리는 사팔뜨기에다 다리도 휘어져있어 정말 볼품이 없었다. 게다가 그다지 똑똑한 편도 아니었다.

하루는 그 아이가 내 방에 왔을 때, 난 '마리, 넌 네 안에 어떤 보석이 감춰져있는지 모르는 것 같구나'라고 말해주었다. 마리는 혹시 무슨 야단이라도 맞는 줄 알고 미동도 않고 서 있었다.

그러고는 잠시 후 탁자 위에 접시를 내려놓더니 한숨을 내쉬며 말했다. '사모님, 그런 생각은 감히 해본 적도 없었어요.'

마리는 아무런 의심이나 의문 없이 내 말을 곧이곧대로 믿은 채, 마음속 깊숙이 되뇌기 시작했다. 그 후로 난 마리가 점점 변해 가는 모습을 볼 수 있었다. 사소한 칭찬 한 마디에 소녀의 마음은 활력으로 가득 찼다. 그녀는 스스로를 꾸미기 시작했고 점차 감춰 져있던 젊음의 기운이 되살아났다.

두 달 후 그곳을 떠날 때쯤 반가운 소식이 들려왔다. 마리가 주 방장의 조카와 결혼을 하게 되었다는 것이다! 그녀는 내게 '저도 부인처럼 될 거예요'라고 속삭이며 감사의 마음을 표했다. 몇 마 디 말로 그녀의 인생이 완전히 뒤바뀐 셈이었다." 르블랑은 '접시 닦이 마리'에게 좋은 평판을 주었고 이로써 마리는 그 평판을 지 키기 위해 스스로를 단련했다. 그리고 그 결과, 그녀의 인생이 완 전히 달라졌다.

옛말에 '개에게 목줄을 채우는 대신 좋은 이름으로 불러주어라'라는 말이 있다. 좋은 평판은 변화의 힘을 가져다준다. 그러니 도적에게 '성실한 자'라는 믿음을, 사기꾼에게 '점잖은 신사'라는 호평을 해주어라. 그리하면 도적과 사기꾼조차도 그 평판을 지키기 위해 좋은 사람으로 거듭날 것이다.

좋은 하녀, 나쁜 하녀

뉴욕 스카스데일에 사는 어니스트 겐트 부인은 막 새로운 하녀를 고용할 참이었다. 겐트 부인은 하녀가 이전에 일했던 집에 전화를 걸어 새 하녀에 대한 이야기를 전해 들었다. 하지만 공교롭게도 이전의 고용주는 하녀에 대한 불만으로 가득했다.

새 하녀가 출근한 첫 날, 켄트부인은 이렇게 말했다.

"넬리, 예전에 네가 모시던 부인과 전화통화를 했단다. 네가 요리도 잘하고 아이들과도 잘 지낸다고 칭찬하시더구나. 그런데 방청소나 정리에 소홀하다는 말도 하셨단다. 내 생각엔 네가 그럴 아이로 보이진 않는데 말이다. 옷도 이렇게 깨끗하고 단정하게 입는 네가 방청소를 게을리할 리가 있겠니. 자, 우리 한번 잘 지내보자꾸나."

그 결과, 넬리는 겐트 부인의 기대를 저버리지 않기 위해 매일같이 방청소를 했다. 자신의 좋은 이미지를 망가뜨리느니 차라리 더 열심히 일하기로 한 것이었다.

🙇 없는 미덕이라도 마치 갖고 있는 것처럼 행동하면 결국 생각대로 이루어지게 된다. 자, 이 원리를 타인에게도 적용해보라. 대개의 경우 그는 당신을 실망시키지 않기 위해 더욱 열심히 노력할 것이다.

탁월한 기술자

헨리 헨키는 인디애나 주의 어느 화물자동차 대리점에서 고객 서비스를 담당하고 있었다. 그런데 한 직원이 일하는 폼이 영 신통찮아 도통 마음에 들지 않았다. 헨리는 그 직원을 불러 대화를 해보기로 마음먹었다.

"빌, 지난 몇 년간 아주 열심히 일해주었어. 자네가 얼마나 훌륭한 기술자인지 내 잘 알고 있다네. 게다가 고객들의 칭찬도 대단하더군. 그런데 요즘 들어 작업시간도 오래 걸리고, 업무량도 예전 같지가 않아. 자네처럼 탁월한 기술자가 웬일인지 모르겠네. 우리 어찌하면 좋을지 같이 한번 생각해 보세나."

그러자 빌은 "그 정도인 줄은 몰랐습니다. 하지만 이제부터 더 노력해보겠습니다."라고 대답했다. 그는 곧 예전처럼 탁월한 기술자로 되돌아갔다. 헨키의 호평에 힘을 얻은 직원은 자신의 긍정적인 평판을 지키기 위해 더욱 열심히 일했던 것이다.

♔ 사람들은 보통 자신의 능력을 인정받고 있다고 느끼면 이에 부응하기 위해 더욱 열심히 일하게 된다. 자신의 명성에 흠집을 내고 싶은 사람은 없기에 목숨을 걸고라도 최선을 다하는 것이다.

어여쁜 제자

뉴욕시 브루클린에서 4학년 담임을 맡고 있는 루스 홉킨스는 개학 첫날부터 걱정이 이만저만이 아니었다. 전교에서 말썽꾸러기로 소문난 토미가 자신의 반에 편성되었기 때문이다.

토미는 여학생을 놀리는 짓궂은 장난을 즐길 뿐 아니라 걸핏하면 싸움질을 해대기 일쑤였다. 게다가 선생님께 버릇없이 굴며 학급 분위기를 망쳐놓는 데도 일가견이 있었다. 토미의 유일한 장점은 바로 공부를 무척 잘한다는 점이었다.

홉킨스 선생은 '토미 문제'를 해결하기로 마음먹었다. 그리고 학생들과 처음 대면하는 자리에서 아이들에게 말을 건넸다.

"로즈, 옷이 참 예쁘구나."

"알리샤, 그림을 잘 그린다면서?"

학생들 한 명 한 명을 칭찬해주던 홉킨스 선생은 마침내 토미 차례가 되자 함빡 웃으며 말했다.

"토미, 네가 타고난 리더라는 소문이 있던데? 올해 우리 반을 4학년 최고 반으로 만들고 싶은데 좀 도와주지 않으련?"

이후 선생은 토미가 하는 일마다 칭찬을 아끼지 않았으며, 토미를 정말 착한 학생인 양 대해주었다. 그 결과, 토미는 말썽을 부리는 대신 홉킨스 선생의 가장 어여쁜 제자가 되었다.

아홉 살짜리 꼬마조차도 자신의 명예를 지키기 위해 애쓰는 법이다.

사람들은 보통 성공한 자에게 찬사를, 실패한 자에게는 비난을 쏟아내기 일 쑤이다. 하지만 이러한 냉혹하고 매정한 말들이 실패자를 더욱 궁지로 몰아 간다는 사실을 아는가? 현명한 이들은 성공한 자에게 겸손을 가르치기 위 해 찬사의 말을 줄이는 대신, 실패자에게 더욱 많은 격려와 칭찬을 하는 법 이다.

두 선생님의 차이

마흔 살까지 독신생활을 즐겼던 내 친구가 얼마 전 약혼을 했 다. 그런데 그 약혼녀가 친구에게 춤을 배우라고 권유했다는 것이 아닌가.

"당시 내 춤 실력은 20여 년 전 춤을 처음 배울 때와 다를 바 없 었다네. 첫 번째 선생은 한눈에 내 실력을 알아차렸지. 그리고 '지 금까지 배운 건 다 잊어버리고 처음부터 다시 시작하세요'라고 말 했다네. 물론 틀린 말은 아니었지만, 그 말을 듣는 순간 춤을 배우 고 싶은 생각이 싹 사라졌어. 그래서 곧바로 그만두었다네.

그 다음번에 만난 선생은 무척 즐거운 목소리로 '리듬감이 있어 서 금방 배우시겠네요'라고 말해줬어. 그 말이 진심은 아닐지 모 르지만 어쨌든 기분이 좋았다네.

첫 번째 선생은 내 의욕을 꺾어놓은 데 반해, 두 번째 선생은 오히려 흥미를 불러일으켜 주었다네. 계속 칭찬해주면서 자신감을 북돋아주었고… 그녀는 심지어 '타고난 댄서이시네요', '리듬감이 참 좋습니다'라고까지 말하는 거야. 물론 나도 내가 형편없다는 건 알고 있었지만 점차 '그게 사실일지도 모르겠다'는 생각이 드는 거야. 그리고 리듬감이 좋다는 칭찬을 들은 이후로 춤 실력이 점점 나아졌다네. 전보다 훨씬 열심히 하게 되었거든."

상대가 아무리 큰 잘못을 저지르더라도 비난하거나 질책하지 마라. 대신 아주 작은 진전이라도 칭찬해주어라. 그리하면 상대는 완전히 새로운 발전을 보여줄 것이다.

한 여인의 칭찬

'브리지 게임'이라 하면, 난 일리 컬버트슨이란 사람이 떠오른다. 사실 브리지 게임에 관심이 있는 사람이라면 그 이름을 모르는 사람은 없을 것이다. 그가 쓴 브리지 게임 관련 서적은 전 세계 12종류의 언어로 번역되어 수백 만부가 팔려나갔다.

하지만 이런 그도 "내 재능을 칭찬해준 젊은 여인이 없었더라면 결코 브리지 게임을 즐길 수 없었을 거요."라고 말했다.

1922년에 미국에 정착한 그는 철학이나 사회학 분야의 일을 찾고 싶었지만 현실은 그리 녹록치 않았다. 결국 하는 수 없이 석탄판매업을 시작했으나 그마저도 실패로 끝나고 말았다. 이어 개점한 커피판매점도 곧바로 문을 닫았다. 당시 그는 브리지게임을 업으로 삼겠다는 생각은 한 적도 없었다. 카드놀이에 서툴렀기에 보통 사람들과 게임을 해도 도저히 승산이 없었다. 이런 그가 어떻게 브리지 게임 전문가가 되겠다고 결심했을까?

바로 조세핀 딜론이라는 예쁜 게임 선생을 만나면서부터였다. 당시 조세핀은 일리가 자신의 패와 게임의 확률을 세심히 분석하는 것을 알아차리고 "당신은 게임에 재능이 있어요."라고 격려해주었다. 그 후, 조세핀은 일리와 결혼했고 그가 최고의 브리지 게임전문가가 되도록 도와주었다.

당신의 자녀나 배우자 혹은 직원에게 "멍청하기 그지없군. 재능도 없고 말이야. 완전히 엉망이야."라고 말한다면 그들의 개선 의지를 완전히 꺾어놓는 것과 다름없다. 그러니 이와 반대로 더욱 칭찬해주고 격려해주어라. 단지 재능을 발휘할 기회가 없었을 뿐이라고 자신감을 북돋아주어라. 그리하면 그들은 최선을 다해 좋은 성과를 보여줄 것이다.

6

부족한 점은
쉽게 고칠 수 있다

상대가 기꺼이 당신을 위해 일하도록 하려면, 그가 당신에게 얼마나 중요한 존재인지 그리고 업무 자체가 그 자신에게도 도움이 되는 것임을 분명히 알게 해주어라.

부탁의 편지

젊은 프랭클린은 저축한 모든 돈을 작은 인쇄공장에 투자해놓은 터였다. 때문에 필라델피아 의회 서기로 당선이 되면, 공적 인쇄 업무를 이 공장에 수주하여 투자액을 불릴 수 있었다. 무척 군침 도는 유혹이 아닌가! 그런데 프랭클린이 의회 서기가 되는 데는 한 가지 장애물이 있었다.

바로 의회 내에서 가장 부유하고 권력 있는 의원이 프랭클린을 싫어하는 것이었다. 그는 심지어 공개석상에서 프랭클린을 비판하기도 했다. 이는 프랭클린에게 무척 불리한 조건이었기에 그는 의원의 호감을 얻어내기로 결심했다. 하지만 상황은 그리 간단하지 않았다. 어떻게 해야 할까? 몰래 그를 도와줄까? 아니다, 그런 방법으로는 의원의 의심만 살 뿐이었다.

현명한 프랭클린은 그를 돕기보다 그에게서 도움을 청했다. 그는 의원의 허영심을 충족시켜줄 수 있는 방법을 선택했다. 의원의 지성과 배려심을 칭찬할 수 있는 기회를 만든 것이었다.

"듣자하니 그 의원은 희귀한 장서를 소장하고 있다고 했습니다. 그래서 그에게 '소장하고 있는 장서를 며칠간만 좀 빌려 주십시오'라고 편지를 썼지요. 그는 곧 사람을 시켜 책을 보내 주었고, 일주일 후 전 편지 한통을 동봉하여 책을 돌려드렸습니다. 편지에는 '바쁘신 와중에도 도움을 주셔서 감사합니다'라고 썼지요.

이후 의회에서 우연히 마주쳤을 때, 그는 내게 무척 친절하게 인사를 건넸습니다. 예전에는 한 번도 없었던 일이었지요. 그리고 필요하다면 언제든 도움을 청하라며 선심을 베풀어 주었습니다. 그 후로, 우린 그가 세상을 떠날 때까지 좋은 친구로 지냈습니다."

위의 진실을 더욱 극명히 드러내는 이야기가 있다. 히틀러의 압제 아래 고통 받던 어느 부유한 유태인이 줄곧 도움을 줘왔던 독일인 은행가에게 도움을 청했으나 거절당하고 말았다. 하지만 이 은행가는 부유한 유태인 대신 그동안 자신이 돌봐왔던 가난한 유태인 가족을 구해주었다. 그렇다. 절

박한 순간에 도움을 주는 사람은 평소 당신이 애써 돌봐주었던 사람이 아니다. 바로 당신을 도와주었던 사람인 것이다. 이것이 잊지 말아야 할 '도움의 심리학'이다.

유쾌한 거절

내 지인 중 밀려드는 강연 요청을 거절하기에도 바쁜 친구가 있다. 대개는 아는 친구들이 강연을 요청하는 때가 많은데, 신기하게도 이들의 우정은 언제나 변함없이 유지된다. 그는 거절을 하면서도 상대를 기분 좋게 하는 재주가 있기 때문이다.

과연 어떻게 하는 것일까? 너무 바쁘다거나 이런저런 이유가 있어서라고 말할까? 아니, 절대로 그렇지 않다. 그는 먼저 초청해준 친구에게 감사의 인사를 전한 뒤, 부득이한 사정으로 어쩔 수 없이 참여할 수 없다고 말한다. 그리고 그 강연에 적합한 다른 인사를 추천해주는 것이다. 이렇게 하면, 상대는 실망감보다는 또 다른 가능성에 집중하게 된다. 그가 추천인을 제안하는 방식은 이렇다.

"〈브루클린 이글〉지의 편집장으로 있는 클리브랜드 로저스를 강연에 초청하면 어떨까요? 아니면 가이 히콕이 적당할까요? 15년 동안이나 파리에서 유럽특파원으로 주재했었기 때문에 이야

깃거리가 많을 것 같은데요. 인도에서 사냥에 관한 영화를 제작했었던 롱펠로는 어떨까요?"

    보통의 경우에 거절당하면 화가 나거나 원망이 쌓이기 마련이다. 그러니 완곡한 어조로 상대의 체면을 세워주면서 또 다른 선택 사항을 제시하는 것이 중요하다. 나보다 훨씬 나은 적격자가 있음을 알려주는 것이다. 그러면 상대는 당신의 거절에 상처받기보다 새로운 가능성에 눈을 돌리게 된다.

How to
Stop
Worrying
&
Start
Living

자기관리론

1장

근심을
떨쳐내는 방법

말 한마디가
인생을 바꾼다

> 멀리 있는 희미한 형체를 좇기보다 눈앞의 또렷한 현실을 직시하라.

눈앞의 일에 집중하라!

1871년의 어느 봄날, 한 청년은 무척 특별한 경험을 하게 되었다. 몬트릴 종합병원의 의학도였던 그는 졸업시험을 앞두고 긴장과 불안감에 가득 차 있었다. 어떻게 기말고사를 통과하지? 졸업후에는 어떤 일을 해야 할까? 어디를 가야 잘할 수 있을까? 나중에 병원은 어떻게 열지? 일이 잘못되면 어쩌지? 어떻게 먹고 살아야 하나?

이렇게 수심에 가득 찼던 그는 마법과도 같은 한 글귀를 읽고 엄청난 충격을 받았다. 그리고 이 덕분에 당대 최고의 의학자로 거듭날 수 있었다. 그는 세계 최고의 존스 홉킨스의대를 건립했고, 당시 영국 의학계에서 최고의 영광으로 손꼽혔던 옥스퍼드 의과대학의 명예교수로 임명되었다. 또한 영국 왕실에서 기사 작위를 수여받기도 했다. 사후에는 그의 삶을 기리는 1,466페이지 분량의 전기가 간행되었다. 이 사람은 바로 윌리엄 오슬러 경이었다. 그리고 오슬러 경이 1871년 어느 봄날에 마주했던 그 구절, 그의 평생 근심을 덜어 주었던 말은 바로 이것이었다.

'희미하고 불확실한 일을 걱정하기보다 눈앞의 확실한 일에 집중하라!'

⚚ 점점 경쟁이 치열해지는 이 시대에 사람들은 불확실한 미래에 대해 줄곧 걱정한다. 그렇게 불확실한 목표로 고뇌하면서 길고 긴 삶의 여정에 기력을 소진하고 마는 것이다. 하지만 실은 전혀 그럴 필요가 없다. 어차피 변화를 계획할 수 있는 사람은 없잖은가. 그저 오늘을 충실히 사는 것이 최선의 답이다.

한 번에 하나씩

유럽전선에서 복무하던 사병 테드 벤거미노는 극도의 절망감에 빠져 있었다. 그는 당시 상황을 다음과 같이 회상했다.

"1945년 4월, 당시 보병 94사단 소속이었던 나는 전쟁 중 사상자, 실종자에 대한 기록을 작성하고 사망자들의 유해를 발굴하는 임무를 맡았다. 그리고 전사자들의 유품을 정리해 친족들에게 발송하는 일도 했다.

극도의 긴장 속에서 지쳐있던 나는 혹시 실수를 저지르지 않을지, 내가 제대로 하고 있는 건지, 살아서 집에 돌아갈 수 있을지, 이제 열여섯 달이 된 아들을 안아볼 수나 있을지 끊임없이 걱정했다. 계속되는 근심에 체중은 34파운드나 줄었고 거의 미쳐버리기 직전이었다. 난 뼈만 앙상히 남은 손을 바라보며 괴물 같은 모습으로 집에 돌아가게 될까 두려웠다. 혼자 있을 때면 온몸을 떨며 흐느껴 울기도 했다. 독일군의 대반격이 시작될 무렵에는 거의 정상적인 생활이 불가능할 정도였다.

이런 상황이 계속되자 난 입원을 할 수밖에 없었다. 하지만 어느 군의관의 충고 한 마디로 내 인생은 완전히 달라졌다. 그는 진찰 후에 내 병은 정신적인 문제라고 말해주었다.

'테드, 인생을 모래시계라고 생각해보게. 수천수만 개의 모래알도 가운데의 좁은 연결통로를 지나야만 빠져나올 수 있다네. 한 번에 한 알 이상은 빠져나오지 못해. 사람들의 인생도 마찬가지라네. 비록 수많은 일들이 기다리고 있지만, 모래시계의 모래알처럼 한 번에 하나씩 해결해가면 되는 거라네. 그렇지 않으면 몸과 정신이 망가질 수밖에 없어.'

이날부터 내 인생은 완전히 새롭게 달라졌다. '한 번에 한 알씩… 한 번에 한 가지씩…' 난 비로소 전쟁으로 피폐해진 나 자신을 추스를 수 있었다. 그리고 인쇄회사의 광고홍보부에서 일하는 지금까지도 이 가르침을 잊지 않는다.

마치 전쟁터에서처럼 급박하게 여러 가지 일을 처리해야 하는 경우, 예를 들어 잉크를 채워 넣고 품목표를 정리하고 새로운 지점을 개점하거나 폐쇄하는 업무 등을 하면서도 이 원칙을 몇 번이고 되뇐다. 덕분에 과거처럼 혼란스러워하지 않고도 일을 효율적으로 처리할 수 있게 되었다."

'눈보다 손으로 일하는 것이 낫다.'라는 속담이 있다. 일이 쌓여있을 때는 그저 손을 놀려 일해야 완성할 수 있다는 뜻이다. 하지만 많은 이들이 시작하기도 전에 '책임 스트레스'에 짓눌려 허우적대곤 한다. 대대손손 끊임없이 노력을 하면 마침내 산도 옮길 수 있는 법이다.

오늘은 새로운 삶이다!

미시건 주 사지노 시 코트가 815번지에 사는 쉴즈 부인은 극도의 절망감에 빠져 자살까지 심각하게 고려할 정도였다.

"1937년에 남편이 세상을 떠난 후, 삶은 무척 절망적이었습니다. 게다가 돈 한 푼 없는 빈털터리였지요. 할 수 없이 전에 다녔던 캔자스 시 로치 파울러사의 사장님께 편지를 썼습니다. 덕분에 학교 등에 세계백과사전 파는 일을 다시 할 수 있었지요. 남편이 2년간 병을 앓을 때 차를 팔아버렸기에 빚을 내어 다시 중고차 한 대를 샀습니다. 그러곤 이곳저곳에 책을 팔러 다녔지요.

일을 시작해서 새로운 환경에 부딪히면 우울증에서 벗어날 수 있으리라 생각했는데, 혼자 차를 몰고 또 밥을 먹는 일은 무척 고되고 외로웠습니다. 게다가 책장사도 잘 되지 않아서 수입도 불안정하고 자동차 할부금을 내기도 빠듯했죠.

1938년 봄비가 추적추적 내리던 날, 전 책을 팔러 미주리 주베르사유 부근을 찾았습니다. 하지만 거의 무너져 내린 학교건물에 도로도 엉망이었습니다. 문득 외로움과 슬픔이 밀려와 죽고 싶다는 충동이 들었지요. 성공할 가능성도 없어보였고 삶은 그 자체로 괴로운 감옥 이었습니다. 매일 눈을 떠 삶을 살아갈 기력조차 없었지요.

전 '납기일에 맞춰 자동차 할부금을 내지 못하면 어쩌나, 방세를 벌지 못하면 어쩌나, 음식 살 돈은 있을까, 아플 때 병원 갈 돈이 없으면 어쩌지'하며 수많은 근심에 시달렸습니다. 하지만 제가 자살하면 언니가 무척 슬퍼할 거라는 생각에 차마 그럴 수도 없었습니다. 사실, 죽더라도 장례 치를 비용조차 없었지요.

그러던 어느 날, 우연히 한 글귀를 읽고 새로운 희망을 느꼈습니다.

'현명한 사람에게는 매일매일이 새로운 삶이다.'

전 이 구절을 써서 자동차 안에 붙여놓고 운전할 때마다 되뇌었습니다. 사실 하루를 살아내는 건 그다지 어려운 일이 아니었지요. 전 과거는 잊고 미래는 걱정하지 않는 법을 배웠습니다. 그리고 매일 눈을 뜰 때마다 스스로에게 미소 지으며 말하지요.

'오늘은 새로운 삶이다!'

그러자 더 이상 고독과 빈곤 때문에 고통받지 않게 되었습니다. 마치 새로운 사람으로 태어난 것처럼 매일 매일이 즐거웠지요. 제 삶은 기대와 열정으로 가득 찼고 일은 순조롭게 풀려갔습니다. 이제, 전 삶에 일어날지 모를 어떤 문제도 두려워하지 않습니다. 미래는 아직 두려워할 필요가 없으니까요. 매일 하루씩 최선을 다해 살아가는 겁니다. '현명한 사람에게는 매일매일이 새로운 삶'이거든요."

《이상한 나라의 앨리스》에는 '이곳의 규칙은 다음과 같다. 어제와 내일은 잼을 먹어도 되지만 오늘만은 잼을 먹어선 안 된다.'라는 구절이 있다. 이는 많은 사람들이 처한 상황(어제 일을 걱정하고 내일 일로 근심하는 습관)을 풍자하고 있다. 당신도 오늘 먹을 빵에 잼을 두껍게 바르는 대신 어제와 내일의 잼 때문에 골치를 썩이고 있진 않은가?

2주밖에 살 수 없소

    디트로이트의 에드워드 에반스는 '현재를 살자'는 깨달음을 얻기 전엔 자살을 시도할 정도로 심한 우울증에 시달렸다. 가난한 집안에서 태어난 그는 신문팔이, 잡화점 점원 등을 전전했으나 언제나 수입은 턱없이 부족했다. 이후 도서관 보조 사서로 취업했지만 여전히 박봉이었다. 8년 후, 그는 마침내 창업을 결심했고 50달러로 시작한 사업은 1년 만에 2만 달러 규모로 성장했다. 하지만 예상치 못한 화재가 발생하는 바람에 전 재산을 날리고 1만 6천 달러의 빚을 떠안게 되었다. 그는 충격을 견디지 못한 채 완전히 무너져 내렸다.

    "먹지도 자지도 못하는 날이 계속되던 어느 날, 갑자기 길에서 쓰러진 후로 도저히 일어날 수가 없었습니다. 체력은 눈에 띄게 약해졌고 누워 있어도 통증은 계속되었습니다. 마침내 의사가 2주일 밖에 살 수 없다는 청천벽력 같은 진단을 내리더군요. 전 모든 것을 포기하고 유언장을 남긴 채 죽을 날만 기다렸습니다. 그러자 어느 순간부터 근심이 사라지더군요. 매일 2시간 이상 자본 적도 없던 제가 잠도 잘 수 있게 되었고요. 그때부터 기적이 일어났습니다. 점차 피로감이 사라지면서 식욕도 돌아오고 체중도 늘어났습니다.

    그렇게 2~3주가량이 지나자 지팡이를 짚고 걸을 수 있었고 6주 후에는 완전히 회복되어 다시 일을 시작했지요. 예전에는 연봉

2만 달러가 넘었어도 불행했지만, 현재는 주급 30달러를 받고도 즐겁게 일합니다. 모든 시간과 정열을 바쳐 일에 몰두할 정도로요. 이젠 과거를 후회하지도 미래를 두려워하지도 않습니다."

그 후 에드워드 에반스는 승승장구했고 몇 년 후에는 에반스 컴퍼니의 사장이 되었다. 현재 이 회사 주식은 뉴욕 증권거래소에 상장되었고 매년 큰 수익을 올리고 있다. 뿐만 아니라 그린란드에는 에반스의 이름을 기리기 위한 에반스 비행장도 설립되었다. 하지만 '온전히 오늘을 살아가자'는 결심이 없었다면 오늘날의 에반스도 없었을 것이다.

이미 침몰해버린 배는 아무리 해도 다시 띄울 수 없다. 그렇다면 새로운 배를 만들겠는가. 아니면 침몰시킨 것을 후회하며 시간을 보내겠는가? 현명한 자라면 물론 전자를 선택하겠지만, 대부분의 사람들은 어제의 일을 후회하고 미래의 일을 걱정하며 시간을 보내곤 한다. 이것이 침몰한 배 앞에서 통곡하는 것과 무엇이 다르겠는가?

2

근심을 해결하는
마법 공식

> 걱정거리가 있다면 다음의 세 단계를 실행하라.
>
> 첫째, 스스로에게 '일어날 수 있는 최악의 상황은 무엇인가?'를 물어보라.
>
> 둘째, 필요하다면 그 상황을 받아들일 준비를 하라.
>
> 셋째, 차분하게 최악의 상황을 벗어날 방법을 생각해내라.

고민 해결

현재 뉴욕 슈스터 출판사의 이사장으로 재직하는 리언 심스킨 씨는 지난 몇 년간 사이먼 출판사의 고위급 관리를 역임했다. 그는 자신의 경험을 이렇게 이야기해주었다.

"지난 15년 동안, 난 매일같이 거의 반나절 동안 회의에 매달렸습니다. 하지만 회의 참석자들은 줄곧 자신의 의견만을 피력하며 첨예한 논쟁을 벌였지요. 의제는 꼬리를 물고 일어났고 다들 피곤에 찌들어갔습니다. 회의시간을 줄일 수 있다면 그 심리적 부담감과 스트레스도 줄어들 터였습니다. 결국 난 이런 상황을 해결할 수 있는 묘안을 짜냈습니다. 그 후로 8년 동안 아래의 방법을 써오고 있는데, 이는 일의 효율성을 극대화시켰을 뿐만 아니라 심신의 건강까지 가져다주었습니다.

난 먼저 15년 동안 써왔던 낡은 회의절차를 철폐시켰습니다. 대신 업무상 문제점을 상세히 보고 받은 뒤 단 한 가지 물음만을 던졌지요. "그래서 어떻게 해야겠소?" 둘째, 새로운 규칙을 만들었습니다. 토론할 문제에 대해 아래의 네 가지 물음에 답할 수 있는 메모를 준비해오도록 한 것이지요.

① 현재 직면한 문제가 무엇인가?(한두 시간 동안 토론을 하고 난 후에도 문제가 무엇인지 명확하지 않은 경우가 많았다.)

② 문제의 원인은 무엇인가?(문제의 원인을 제대로 파악하지도 않은 채 얼마나 많은 시간과 정력을 허비했던가.)

③ 문제를 해결하기 위해선 어떤 방법이 있을까?(기존에는 누군가 해결책을 제시하면 반론을 펼쳐 논쟁을 벌이느라 시간을 허비했다. 그리고 결국에는 아무런 해결책도 남지 않았다.)

④ 당신이 제안하는 해결책은 무엇인가?(기존에는 다들 해결책에 대한 고민만 늘어놓았다. 하지만 정작 '이것이 내가 제안하는 해결책이다'라고 실천방안을 제시하는 사람은 없었던 것이다.)

이후로 부하직원들이 토론거리를 갖고 찾아오는 경우가 거의 없어졌습니다. 위의 4가지 문제점만 충실히 답할 수 있어도 해결책은 곧바로 튀어나왔기 때문이죠. 실제 토론이 불가피한 경우에도 예전의 3분의 1시간만 들여도 만족스러운 결론을 낼 수 있었습니다. 체계적이고 논리적인 방법을 거쳐 타당한 결론에 이를 수 있었기 때문입니다."

소위 '과로사'는 실제 업무량 과다로 숨지는 것이 아니라 업무에서 받는 스트레스로 숨지는 현상이란 연구 결과가 있다. 그렇다면 업무 중 스트레스는 대체 왜 생기는 걸까? 대부분의 경우는 수많은 미해결 과제에 매달려 쓸데없이 시간과 정력을 낭비하기 때문이다. 그러니 업무상 근심을 털어내려면 이들 문젯거리를 머릿속에 남기지 않는 게 좋다.

대체 무엇이 문제일까?

미국 최고의 보험 세일즈맨인 프랭크 베트거는 위의 방법을 이용하여 업계 최대수익을 얻어냈다.

"막 세일즈를 시작했을 때는 의욕에 가득 찼었지. 하지만 줄곧 거절만 당하다보니 어느 순간 열정 따위는 모두 사라지더군. 갑자기 회의가 밀려들었고 몇 번이나 일을 그만둘까 고민 했었다네.

그러던 어느 토요일 아침, 불현듯 머리가 맑아졌다네. 그래서 차분히 앉아 도대체 무엇 때문에 이렇게 힘이 들까를 생각해보았지.

먼저 나 자신에게 물었다네. '대체 무엇이 문제일까?'

노력에 비해 성과가 보잘것없는 게 문제였어. 고객들과 순조롭게 상담을 잘 하고도 막상 계약할라치면 '생각해보겠습니다. 다음번에 다시 들러주세요.'라는 대답을 듣기 일쑤였지. 그렇게 매번 다음번을 약속할 때마다 가슴이 답답해졌다네.

'그렇다면 이 문제를 해결할 방법이 있을까?'

하지만 답은 쉽게 나오지 않았다네. 그래서 난 과거의 업무성과에 대해 분석해보았지. 그렇게 지난 1년간의 계약률을 따져보다 새로운 사실을 발견했다네. 실제 이뤄진 계약의 70%는 첫 면담에서, 23%는 두 번째 면담에서 성사된 것이지. 그리고 세 번째 혹은 그 이상 진행된 면담에서 계약을 딴 건 고작 7%밖에 되지 않았다네. 그런데도 업무시간의 절반 이상을 그 7%를 위해 쏟아 붓고 있었던 거야.

'그렇다면 어떤 조치를 취해야 할까?'

답은 분명했네. 면담을 두 번 이상씩 하는 시간을 아껴 새로운 고객을 찾아나서는 것이지. 얼마 지나지 않아, 업무 성과는 눈에 띄게 향상되었다네. 매번 상담에서 얻는 수익률이 기존의 2.70달러에서 4.27달러로 증가했지."

자칫 직업을 포기할 뻔했던 프랭크 베트거는 현재 매년 100만 달러 이상의 보험 판매고를 올리며 성공가도를 달리고 있다.

🧘 실패로 침울해하는 대신 스스로에게 물어보라. '대체 무엇이 문제일까?' 물론 프랭크와는 다른 답을 얻겠지만, 이 절차를 통해 분명 당신의 업무 효율은 향상될 것이다. 현재의 업무를 지독하게 싫어하지 않는다면 말이다.

현명한 선택

다음은 뉴욕에서 오일딜러로 일하는 한 수강생의 이야기다.

"전 협박을 당했습니다! 영화에서나 나올법한 일이 실제로 일어났던 것이지요. 당시 제가 경영하던 석유회사의 일부 운송기사들이 거래처에 배급되는 정유량을 속여 몰래 빼돌렸는데 정부 조사관이라는 한 남자가 우리 측 기사들의 불법행위를 적발했다며 절 찾아와서는 뒷돈을 주지 않으면 지방 검찰에 고발하겠다고 위협했습니다.

전 그때서야 기사들의 불법행위를 알았지만, 법률상 책임은 피할 수가 없었습니다. 피고용인의 불법행위는 고용주 측에도 책임이 있었기 때문에 만약 검찰에 고발되면 회사의 신용도는 추락할 게 뻔했습니다. 지난 24년 동안 아버지가 애써 이끌어 오신 사업에 자부심을 갖고 있던 저로서는 엄청난 충격이 아닐 수 없었습니다.

근심에 휩싸인 전 밥을 먹을 수도 잠을 잘 수도 없었습니다. 그냥 이 작자에게 5천 달러를 쥐어줄 것인가, 아니면 마음대로 하라고 내버려둘 것인가, 도무지 갈피를 잡을 수가 없었습니다.

그러던 어느 일요일 저녁, 카네기 씨의 《어떻게 걱정에서 벗어날까》라는 서적을 읽게 되었습니다. 전 윌리스 캐리어 씨의 사례에서 '최악의 상황에 직면해보라'는 충고를 얻었습니다.

그래서 만약 이 작자의 요구를 들어주지 않아 검찰에 고발된다면, 최악의 경우에 어떤 상황이 벌어질지 생각해봤습니다. 답은 '회사는 망한다'였습니다. 하지만 회사가 문을 닫을지언정 제가 감옥에 갈 리는 없었습니다.

'사업이 망한다. 그렇다면 그 이후에는 어떻게 될까? 살기 위해 다른 일자리를 찾게 되겠지. 석유사업에 경험이 있으니 관련분야에 취직하면 될 거야…'

여기까지 생각이 미치자 한동안 절 괴롭히던 근심이 점점 사라졌습니다. 그렇게 안정이 되자, 보다 이성적으로 생각할 여유도 생기더군요.

정신을 차린 저는 앞으로의 불리한 상황에서 벗어나기 위해 곰곰이 생각해봤습니다. 그러자 새로운 아이디어가 계속해서 나오더군요. 일단 변호사에게 모든 사실을 털어놓으면 더 좋은 해결책이 나올지도 모른다고 생각했습니다. 지금껏 그 생각을 하지 못했다는 것이 그저 신기할 뿐이었지요. 내일 아침에 당장 변호사를 만나봐야겠다는 결심이 선 순간, 비로소 깊은 단잠에 빠져들 수 있었습니다.

이튿날 아침, 제 변호사는 검찰 측에 모든 상황을 솔직히 말하라고 충고해주었습니다. 그래서 지방 검찰관에게 모든 이야기를 털어놓았을 때, 그는 무척 놀라며 이렇게 말했습니다.

"최근 몇 달간 그런 사기가 횡행하고 있습니다. 정부 관리를 사칭한 그 자는 검찰 수배중인 사기꾼입니다."

그런 사기꾼에게 5천 달러나 줄 뻔했다니, 검찰관의 이야기를 듣고 그제야 마음을 놓을 수 있었습니다. 그 후로 전 어려움이 닥칠 때마다 '윌리스 캐리어의 법칙'에 따라 행동합니다."

임어당은 저서 《생활의 발견》에서 "최악의 상황을 감수할 수 있을 때 새로운 심리적 에너지를 얻을 수 있다."고 말했다. 그렇다. 최악의 경우를 받아들이고 나면 오히려 문제에 맞설 수 있는 에너지와 여유를 갖게 되는 법이다.

생명을 되찾은 방법

1948년 11월 17일, 매사추세츠 주 윈체스터 시에 사는 얼 P.헤이니는 죽을 뻔했던 자신의 경험을 들려주었다.

"20~30년 전쯤에 난 극도의 우울증으로 위궤양에 걸렸다네. 그리고 마침내 각혈을 시작해서 시카고의 노스웨스턴 대학 부속병원에 입원을 했지. 당시 난 80킬로그램에서 40킬로그램까지 몸무게가 줄었고 의사는 내게 걸음도 걷지 말라고 경고했다네. 도저히 치료방법이 없다는 결론 아래, 난 매일 분말가루와 반유동식으로 식사를 대신했어. 그리고 아침저녁으로 위 속에 든 물질을 빨아내는 치료를 받아야 했지.

이렇게 몇 개월이 지나자 '이젠 죽는 수밖에 다른 방법이 없겠구나. 남은 시간만이라도 한번 제대로 살아보자. 그래, 죽기 전에 세계여행이나 해보는 게 어떨까?'라는 생각이 들었다네.

그래서 의사에게 세계 여행을 가겠다고 말했더니, 그들은 깜짝 놀라며 무슨 말도 안 되는 소리냐는 듯 쳐다보더군. 그런 무모한 짓을 했다가는 세계 여행은커녕 길 위에서 죽을지도 모른다고 소리쳤지. 하지만 난 '아뇨, 난 반드시 네브래스카 주의 가족 묘원에 묻힐 겁니다. 이미 친척들에게도 그렇게 말해두었고요. 그러니 관을 지고서라도 꼭 갈 겁니다'라고 말했다네.

결국 난 관을 준비해서 배에 싣고 여행을 떠났어. 그리고 선박 회사 측에 혹시라도 내가 죽거든 시체를 관에 넣어 냉동보관을 해달라고 부탁했지. 난 마음속으로 호머의 시를 읊조리며 여정을 시작했다네.

아, 티끌로 스러져 버리기 전에

어찌 삶의 기쁨을 저버리겠는가?

모든 것이 티끌로 변해 황천 아래 잠들리라

술도, 노래도, 여자도 그리고 내일도 없으리니

마침내 로스앤젤레스에서 프레지던트 아담스 호에 승선해 동양으로 향하면서 마음이 한결 가벼워졌다네. 난 서서히 약도 끊고 위세척도 그만두었지. 그리고 온갖 음식, 심지어는 독특한 맛의 현지 음식까지 먹어댔다네. 누가 봤다면 '죽으려고 환장했다'고 난리를 쳤겠지. 그렇게 몇 주일이 지난 후부터 난 시가와 술까지 즐기기 시작했네. 정말 오랜만에 맛보는 쾌감이었지. 인도양에서 계절성 폭풍우를, 태평양에서 태풍을 만나 죽을 뻔한 고비도 있었지만 이 모험 자체가 내겐 크나큰 즐거움이었다네.

배 안에서 여러 가지 게임을 즐기고 노래도 부르며 친구를 사귀었지. 흥이 날 때면 며칠씩 밤을 새워 놀기도 했어. 마침내 중국과 인도에 도착했을 때, 난 지금껏 날 괴롭혔던 골칫거리가 이들의 빈곤과 기아문제에 비해서는 아무것도 아니란 것을 깨달았다네. 행복 속에 살면서 그 행복을 미처 보지 못했던 거지. 그때 이후 모든 걱정이 사라지고 마음이 편안해졌다네. 여행을 마치고 미국에 돌아올 즈음, 난 완전히 회복되었고 체중도 정상으로 돌아왔어. 그리고 그동안 한 번도 맛본 적 없었던 행복하고 건강한 삶을 누릴 수 있었지.

난 나도 모르는 사이에 윌리스 캐리어의 방법을 실천했다네.

1단계, '최악의 상황은 과연 무엇일까?'라는 물음에는 '죽음'이라는 답이 나오더군. 2단계, 그래서 기꺼이 죽음을 맞이할 준비를 했다네. 의사들이 병을 고칠 수 없다고 포기했었거든. 3단계, 최악의 상황을 변화시키기 위해 최선을 다했다네. '남겨진 시간만큼이라도 즐겁게 살자.' 여행을 시작하고서도 걱정에 매여 있었더라면 아마 관 속에서 여행을 마쳤을지도 모르지. 하지만 난 모든 고민을 잊고 그저 즐겁게 지내려고 애썼어. 마음이 편안해지자 활력이 되살아났고 덕분에 다시 살 수 있게 된 게야."

죽음과 대면할 수 있는 자는 그다지 많지 않다. 대부분의 사람들은 병원에서 죽음의 공포를 느끼며 서서히 생을 마감하곤 한다. 하지만 삶의 '질'에 대해 인식하고 있는 현명한 자는 고통을 감내하기보다 기쁨을 찾아 나선다.

3

지나친 고민은
건강에 해롭다

사람을 가장 유쾌하게 만드는 힘은 신실한 신앙과 숙면, 음악 그리고 웃음이다. 그러니 앞날에 자신감을 가지고 숙면을 취하라. 좋은 음악을 들어라. 삶 속의 유머를 즐겨라. 그리하면 건강과 즐거움은 모두 당신 것이다.

더 심각한 위험

어느 날 밤, 이웃들이 갑자기 우리 집 문을 두드렸다.

"빨리 천연두 예방접종을 해야 해요."

당시 수천 명의 뉴욕시민들이 이웃을 찾아다니며 이런 소식을 전해주었다. 이에 놀란 사람들은 앞다투어 예방접종에 나섰고 결국 병원뿐 아니라 소방서, 경찰서, 대규모 공장에까지 예방 접종소가 설치되었다. 그리하여 2천 명에 달하는 의사와 간호사가 밤낮으로 예방접종에 매달려야 했다.

대체 왜 이런 사태가 벌어지게 된 것일까? 바로 여덟 명의 천연두 환자 중 두 명이 사망했다는 소식 때문이었다. 8백만 명이 사는 도시에서 단 두 명이 죽었단 이유로 이런 소동이 벌어지다니!

지금까지 37년간 뉴욕에서 살았지만 그 누구도 우울증을 경고하기 위해 문을 두드리는 사람은 없었다. 천연두보다 만 배는 더 심각한 위험을 초래하는 질환인데도 말이다.

오늘날, 약 10%에 달하는 사람들이 우울증과 감정기복으로 인한 신경쇠약에 시달리고 있다. 자, 이제는 이 점을 당신에게 경고해주려 한다.

🜊 정신건강을 소홀히 다루지 마라. 요즘처럼 스트레스가 많은 사회에는 반드시 정신적 안정에 귀를 기울여야 한다. 그렇지 않으면 각종 정신계 질환으로 신체 건강과 활력을 잃어버리고 심지어 죽음에 이를 수도 있다.

진정한 성공이란?

최근, 어느 유명한 담배회사 사장이 캐나다에서 삼림욕을 즐기다 갑작스런 심장마비로 돌연사했다. 당시 그의 나이는 61세였다. 어쩌면 '사업상의 성공'과 목숨을 맞바꾼 셈이었다. 난 백만장자였던 사장보다 내 아버지가 훨씬 성공했다고 생각한다. 미주리 주

출신의 가난한 농부였던 아버지는 여든아홉 살의 고령에도 정정하게 살아계신다.

메이오클리닉의 해럴드 하베인 박사는 전미 의사협회 정기세미나에서 다음과 같은 논문을 발표했다. 평균 연령 44.3세의 기업체 임원 176명을 대상으로 조사한 결과, 1/3 이상의 참가자들이 심장병, 궤양 및 고혈압을 앓고 있다는 진단이었다. 채 45세도 되지 않은 임원들이 이토록 심각한 질환을 앓고 있다니? 성공과 건강을 맞바꾸고 있는 것은 아닌가?

전 세계를 손아귀에 넣고도 건강을 잃는다면 대체 무슨 의미가 있겠는가? 수천 평의 대저택을 가졌던들 몸을 누일 침대 한 칸이면 충분하고, 수십만 평의 평야를 가졌던들 한 끼 식사에 밥 한 그릇이면 충분한 것이다.

막노동을 하는 사람도 이 정도는 누릴 수 있다. 아니, 오히려 회사 중역들보다 더 맛난 밥에, 더 달디단 잠을 누릴지도 모른다. 솔직히 나라면, 철도회사나 담배회사를 경영하느라 45세도 되기 전에 몸을 망치느니 차라리 앨라배마 촌구석에서 농사를 짓는 편을 택하겠다.

🧘 온 세상을 다 가진 사람도 하루 세끼 식사에 침대 한 칸에 누워 자는 것은 마찬가지이다. 그러니 성공의 의미를 다시 한 번 생각해보자. 사업뿐 아니라 삶의 성공을 함께 이루는 것이 진정한 성공이다.

두통을 낫게 하는 약

남북전쟁이 한창일 무렵, 그랜트 장군은 장장 9개월에 걸쳐 리치먼드를 포위 공격했다. 이토록 지루하게 이어지는 전투에서 북부 병사들은 엄청난 좌절과 스트레스를 경험했다. 이에 탈영을 시도하는 병사뿐 아니라 텐트 안에서 기도하거나 울부짖고 심지어 환영을 보는 병사들도 있었다. 대체 언제쯤 전쟁이 끝날지 누구도 알 수가 없었다.

마침내 북부군은 리 장군이 이끄는 남부군을 총공격했다. 하지만 리 장군의 병사들은 투항은커녕 리치먼드의 목화, 담배창고, 무기고 등을 불태우고 칠흑 같은 어둠 속으로 도망쳤다. 승리의 기세를 잡은 북부군은 기병을 앞세워 정면 돌파를 시도하며 좌우 양측에서 협공작전을 펼쳤다.

하지만 때마침 눈이 멀 것 같은 극심한 두통 때문에 그랜트 장군은 어쩔 수 없이 어느 농가에 들어가 휴식을 취했다. 이후 그랜트는 당시 일을 회상하며 다음과 같이 기록했다.

"난 밤새 겨자 물에 발을 담그고 두 손과 뒷목에 겨자 고약을 붙인 채, 제발 아침까지는 나아지기를 기도했다."

이튿날, 그랜트 장군은 씻은 듯이 나았다. 하지만 이는 겨자고약의 효력이 아니라 리 장군의 군사들이 항복을 선언했다는 소식 덕분이었다.

"군관이 내게 그 문서를 가져왔을 때, 난 언제 아팠냐는 듯이 감쪽같이 건강해졌다."

🦢 주식투자자들은 주식이 곤두박질치기 시작하면 곧 고혈압 증세를 보이곤 한다. 그리고 근심, 스트레스, 불안감 등으로 각종 질환을 앓게 된다. 사실, 근심 걱정은 아무리 건강한 사람이라도 맥을 못추게 한다. 그렇다면 왜 근심 걱정을 통제하지 않는가?

남편의 유언

오사 존슨은 세계에서 가장 유명한 여성탐험가이다. 열다섯 살에 결혼한 그녀는 장장 25년 동안 남편과 함께 전 세계를 여행했다. 그들은 온갖 위험을 무릅쓰고 아프리카 및 아시아 지역의 멸종 야생동물을 촬영했다.

몇 년 전, 미국에 귀국한 그들은 곳곳에서 여행에 관한 강연을 하고 자신들의 영화를 상영하기도 했다. 그러던 어느 날 서부로 향해 가던 비행기가 갑자기 추락해 남편은 현장에서 숨지고 그녀는 중태에 빠졌다.

몇 개월간 생사를 넘나들던 그녀는 간신히 목숨을 건질 수 있었으나 영원히 걸을 수 없다는 판정을 받고 말았다. 그로부터 3개월 후, 그녀는 휠체어를 타고 강연에 나섰다.

"왜 그렇게까지 하는 거죠?"

내가 물었을 때 그녀는 이렇게 대답했다.

"남편의 유언을 지키기 위해섭니다. 슬픔과 좌절에 빠져있을 시간이 없어요."

🖋 큰 좌절을 겪으면 대개는 원망과 탄식을 늘어놓으며 무기력한 삶을 살기 마련이다. 하지만 생명의 위협을 받고도 금세 털고 일어나는 이들이 있다. 걱정과 탄식 따위는 쓸데없이 시간만 잡아먹는다는 것을 알고 있기 때문이다.

아름다운 여배우

말 오버론은 내게 이렇게 이야기했다.

"전 절대 걱정을 하지 않아요. 여배우로서 가장 큰 자산인 외모가 망가지거든요. 갓 인도에서 런던으로 왔을 때, 아는 사람이 하나도 없었어요. 제작자 몇 사람을 만나봤지만 아무도 절 배우로 써주지 않았지요. 수중의 돈도 바닥나고 있었기 때문에 거의 2주 동안은 물과 크래커만 먹으며 버텼어요. 속으로 '절대 영화계에 들어갈 수 없을지도 몰라. 연기를 해본 적도 없잖아. 반반한 얼굴 빼고 할 줄 아는 게 뭐가 있어?'라는 생각이 들더군요.

그리고 거울을 보자 걱정에 찌들어 망가진 얼굴이 보이더군요. 주름살도 부쩍 늘어 그야말로 초췌해질 대로 초췌해진 상태였지요. 그래서 전 결심했어요. '가진 거라곤 외모밖에 없는데 이것마저 망가뜨릴 수는 없어. 더 이상 걱정하지 않을 테야'라고요."

걱정은 사람을 빨리 늙게 할 뿐만 아니라 거칠고 투박하게 만든다. 이를 악 물면 얼굴에 주름이 늘어나고 표정도 굳어진다. 또한 머리가 하얗게 세거나 탈모 현상이 나타나기도 한다. 그래봐야 좋을 게 뭐가 있겠는가? 그러니 당장 걱정을 멈춰라.

2장

근심을
없애는 습관

1

걱정을
털어내라

아래의 4단계를 적용한다면 모든 근심의 90%는 해결할 수 있다.

1. 걱정하는 문제를 정확히 파악하고 기록하라.

2. 어떤 조치를 취할 수 있는지 기록하라.

3. 어떻게 행동할 것인지 결정하라.

4. 결정한 대로 즉시 실천하라.

아빠, 보트 만들어주세요

우리 세미나의 수강생이었던 마리온 더글라스 씨는 그의 가정에 닥친 두 번의 불행에 대해 이야기해주었다. 무척 애지중지했던 다섯 살배기 딸이 갑작스레 세상을 떠난 후, 그들 부부는 슬픔에서 헤어 나올 줄을 몰랐다. 불행 중 다행으로 10개월 만에 예쁜 딸을 얻었으나 그마저 태어난 지 5일 만에 죽고 말았다. 그는 당시 상황을 이렇게 묘사했다.

"가혹한 운명의 장난 앞에 전 살아갈 이유를 잃었습니다. 잠을 잘 수도, 밥을 먹을 수도 없었습니다. 마치 커다란 집게에 꽂혀 점점 죄어드는 듯한 기분이었죠. 하지만 다행스럽게도 아직 네 살배기 아들이 곁에 있었습니다. 그리고 그 아이가 제게 답을 주었지요.

어느 날, 넋을 놓고 앉아있던 제게 아들 녀석이 '아빠, 보트 만들어주세요.'라고 졸라댔습니다. 대체 그럴 기분이 나겠습니까! 하지만 계속 졸라대는 통에 어쩔 수 없었지요. 보트를 만드는 데는 거의 세 시간이나 걸렸습니다. 하지만 그 세 시간 동안 전 거의 처음으로 평온함을 느꼈습니다.

그 순간 머릿속이 환해지면서, 어떤 일에 몰두하는 동안에는 근심 걱정을 잊게 된다는 걸 깨달았습니다. 그날 저녁, 전 보다 적극적으로 살아가리라 다짐했습니다. 집안을 구석구석 둘러보니 책장, 계단, 창문, 문고리, 자물쇠, 수도꼭지 등 수리해야 할 곳이 적지 않더군요. 이후 6개월 동안 전 장장 242건의 일거리를 해치웠습니다.

그 후로 흥미롭고 생산적인 활동을 즐기게 되었죠. 일주일에 두 번씩 뉴욕에서 열리는 성인강좌에 참석하면서 평일에는 저희 마을주민행사에도 참여합니다. 또 교육위원회 위원장을 맡으면서 적십자 및 관련 복지기관에서 주최하는 모금행사를 돕고 있습니다. 지금은 너무 바빠서 걱정할 시간조차 없을 지경입니다."

꧀ 아내를 떠나보낸 슬픔에 잠겨있던 시인 역시 비슷한 방법으로 어둠의 그림자를 떨쳐버릴 수 있었다. 그는 남겨진 어린 세 자식들에게 이야기를 들려주고 함께 놀아주면서 슬픔을 극복했다. 엄청난 충격을 받았음에도, 근심 걱정에 빠지는 대신 바쁘게 몸을 놀려 절망을 떨쳐낸 것이었다.

창고 안의 딸기

우리는 흔히 쓸데없는 잡념으로 정신을 빼앗기곤 한다. 일전에 우리 세미나에 참석했던 사업가 트램퍼 롱맨 씨는 '쓸데없이 걱정하는 시간을 없애기 위해' 노력했던 독특한 경험담을 들려주었다.

"18년 전쯤, 전 온갖 걱정에 시달리다 불면증에 걸리고 말았습니다. 밤낮으로 긴장상태가 계속되니 작은 일에도 화를 내기 일쑤였고, 신경쇠약에 걸려 꼭 미칠 것만 같았지요.

당시 전 뉴욕 크라운 청과음료회사의 재정 담당자로 일하고 있었습니다. 저희 회사는 근 20년 동안이나 아이스크림 제조업체에 1갤런들이 통조림 딸기를 판매해왔고, 이를 위해 50만 달러나 투자한 상태였습니다.

그런데 내셔널 데어리 등의 제조업체에서 시간과 비용을 절감하기 위해 36갤런들이 딸기 통조림을 구입하기 시작했습니다. 치열한 경쟁에서 밀려난 저희 회사는 판매량이 급격히 줄어 들었습니다.

재고품은 쌓여 가는데 향후 1년간 100만 달러어치의 딸기를 구매하겠다는 농장 계약까지 걸려있었습니다. 이미 35만 달러의 은행채무를 지고 있던 회사 측에선 더 이상 대금을 상환할 능력이 없었지요.

전 곧바로 캘리포니아 공장으로 달려가 급변한 시장 상황에 대해 설명했습니다. 하지만 사장님은 오히려 뉴욕지점의 마케팅 능력이 부족해서라고 받아들였지요. 어쨌든 며칠간 설득을 거듭한 끝에, 기존의 딸기 통조림 생산을 멈추는 대신 샌프란시스코의 청과시장에 딸기를 공급하겠다는 결론을 얻어냈습니다.

덕분에 급박한 문제는 해결된 셈이었지요. 더 이상은 걱정할 필요가 없었지만 전 좀처럼 편해지질 않았습니다. 습관처럼 걱정을 하게 된 겁니다.

뉴욕에 돌아온 후에도 숨 막히는 긴장감이 계속되었습니다. 이탈리아에서 수입해오는 체리, 하와이에서 들여오는 파인애플 등이 신경 쓰여 잠도 오지 않았지요. 신경쇠약에 걸리는 건 시간문제인 듯했습니다.

그렇게 절망감에 사로잡혀 있던 어느 날, 전 새로운 삶을 살기로 결심했습니다. 즉, 걱정을 할 기력이나 시간도 없이 바쁘게 사는 것이었죠. 예전에는 하루에 7시간가량 일했지만 점차 15~16시간 동안이나 일에 몰두했습니다. 아침 8시에 출근해서 기존의 업무를 처리하고, 이어 새로운 프로젝트나 업무를 진행하며 거의 자정이 될 때까지 일하곤 했지요. 덕분에 퇴근한 후에는 쓰러져 자기 바빴고 불면증과 신경과민 증세도 극복할 수 있었습니다.

이렇게 약 3개월을 일하고 나자, 걱정하는 습관 따위는 없어졌습니다. 그래서 예전처럼 7~8시간 일하는 일상생활로 돌아왔지요. 이게 벌써 18년 전의 일입니다. 그 이후로는 한 번도 불면증이나 근심 걱정에 시달려본 적이 없습니다."

걱정하는 습관은 청명한 하늘을 암흑 천지로 뒤바꾸는 것과 같다. 그러니 이 습관을 털어버리고 마음속을 깨끗이 청소하라. 세상에서 이보다 더 쉽고 빠른 해결책은 없다.

전혀 걱정하지 않아요

제너럴 모터스 사의 부사장이었던 찰스 케터링 씨는 그 유명한 GM자동차 연구소를 설립하고 이끌었다. 한때 가난했던 시절, 헛간 구석에서 설립한 연구실이 이토록 거대한 기업으로 재탄생한 것이었다. 당시 케터링 가족은 부인이 벌어온 피아노 교습비 1,500달러로 생계를 꾸려야 했다. 부인은 당시를 회상하며 이렇게 말했다.

"전 어찌나 걱정이 되는지 잠도 못 잘 정도였어요. 그런데 그이는 전혀 걱정하는 법이 없었죠. 온통 일에만 몰두하다보니 걱정할 시간도 없었나 봐요."

그로부터 얼마 후, 찰스는 드디어 자동차 시동장치를 발명해 냈다.

생물학적 원리에 따르면 자연에는 진공 상태가 없다고 한다. 텅 비어 보이는 백열전구도 부숴보면 그 안에는 공기가 꽉 들어차 있다. 마찬가지로 인간의 두뇌 역시 진공상태가 될 수는 없다. 그러니 일에 몰두하지 않을 때에는 온갖 근심, 공포, 증오 등의 감정으로 가득 차게 된다. 당신은 어떤 에너지로 두뇌를 가득 채우고 싶은가? 업무 아니면 근심?

남극에서 살아남기

풀 한 포기 없이 꽁꽁 얼어붙은 남극에서 홀로 살아간다는 건 과연 어떤 기분일까?

버드 해군제독은 살아있는 생명체라고는 찾아볼 수 없는 남극의 오두막에서 장장 5개월을 버텨냈다. 추위가 어찌나 지독했던지 숨조차 쉬기 힘들 정도였다. 그는 서적《고독》에서 평생 잊지 못할 그 날들에 대해 묘사하며 미치지 않기 위해서 바쁘게 지내야 했다고 말했다.

"매일 밤, 불을 끄기 전에 난 내일 할 일에 대해 생각했다. 즉, 대피용 터널을 만드는 데 한 시간, 구덩이를 파는 데 30분, 눈썰매를 수리하는 데 두 시간… 가능한 시간을 잘게 나누어 계획을 세우는 건 정말 좋은 방법이었다. 덕분에 난 살아있다는 느낌을 받았고, 절망의 늪에 빠지는 대신 매일 해야 할 일을 열심히 했다. 목적 없는 삶이라면 성취감을 갖기 힘들고 결국 자신감과 자존심까지 무너졌을 것이다."

바쁘게 생활하는 사람들은 쓸데없는 생각을 할 여유가 없다. 때문에 걱정근심에 발목 잡힐 일도 없다.

가만히 앉아 그저 시간을 죽이고만 있는가? 그렇다면 온갖 잡스런 생각이 떠올라 괴로울지도 모른다. 잡념이 당신의 의지와 생각을 지배하길 원하는가? 인간은 스스로를 통제할 능력이 있다. 때문에 황량한 남극 한가운데에서도 의미 있는 삶을 살 수 있는 것이다.

바쁘게 사는 삶

남편과 사별한 노리 스필 부인은 자식들마저 출가하고 나자 심한 우울증에 시달렸다. 하지만 1932년의 어느 날, 그녀의 삶은 새로운 전기를 맞이했다. 아이스크림을 사기 위해 한 상점에 들른 부인은 계산대 옆에서 과일파이를 발견했다. 그녀는 볼품없이 진열되어 있던 과일파이를 쳐다보며 상점 주인에게 진짜 수제 과일파이를 판매하는 건 어떻겠냐고 물었다. 이에 상점주인은 부인에게 과일파이 두 개를 주문했다.

"사실 요리를 잘하긴 했거든요. 하지만 예전에 조지아에 살 땐 하녀가 있었기 때문에 제가 직접 파이를 구워본 건 채 열 번도 안 됐어요. 그래서 옆집에 가서 과일파이 만드는 법을 배웠죠. 다음 날, 전 첫 고객이었던 상점 주인에게 애플파이랑 레몬파이 한 판씩을 팔았어요. 그리고 주문을 5개나 받아왔지요. 상점 측에서는 계속 주문을 늘려갔고 결국 2년 안에 대대적인 과일파이 사업을 시작하게 되었지요. 전 집 주방에서 혼자 1년에 5000판이나 구워냈고 1만 달러에 달하는 수익을 올렸어요. 재료값을 제외하곤 한 푼도 들지 않았죠."

하지만 파이 주문량이 점점 느는 바람에 스필 부인은 결국 주방이 딸린 점포를 임대해야 했다. 그녀는 종업원 두 명을 고용하여 과일파이, 케이크, 쿠키 등을 구웠다.

"살면서 이렇게 시간이 빨리 지나간 적은 없었어요. 가게에서 매일 12~14시간 동안 일하면서도 피곤한 줄 모르겠어요. 이건 일이 아니라 신나는 경험이거든요. 전 다른 사람들을 행복하게 해주고 싶어요. 사실, 너무 바빠서인지 외롭거나 우울할 틈도 없어요. 일이 있으니까 남편이 죽고 난 뒤에 느꼈던 허전함도 많이 덜해졌죠."

말 못 할 고독과 좌절에 밤마다 잠을 이루지 못하는가? 스필 부인과 같은 노인도 스스로의 삶을 빛나게 만드는데 당신이라고 못할 게 뭐가 있겠는가? 바쁘게 살아라. 그리고 즐거운 일을 통해 생기 넘치는 삶을 살아라.

2

사소한 일에
마음 상하지 마라

우리는 종종 지나치게 사소한 일로 마음이 상하는 경우도 많다. 고작 해봐야 몇 십 년 사는 인생. 정말로 가치 있는 일에 시간을 투자하는 것이 어떨까? 큰 포부를 가지고 진정한 가치에 귀를 기울여보자.

거목을 쓰러뜨린 곤충

에머슨은 내게 다음과 같은 심오한 이야기를 들려주었다.

"콜로라도 주 롱피크의 경사지에는 거목의 잔해가 남아있다네. 식물학자들은 그 나무가 400년 이상 되었을 거라고 추정하지. 그렇게 길고 긴 시간 동안, 나무는 열 네 번이나 벼락을 맞고 또 수없이 불어 닥치는 폭풍우를 이겨내면서 결코 꺾이지 않는 영웅의 모습으로 그 자리를 지켜냈지.

하지만 나무가 도저히 이겨낼 수 없었던 건 바로 딱정벌레였어.

곤충들이 나무뿌리를 공격하기 시작하면서 나무는 생기를 잃어 갔지. 별것 아닌 것처럼 보이는 딱정벌레가 끊임없이 갉아대자 나무는 마침내 쓰러지고 말았어. 거친 폭풍우와 천둥번개에도 쓰러지지 않았던 거목이 보잘것없는 딱정벌레의 공격에 무너져 내린 거지."

온갖 힘겨운 삶의 도전과 좌절을 굳건히 이겨내고도 사소한 일로 속을 끓이는 사람들이 많다. 그리고 곤충의 공격에 나무가 쓰러지듯 결국 힘없이 쓰러져 버리곤 한다. 자, 큰일을 위해 사소한 일에는 마음 상하지 말자.

건초더미 하나

러드야드 키플링은 그의 처남과 버몬트 역사상 가장 유명한 법정싸움을 벌이게 되었다. 버몬트 출신의 캐롤라인과 결혼한 키플링은 브래틀버로우에 근사한 집을 지어 안락한 여생을 보낼 작정이었다. 그는 처남인 비티 발레스티어와 함께 일도 하고 취미도 즐기며 어느새 둘도 없는 친구 사이가 되었다.

얼마 후, 키플링은 처남 발레스티어에게서 땅을 구입했다. 다만 땅은 키플링이 소유하더라도 그 지역에서 나는 건초는 처남이 베어가도 좋다고 협의했다. 그러던 어느 날, 키플링은 그 지역에 화원을 만들 계획을 세웠다. 이 소식을 들은 처남은 화를 내며 펄펄 뛰었고 이에 키플링 역시 지지 않고 대거리를 해댔다. 둘 사이에는 어느덧 팽팽한 긴장감이 감돌았다.

사건은 여기서 끝나지 않았다. 며칠 후, 앙심을 품은 발레스티어가 자전거를 타고 가던 키플링을 쓰러뜨렸다. 자전거에서 고꾸라져 정신까지 잃었던 키플링은 마침내 소송을 걸기에 이르렀다.

"남들은 다 취했더라도 당신만은 깨어있으라!"는 명언을 남겼던 키플링조차 도저히 분노를 참지 못했고 법정 다툼은 점점 떠들썩하게 번져갔다. 그리고 결국은 키플링 부부가 미국을 떠나는 것으로 사건이 마무리 지어졌다. 이 비극의 원인은 한갓 하찮은 건초더미였을 뿐이다!

🐾 대부분의 비극적인 사건들은 아주 사소한 이유로 벌어지는 경우가 많다. 그러니 이성적으로 생각해보자. 보잘것없는 이유로 엄청난 대가를 감수할 이유가 있는가? 충동적인 기분에 이성을 잃지 않으려면 항상 침착하고 또 침착하라.

손님 초대

한번은 우리 부부가 시카고에 사는 친구 집에 초대를 받았다. 그런데 식사를 준비하는 도중에 친구가 뭔가를 잘못한 모양이었다. 사실 우린 별로 신경을 쓰지도 않았는데 그의 부인은 벼락같이 소리를 지르면서 남편에게 면박을 주었다.

"존, 당신 정말! 아니, 음식 하나도 제대로 나눌 줄 몰라요?"

이어 그녀는 한탄하는 목소리로 우리를 쳐다보며 말했다.

"이이는 고집이 세서 도저히 고치려고 하질 않아요."

존이 음식을 제대로 담아내지 못하긴 했지만, 그것보다는 이런 부인과 20년 동안이나 같이 살았다는 게 더 대단해보였다.

솔직히 이런 여인과 산해진미를 먹는 것보다야 편안한 분위기에서 소박한 밥상을 받는 게 더 낫지 않을까?

얼마 전 우리 부부는 몇몇 친구들을 식사에 초대했다. 손님이 도착할 무렵, 아내는 식탁 위의 냅킨 세 장이 어울리지 않는다는 걸 발견했다. 후에 아내는 내게 이렇게 말했다.

"손님이 올 때가 다 됐는데 원래의 냅킨세트는 세탁기에 들어가 있었어요. 새것으로 바꿀 여유도 없었고요. 정말 울고 싶었지 뭐예요! 전 스스로를 탓하면서 '이런 바보 같은 짓을 하다니, 오늘 저녁을 몽땅 망쳐버렸구나'라고 생각했어요. 그런데 그때 갑자기 '내가 뭘 하는 거지?'라는 생각이 들더군요. 그래서 이 일을 잊고 저녁 시간을 맘껏 즐기기로 했어요. 신경질적인 여자로 보이기보단 차라리 집안일에 서툰 가정주부가 되는 편이 훨씬 낫겠더라고요. 다행히 사람들은 냅킨에 대해 전혀 신경 쓰지 않았던 것 같아요."

꧁ 사람들은 흔히 사소한 단점에 주목하곤 한다. 조그마한 빈틈에도 화를 내며 완벽하지 못한 자신에게 화를 내는 것이다. 하지만 이 같은 습관은 본인과 주변 사람의 행복을 희생시킨다.

날 미치게 하는 소리

작가 호머 크로이 씨는 내게 다음과 같은 이야기를 들려주었다.

"예전에 뉴욕 아파트에서 책을 집필할 때의 일이네. 라디에이터에서 시끄러운 소리가 들려오는 통에 도저히 집중할 수가 없었지. 정말 미쳐버릴 것 같더군.

그때 갑자기 그 소리가 친구들과 캠핑 갔을 때 피웠던 모닥불 소리랑 비슷하다는 생각이 드는 거야. 그러고는 집에 돌아와서 생각했지.

'이렇게 멋있는 소리를 왜 그토록 싫어했을까? 라디에이터 소음도 장작이 타는 소리처럼 멋있는 걸. 이젠 더 이상 신경 쓰지 말고 잠이나 푹 자자.'

며칠 동안은 그 소음 때문에 미칠 지경이었지만 그 이후로는 전혀 신경 쓰지 않게 되었다네. 다른 사소한 걱정도 이와 마찬가지지. 싫어하고 불편해하는 일에 너무 많이 집중하기 때문에 더 크게 보이는 것일 뿐이야."

🜨 화를 내거나 짜증을 내는 건 순전히 본인의 선택이다. 누구나 선택의 자유를 갖고 있지 않은가. 아무런 걱정 없는 순간에도 불안감에 조바심을 내는 사람이 있는가 하면, 온갖 복잡한 문제 속에서도 편안하고 즐겁게 살아가는 사람이 있다.

피리 부는 사람

몇 년 전, 몇몇 친구들과 함께 티턴 국립공원에 있는 록펠러의 저택을 방문한 적이 있다. 그런데 길을 잘못 드는 바람에 한 시간이나 늦게 도착한 것이 아닌가! 이 때문에 집사 세이프레드 씨는 숲속에서 한 시간 동안이나 우리를 기다려야만 했다.

날은 무덥고 숲속은 온갖 곤충들로 우글거렸다. 보통 사람 같으면 참기 힘든 시간이었을 것이다. 하지만 우리가 도착했을 때 그는 포플러 나뭇가지로 만든 피리를 불며 유유히 여유를 즐기고 있었다. 그는 사소한 일 따위에는 마음을 쓰지 않는 대범한 사람이었던 것이다.

유쾌한 사람들은 보통 사소한 일에 마음을 쓰지 않으며, 불쾌한 순간에도 즐거울 줄 아는 호탕하고 대범한 사람이다. 이렇듯 너그러운 심성을 지닌 '정신적인 귀족'은 아무리 열악한 환경에서도 충분히 행복하고 만족스런 삶을 누릴 수 있다.

3

평균 확률을
이용하라

> '걱정거리가 실제로 일어날 확률'을 평균치로 따져본다면 세상 근심의 90%는
> 사라질 것이다.

쓸데없는 걱정

어릴 적에 난 참 걱정이 많았다. 산 채로 땅에 묻힐까 봐, 벼락에 맞을까 봐, 죽어서 지옥에 갈까봐 심지어는 동네에서 개구쟁이로 악명 높았던 화이트가 내 귀를 자를까 봐 걱정이 이만저만이 아니었다. '만약 내가 모자를 벗고 인사를 하면 여자애들이 비웃을까? 내게 시집올 여자가 없으면 어떡하나….' 난 하루에도 몇 시간 동안이나 이 문제에 대해 심각하게 고민을 하곤 했다.

하지만 난 세월이 흐르면서 걱정거리 가운데 99%는 실제로 일어나지 않음을 깨달았다. 벼락에 맞아 죽을 확률은 35만 분의 1에

지나지 않으며, 미라를 만들었던 과거와는 달리 오늘날 산 채로 매장당할 확률은 1천만 분의 1에 불과하다.

의학계에 따르면 8명 가운데 1명이 암으로 숨진다는 통계가 있다. 그러니 벼락에 맞아 죽거나 산 채로 매장당할 확률은 암으로 숨질 확률보다 훨씬 미미하다고 볼 수 있다.

과연 걱정할 필요가 있는 걱정거리가 얼마나 될까? 행여 추락할까 봐 비행기를 타지 못하는 사람도 있고, 병이 옮을까 에이즈환자를 멀리하는 경우도 허다하다. 하지만 걱정할 시간을 잠시 덜어 곰곰이 생각해보자. 항공사고가 일어날 확률은 25만분의 1로, 음식물이 목에 걸려 질식해 죽을 확률보다 낮다. 그리고 악수를 한다고 에이즈가 전염될 확률은 거의 0에 가깝다. 사실 우리는 필요 이상으로 걱정을 하고 있는 것이다.

일어나지 않을 일들

어느 여름날, 난 캐나다 로키 산맥의 보우 호수 근처에서 휴가 중이던 샐린저 부인과 마주쳤다. 그녀는 마치 아무런 근심 없는 어린아이처럼 편안하면서도 유쾌해 보였다. 그 모습에 깊은 인상을 받은 난 호기심을 참지 못하고 "부인께서도 걱정하실 때가 있나요?"라고 물었다. 그러자 부인은 이렇게 대답했다.

"왜 없겠어요. 걱정 때문에 인생을 망칠 뻔도 했었죠. 장장 11년 동안, 고통 속에서 노예처럼 살았답니다. 작은 일에도 쉽게 화를 내고 항상 긴장해 있었죠. 잠시 외출할 때도 혹시 집에 불이 나지 않을까, 베이비시터가 도망갔으면 어쩌나, 아이들이 다치지 않을까, 차 사고가 나면 어쩌나… 등등 온갖 걱정이 끊이지 않았어요. 그래서 일을 다 보지도 않고 그냥 집에 돌아간 적도 있었죠. 계속 이러다 보니 상황은 계속 악화되었고, 이런 이유로 첫 결혼생활이 불행하게 끝나고 말았지요.

두 번째로 결혼한 지금 남편은 무척 차분하고 사려 깊은 사람이에요. 어떤 일에도 걱정하는 법이 없는 그이는 제가 불안해할 때마다 이렇게 말하곤 했어요.

'자, 진정해. 침착하게 생각해보자고… 진짜 걱정되는 게 뭘까? 당신이 걱정하는 일이 실제로 일어날 확률이 얼마나 될까?'

한번은 뉴멕시코의 고속도로에서 심한 폭풍우를 만난 적이 있었어요. 빙판길에 차가 계속 미끄러졌죠. 전 차가 도랑으로 추락할까 걱정돼서 견딜 수가 없었어요. 그러자 남편이 차분하게 말하더군요.

'천천히 운전하고 있으니까 아무 일 없을 거야. 설령 차가 미끄러진대도 크게 다칠 일은 없어.'

덕분에 전 곧 마음을 진정할 수 있었어요.

또 한 번은 로키 산맥에서 캠핑을 할 때였어요. 우리는 해발

2,100미터 산 중턱에서 야영을 했는데 그날 밤에 심한 비바람이 불어 닥쳤지요. 텐트가 바람에 펄럭이면서 기괴한 소리를 내자, 전 혹시 텐트가 날아가 버리면 어쩌나 걱정이 됐지요. 남편은 완전히 굳어버린 저를 보곤 침착한 목소리로 말했어요.

'여보, 가이드가 몇 명이나 있잖아. 다들 이곳 사정에 훤한 사람들이라고. 이 산 중턱에서 60~70년 동안이나 야영을 해왔어도 텐트가 날아간 적은 없대. 그러니 오늘 그런 일이 생길 확률은 거의 없지 않겠어? 만약 날아가 버린다 해도 다른 텐트에서 자면 되니까 걱정하지 마.'

그제야 전 안심하고 잠을 잘 수 있었지요. 물론 실제로도 아무 일 없었어요.

'걱정하는 일이 실제로 벌어질 확률은 거의 없다.'

이 명제만으로도 전 근심거리 90%를 날려버릴 수 있었어요.

그 후로 20~30년 동안 참으로 편안한 삶을 즐기고 있답니다."

많은 사람들이 이것저것을 걱정하면서 보험에 가입한다. 덕분에 가장 큰 혜택을 받는 이는 바로 보험회사다. 나쁜 일이 발생할 확률을 두고 돈을 거래하는 것이니 즉, '근심'하는 인간의 심리를 이용해 적잖은 돈을 벌어들이는 것이다. 하지만 보험회사들이 돈을 벌어들이는 이면에 깔린 참 의미는? 사람들이 생각하는 것만큼 재난이 그리 자주 닥치는 건 아니란 말씀!

폭격 속에서

제2차 세계대전에 참전했던 프레드릭 말스테드는 전쟁터의 좁은 참호 안에서 숨 막힐 듯한 불안감을 느꼈다고 고백했다.

"1944년 6월 초순, 전 오마하 비치 근처의 좁은 참호에서 보초를 서고 있었습니다. 직사각형으로 된 좁은 참호 안에 있다 보면 온갖 잡생각이 다 들죠. '여기가 내 무덤이 될지도 몰라.'

그날 밤 11시 경에 독일군의 폭격이 시작됐습니다. 사방에서 폭탄이 터지자 온몸은 그대로 경직되더군요. 폭격은 사흘 동안이나 계속됐고 그동안 한숨도 잘 수가 없었습니다. 나흘째, 닷새째 되는 날도 마찬가지였죠. 무슨 수를 쓰지 않으면 그대로 미쳐버릴 것만 같았습니다.

그때 갑자기 '5일 밤낮으로 폭격이 계속됐지만 난 아직 살아 있잖아!'라는 생각이 번쩍 들었습니다. 참호 안의 동료들도, 두어 명이 가벼운 부상을 입었을 뿐 모두 무사했습니다. 게다가 부상자들도 독일군 폭격이 아닌 아군의 탄약 파편에 상처를 입은 것이었습니다. 순간 마음이 편안해지더군요. 전 날아오는 파편을 막기 위해 두꺼운 나무 지붕을 만든 후 스스로 주문을 외웠습니다.

'직격탄이 떨어지지 않는 한, 별일은 없을 거야. 하지만 이렇게 넓은 지역에서 직격탄을 맞을 확률은 1만 분의 1도 되지 않을걸.'

그 후로부터 전 치열한 폭격 속에서도 편안히 잠들 수 있었습니다."

살면서 위와 같은 경험을 할 확률은 극히 낮다. 하지만 전쟁이 아니라도, 밤잠을 이루지 못하게 하는 골칫거리는 언제나 산재해 있다. 그러나 걱정해봤자 무슨 소용이 있는가? 문제가 해결되던가? 당연히 아니다. 그저 몸과 마음만 허약해질 뿐이다.

어리석은 고민

과일상 제임스 그랜트는 내게 자신의 경험에 대해 들려주었다.

"플로리다에서 과일을 구매해올 때마다 항상 걱정되는 게 있었습니다. 만약 사고가 나면 어쩌지? 만약 기차가 전복되면 어쩌나? 혹시 철교가 끊어지면 어쩌지?

물론 보험을 들어두었지만 거래상들과의 약속을 지키지 못할 염려가 있었지요. 이렇게 지나치게 걱정을 하다 보니 위궤양에 걸리고 말았습니다. 의사 선생님은 걱정을 너무 많이 해서 그런 거라면서 긴장이 오래되면 궤양이 생긴다고 하시더군요. 그제야 정신이 들었습니다. 전 스스로에게 물었죠.

'제임스, 올해 운행하는 수송화물차가 몇 대나 되지? 아마 2만 5천 대쯤 되겠지. 그렇다면 몇 대나 사고가 났을까? 음… 대략 다섯 대 정도. 그게 무슨 뜻인 줄 아나? 5천분의 1의 확률이야. 대체 뭘 걱정하는 거지? 사고가 날 확률은 거의 없는 거나 마찬가지라고!

게다가 철교가 붕괴된 적도 없었잖나.'

이어 전 스스로를 타일렀습니다.

'철도 추돌사고는 한 번도 없었고 화물차가 전복될 확률도 5천 분의 1밖에 되지 않아. 그런데 그 걱정 때문에 위궤양에 걸리다니. 참, 어리석기 그지없군.'

스스로 얼마나 어리석은지 깨달은 이후로 위궤양은 씻은 듯이 나았습니다."

  인간은 신이 아니기에 미래를 예측할 수 없다. 그리고 미래를 알 수 없기에 근심 걱정을 하게 되는 것이다. 하지만 알 수 없는 미래를 걱정하기보다 눈앞에 있는 현실에 집중하자. 오늘이야말로 바로 어제의 내일이지 않은가!

일어나지 않을 99%

이번엔 블레이크 씨의 고백을 들어보자.

"전 지난 40년 동안 별다른 걱정 없이 살아왔습니다. 물론 크고 작은 일들은 있었지만 크게 걱정할 일은 없었지요. 그러던 1943년, 갑작스레 충격적인 일들이 연이어 터지면서 근심 걱정에 휩싸였습니다. 심지어 잠조차 편히 잘 수 없었지요.

첫째, 남학생들이 전쟁에 대거 참전하면서 제가 경영하던 상업

학교가 재정적 위기에 봉착했습니다. 당시 여학생들은 공장에서 일을 해도 졸업생보다 훨씬 더 많은 봉급을 받았기 때문에 학업에는 별 흥미가 없었거든요.

둘째, 큰아들이 전쟁에 참전한 후로 온종일 걱정이 끊이지 않았습니다. 자식을 전쟁터에 내보낸 여느 부모들과 마찬가지로요.

셋째, 오클라호마 시정부에서 부지를 매입해 공항을 짓겠다는 계획을 발표했는데 아버지가 물려주신 집이 그 부지에 포함되는 바람에 시가의 1/10밖에 되지 않는 보상금을 받고 땅을 내주어야 했습니다. 엎친 데 덮친 격으로 공사 일정이 촉박하다며 당장 집을 비우라고 통보하더군요. 여섯 식구가 머물 곳을 당장 어디서 찾겠습니까? 천막이라도 치고 살아야 할 형편이었지요.

넷째, 집 근처에 대운하 사업이 시작되면서 농지의 우물이 말라버렸습니다. 하지만 곧 빼앗길 땅이었기에 500달러나 들여 다른 우물을 팔 이유도 없었지요. 그래서 전 매일 아침마다 물을 길러 다녔습니다. 그렇게 두 달간이나 죽자고 노동을 해야 했지요.

다섯째, 저희 집과 학교는 10킬로미터 가량 떨어져 있었어요. 매일 차를 타고 출근을 했는데 전시(戰時) 규정 탓에 타이어를 교체할 수가 없었습니다. 그래서 혹시라도 외진 시골구석에서 차가 서버리지 않을까 걱정하곤 했지요.

여섯째, 고등학교에 다니던 큰 딸이 대학에 가겠다고 고집을 부렸습니다. '학비를 대주지 못하면 상심이 클 텐데…'하는 걱정도 이만저만이 아니었지요.

 이렇게 수많은 걱정에 시달리던 어느 날, 전 이 모든 고민들을 글로 써보기로 했습니다. 당장 문제를 해결할 수는 없겠지만 그렇다고 그대로 있을 수만도 없었으니까요. 그 후, 전 이 일기에 대해 까맣게 잊어버렸습니다. 하지만 반년 후에 책상을 정리하다가 고민 일기장을 찾아냈습니다. 호기심에 옛일을 들춰보며 회상에 잠겼지요. 그런데 신기한 건 당시 제 걱정거리 중 실제로 일어난 일은 하나도 없었다는 겁니다.

 ① '학교를 어떻게 해야 할까?'하는 고민은 전혀 쓸데없는 것이었지요. 정부 측에서 퇴역군인 훈련양성 자금을 대준 덕에 학교 정원은 금방 충원되었습니다.

 ② 군대에 갔던 아들도 무사히 집으로 돌아왔습니다.

 ③ 정부가 매입하려던 토지계획도 취소되었습니다. 그 일대에서 유전이 발견되는 바람에 모든 계획이 백지화됐거든요.

 ④ 당장 급했던 물 부족 문제도 해결되었습니다. 토지를 지킬 수 있었기에 당장 새로운 우물을 팠거든요.

 ⑤ '자동차가 도로에서 주저앉지 않을까'하는 것도 쓸데없는 걱정이었습니다. 타이어를 꼼꼼히 수리한 후로 아무런 말썽도 없었습니다.

 ⑥ 딸아이의 대학 학비도 해결되었습니다. 학교가 개강하기 6

주 전, 누군가 제게 부업을 제안했고 덕분에 학비를 벌 수 있었습니다.

이후로 전 '사람들이 걱정하는 일의 99%는 일어나지 않는다'는 말을 믿게 되었습니다."

🙇 스스로에게 물어보라. "걱정하는 일이 실제로 일어나리라 믿는가?" 대부분의 경우, 걱정거리의 95%는 실제로 일어나지 않는다. 하지만 만약 실제로 벌어진다면? 그러면 침대 머리맡에 앉아 신께 기도하라. 신께서 한쪽 문을 닫았다면 반드시 다른 쪽 문은 열어주실 것이다. 그래도 해결책이 없다면 당당하게 맞서라!

4

피할 수 없다면
받아들여라

세상에는 셀 수 없이 많은 질병이 있다. 치료할 수 있는 병이라면 적절한 치료법을 쓰고, 치료할 수 없다면 빨리 잊어버려라.

조카의 편지

우리 세미나를 수강했던 엘리자베스 콘리는 현실을 받아들인다는 게 어떤 의미인지 이제 알겠다고 말했다.

"미군의 북아프리카 전쟁승리를 축하하던 그날, 조카의 실종소식을 들었습니다. 그리고 얼마 후 전장에서 사망했다는 전보를 받았지요. 하늘이 무너지는 것 같았습니다.

그동안은 제법 평안하고 행복한 삶을 누려왔었어요. 좋아하는 일을 즐기면서 사랑하는 조카를 키우는 데 온 힘을 쏟았으니까요. 그런데 그렇게 예쁘고 싹싹했던 아이가 죽다니… 이 애통한 소식에 모든 희망이 깨져버렸습니다. 삶의 의미조차 사라져 버렸지요. 도저히 현실을 받아들일 수 없었던 저는 일도 팽개친 채 눈물과 한숨의 날들을 보냈습니다. 어느 날 사직서를 쓰려고 책상을 정리하던 중 오래된 편지 한통을 발견했습니다. 조카가 예전에 제게 보낸 편지였지요.

'… 물론이죠. 언제나 고모님을 그리워할 거예요. 그리고 고모님도 반드시 슬픔을 이겨내실 수 있어요. 언제나 제게 '웃어라, 남자는 아무리 심한 비바람이 불어도 의연하게 우뚝 설 줄 알아야 해'라고 가르쳐주셨잖아요. …'

전 편지를 읽고 또 읽으면서 마치 조카가 곁에 있는 듯한 느낌을 받았습니다. 그 애가 '고모님도 이 방법을 실천해보세요. 더 강해지세요. 무슨 일이 있어도 웃으세요!'라고 말하는 듯했죠.

그 순간 전 결심했습니다. '이미 엎질러진 물, 과거는 돌이킬 수 없으니 용감하게 이겨내자.'

이후 전 일에 모든 열정을 쏟았습니다. 때론 전방에 있는 군인들에게 위문편지를 쓰기도 했지요. 저녁에는 성인 강좌를 들으며 지식을 쌓고 친구도 사귀었습니다. 이렇게 새로운 흥밋거리를 찾고 친구를 만나면서 더 이상 슬픈 과거에 연연하지 않게 되었습니다. 덕분에 지금은 예전보다 더 보람찬 삶을 살고 있습니다."

버킹엄 궁에는 이런 글귀가 걸려있다. "서글픈 달빛을 보고 울지 말고,

과거를 후회하지도 마라." 누구나 예상치 못한 비극과 절망에 부딪히기 마련이다. 할 수 없다고 느껴지는가? 하지만 당신 안에는 누구도 알 수 없는 힘이 내재되어 있다. 조금만 노력해보라. 절망을 극복할 수 있다.

어린 시절의 사고

어린 시절, 낡은 폐가의 다락방에서 친구들과 놀고 있을 때 끔찍한 사고가 일어났다. 다락방에서 뛰어내리던 도중 왼손 검지에 있던 반지가 벽 틈에 걸리는 바람에 손가락이 잘려나간 것이었다. 그때는 너무나도 두렵고 또 아팠다. 하지만 상처를 치료하고 난 이후, 난 단 한 번도 절단된 손가락에 대해 염려하지 않았다. 이미 일어난 사고를 어찌 하겠는가! 지금 내 왼손에는 손가락이 네 개밖에 없지만 일상생활에는 전혀 지장이 없다.

한번은 뉴욕에 사는 친구를 만나러 갔을 때였다. 막 엘리베이터에 타는 순간, 우연히 왼쪽 손목이 잘려나간 남자를 만나게 되었다. 난 내 왼손을 보여주며 "왼손 때문에 불편한 적은 없습니까?"라고 물었다. 그러자 그는 별일 아니라는 듯 "아, 별로요. 그런 건 신경 써본 적이 없거든요. 다만 실을 꿸 때 좀 불편할 따름이지요."라며 싱긋 웃었다.

🦭 고대 사원의 폐허 터에는 이런 글귀가 새겨져 있다. "원래 이런 것일 뿐, 달라질 수는 없다." 오랜 세월동안 사람들은 불쾌한 상황을 피하기 위해 노력해왔다. 하지만 이미 벌어진 일이라면, 순리대로 받아들이겠는가 아니면 걱정과 후회로 삶을 방치하겠는가? 이것은 온전히 당신의 선택이다.

실명

부스 타킹턴 씨는 60세가 되던 해, 시력이 점차 감퇴되어 왼쪽 눈은 거의 실명상태에 이르렀다. 가장 두려워하던 순간이 닥쳐온 것이었다. 그는 이렇게 말했다.

"실명만 아니라면 삶의 어떤 좌절도 이겨낼 수 있습니다. 하지만 세상이 암흑으로 뒤덮이는 절망은 참을 수가 없어요."

타킹턴 씨는 이 절망을 어떻게 받아들였을까? 그는 여전히 유쾌하게 삶을 즐겼다. 원래의 그라면 생각지도 못할 일이었다.

하지만 그는 눈앞에 까만 반점이 어른거릴 때마다 "허허, 반점 영감이 또 오셨구려. 날씨가 이리 좋은데 오늘은 어디 가시나?"라고 농담했다.

얼마 후 완전히 실명했을 때 그는 "인생의 다른 고비처럼 실명도 받아들일 수 있게 되었습니다. 설사 오감을 다 상실하더라도 상상의 세계 속에서 살아갈 수 있을 겁니다."라고 말했다.

이후 그는 시력을 회복하기 위해 열 두 차례의 수술을 받았다. 당시 상황에서 고통을 줄일 방법은 그것밖에 없었기에 기꺼이 현실을 받아들였던 것이다. 그는 다른 이들과 함께하기 위해 1인실 대신 다인실을 선택했다.

수술 후 그는 '이렇게 섬세한 부위까지 수술할 수 있다니… 난 참 행운아야.'라고 생각했다.

아무것도 보이지 않는 상황에서 열두 차례나 수술을 받아야 했다면, 보통 사람이라면 신경쇠약에라도 걸리고 말았을 것이다. 하지만 타킹턴 씨는 이 모든 시련을 기꺼이 받아들였다. 삶에 견딜 수 없는 시련이란 없다고 믿었기 때문이었다.

🌙 절망을 받아들일 수 없다면 어찌하겠는가? 그러니 운명을 탓하지 말고 위축되지도 마라. 대신 스스로에게 이렇게 말하라. "피할 수 없는 거라면 내가 변하겠어!" 순리를 따르는 것도 삶의 여정 가운데 꼭 필요한 부분이다.

무대 뒤에 여배우

장장 반세기 동안 전 세계의 연극무대를 지배했던 여배우 사라 베르나르는 어쩔 수 없는 것을 받아들인다는 것이 어떤 것인지를 잘 보여준다.

그녀가 일흔한 살이 되던 해, 그녀는 파산해서 전 재산을 잃었다. 그때 그녀의 주치의는 사라에게 다리를 절단해야 한다고 말했다. 이 같은 청천벽력과도 같은 소식에도 사라는 눈 하나 깜짝하지 않은 채 가볍게 대꾸했다.

"꼭 그렇게 해야 한다면 그렇게 하죠."

수술실에 들어가는 그녀를 본 아들은 한없이 울기만 했다. 그러자 사라는 손을 획, 휘저으면서 유쾌한 음성으로 말했다.

"가지 마라, 곧 나올 테니까."

그녀는 의사와 간호사들을 즐겁게 해주기 위해 일부러 연극대사를 인용한 것이었다.

"그들의 스트레스도 만만치 않을 테니까요!"

수술은 성공적으로 끝났고 그녀는 이후로도 7년간 전 세계를 돌며 배우활동을 계속했다.

난 아직까지 초지가 말랐다고, 날씨가 춥다고 또는 수소가 다른 암소와 친하게 지낸다고 기분 나빠하는 암소를 보지 못했다. 우리도 이들처럼 암흑, 폭풍우, 기아, 절망 등에 맞서 담담할 수 있어야 한다. 고난을 이겨낸 자만이 활짝 피어날 수 있기 때문이다.

폭발물 관리병

윌리엄 카셀리우스 씨는 일전에 이런 이야기를 들려주었다.

"해안경비대에 입대한 지 얼마 되지 않아 대서양 연안의 폭발물 관리병으로 배치되었습니다. 쿠키나 팔던 제가 폭약을 관리하다니요! 수천만 톤의 TNT폭약을 생각만 해도 등골이 오싹해졌습니다. 게다가 훈련이라고는 고작 이틀 동안 받은 교육이 전부였습니다.

임무수행 첫날, 하늘은 희뿌연 안개로 뒤덮여 한치 앞도 보이지 않았습니다. 전 뉴저지의 케이븐 포인트 부두 제5번 부두에 배치되었죠. 폭약에 대해 전혀 아는 게 없었던 다섯 병사는 그저 수천 톤의 폭발물을 옮기느라 정신이 없었습니다. 1톤짜리 TNT 하나만 터져도 그 일대는 모조리 가루가 되어버릴 판이었습니다.

식은땀을 흘리며 부들부들 떨기 시작한 전 무릎이 떨려 제대로 서 있을 수도 없었습니다. 하지만 도망갈 수는 없었습니다. 탈영병으로 전락하는 건 제 자신뿐 아니라 가문에도 치욕적인 일이었으니까요. 도망칠 수 없다면 맞설 수밖에 없었습니다. 전 긴장감과 두려움을 가라앉힌 뒤 스스로를 타일렀습니다.

'암으로 죽는 것보다야 낫지. 아무런 고통 없이 빨리 끝날 테니까. 이 일을 하지 않아도 어차피 총살당할 텐데… 차라리 즐겁게 하는 게 낫지 않겠어?'

그렇게 몇 시간 동안이나 중얼거리자 TNT에 대한 공포심은 점차 사라지더군요. 결국 전 근심과 공포를 떨쳐내고 현실을 받아들일 수 있었습니다."

잔인한 현실을 받아들이겠는가 아니면 정신분열을 감수하겠는가? "어쩔 수 없는 일이라면 기꺼이 받아들여라." 이 말은 기원전 399년에 이미 나온 말이다. 끊임없이 스트레스가 쌓이는 오늘날, 우리 모두 반드시 기억해야 할 말이다.

5

걱정은
'여기까지'만 하라

스스로에게 물어보아라.

첫째, 지금 걱정하고 있는 문제가 대체 나와 무슨 상관이 있는가?

둘째, 어디에서 근심을 멈출 것인지 '여기까지'의 한계를 정하라.

셋째, 지금 걱정을 멈춰야 하지 않을까? 아니면 너무 지나쳐온 것은 아닐까?

눈보라

갓 서른이 되었을 무렵, 난 소설가가 되기로 결심했다. 자신감
이 넘쳤던 난 스스로 '제2의 토마스 하디'가 될 수 있으리라 확신
했다.

유럽에서 2년간 머물면서 난 《눈보라》라는 대작을 완성했다.

'눈보라'라는 제목은 아주 적합했다. 왜냐하면 이 책을 읽은 출
판사 측의 반응이 그야말로 알래스카 눈보라처럼 차가웠기 때문

이다. 편집자는 내게 "이 작품은 너무 형편없으며 당신에겐 소설가가 될 재능이나 자질 따위가 전혀 없다."며 직설적으로 충고했다. 난 마치 심장이 멎는 듯했다.

몇 주 후, 난 비로소 소설에 쏟아 부을 재능과 시간을 보다 가치 있는 일에 투자하기로 결심했다. 그리하여 다시 성인교육 분야로 되돌아갔고 몇 권의 전기와 비소설류 서적을 집필했다.

당시 내가 소설을 쓰지 않았다면, 깊은 고심 끝에 "이제 그만!"이라는 한계를 긋지 못했을지도 모른다.

ᐤᐤ 후에 카네기는 자신이 올바른 선택을 했음을 깨달았다. 그날 이후로 더 이상 '제2의 토마스 하디'를 꿈꾸지 않았다. 살면서 수많은 선택을 해야 하지만 매번 올바른 결정을 내릴 수는 없다. 하지만 실패 속에서도 무언가를 배우는 것, 그것이 성공으로 나아가기 위한 밑거름이 된다.

여기까지!

투자상담사 찰스 로버츠 씨는 내게 이런 이야기를 들려주었다.

"텍사스를 떠나 막 뉴욕에 왔을 때, 제 수중에는 친구들이 모아 준 투자자금 2만 달러가 있었습니다. 나름대로 주식시장에 일가견이 있다고 생각했는데 순식간에 돈을 몽땅 날리고 말았지요. 제

돈이었다면 상관없었겠지만 친구들의 투자자금을 모두 날렸으니 그야말로 낭패였지요. 사실 친구들은 전혀 개의치 않았지만 전 그들을 볼 면목이 없었습니다.

잘못을 반성한 후, 주식시장에 대해 좀 더 배우기로 결심했지요. 그래서 최고의 성공투자가로 불리는 버튼 캐슬즈를 만났습니다. 그저 운이나 재수만으로 수년간 성공을 이끌어 갔을 리는 없으니까요.

그는 제게 주식투자의 중요한 원칙에 대해 알려주었습니다.

'난 거래하는 주식에 모두 한계를 정해 놓았습니다. 예를 들어, 50달러짜리 주식을 산다고 할 때 주식거래 하한선을 45달러로 지정해두는 겁니다. 때문에 만약 주식이 하락한다고 해도 손해는 5달러 이내로 한정되는 것이지요. 매수시기를 잘 잡았다면 평균 수익률은 10달러, 25달러, 많게는 50달러까지 될 수도 있습니다. 그러니까 손실액을 5달러 이내로 묶어둔다면, 혹여 실수를 하더라도 돈을 벌 수 있게 되는 겁니다.'

전 이 방법을 응용해서 수백 수천 달러를 벌어들였습니다.

후에 이 투자법칙을 다른 곳에서 적용할 수 있음을 깨달았지요. 화가 나고 짜증이 날 때마다 '여기까지!'로 한계를 그어놓으니 결과는 금세 좋아졌습니다. 예를 들어, 예전에는 약속을 잘 지키지 않는 친구 때문에 줄곧 기다리기 일쑤였습니다. 그래서 '이번엔 딱 10분만 기다릴 거야. 10분 안에 오지 않으면 점심식사는 없던

걸로 해. 난 가버릴 테니까.'라고 말했지요. 이후로 그 친구는 늦는 법이 없었습니다."

🙍 사람의 마음에도 기존의 습관과 방식을 고집하려는 관성의 법칙이 적용된다. 그래서 과거의 미련한 습관을 지우지 못하고 '고집쟁이'라는 오명을 쓰게 되는 것이다. 이 함정에서 빠져나오려거든 '기준'을 만들어라. 그리고 자신의 습관이 아닌 이 기준에 따라 일을 결정하라.

엎질러진 우유

엘런 손더스 씨는 위생학 교수 폴 브랜드와인 박사에게서 평생 잊지 못할 소중한 교훈을 얻었다.

"전 10대 때부터 걱정이 많았습니다. 실수를 하고나면 온갖 자책감에 휩싸였지요. 그리고 매번 '실수를 하지 않았으면 얼마나 좋았을까!', '좀 더 멋지게 말했으면 좋았을 텐데…'라며 후회하기 일쑤였습니다.

하루는 수업시간에 폴 브랜드와인 선생님이 우유병을 들고 오셨습니다. 우유병이 대체 수업내용하고 무슨 상관이 있을까? 궁금해하던 찰나, 선생님께서 우유병을 개수대에 쏟아 부었습니다. 그리고 큰 목소리로 '엎질러진 우유 때문에 울지 마라!' 하셨지요.

선생님은 우리를 개수대 근처에 모이게 하시더니 말씀하셨습니다.

'자세히 보고 이 장면을 똑똑히 기억해라. 우유는 이미 없어졌단다. 아무리 걱정하고 원망해도 쏟아진 우유는 되돌아올 수 없지. 미리 주의를 기울였다면 우유는 쏟아지지 않았을 거야.

하지만 이미 늦어버린 후라면 그냥 잊어버리렴. 그리고 그 다음 일에 집중해라.'

이 수업은 제게 잊히지 않는 기억으로 남았습니다. 인생의 우유를 쏟지 않기 위해 노력해야 한다는 것 그리고 기왕에 쏟아진 것이라면 완전히 잊어야 함을 깨달은 것이지요."

"아는 것이 힘이다."라는 말이 항상 옳은 것은 아니다. 지식을 제대로 이용할 수 없다면 힘이 될 리도 없잖은가! 수천 년간 축적된 지식 속에 '엎질러진 우유 때문에 울지 말라'는 교훈도 있다. 하지만 알면서도 실행하지 못하면 무용지물이나 다름없다.

감옥에서의 새로운 삶

일전에 싱싱 교도소를 방문한 적이 있는데, 그곳 죄수들이 신나게 노래하는 것을 보고 심한 충격을 받았었다.

교도소장 루이스 로즈 소장은 이렇게 설명해 주었다.

"처음 들어온 죄수들은 세상을 욕하고 원망하죠. 하지만 이곳에서 몇 달 지내고 나면 과거의 불행 따위는 잊어버리고 만답니다. 그리고 감옥에서의 새로운 삶을 즐기게 되는 거죠."

일례로, 과거에 정원사였던 한 죄수는 감옥에 온 후 각종 꽃나무를 기르며 노래를 부른다고 했다. 울음 따위는 아무 소용이 없다는 걸 이미 알고 있기 때문이었다.

🕭 어떤 절대 권력으로도 과거의 일은 되돌릴 수 없다. 실수를 한 것은 분명 잘못이지만 똑같은 실수를 되풀이한다면? 나폴레옹도 중요 전투의 3분의 1가량에서는 패배를 맛봤다. 그렇다면 우리의 평균 기록도 나폴레옹보다는 그리 나쁘지는 않을 것이다. 자, 과거의 아픔을 잊고 유쾌한 날들을 기대하자.

챔피언의 패배

일전에 잭 댐프시와 함께 저녁식사를 한 적이 있었다. 그는 세계 헤비급 챔피언 타이틀을 빼앗겼던 충격적인 날에 대해 이야기해주었다.

"10라운드가 끝났을 무렵, 난 쓰러지진 않았지만 얼굴이 온통 부어오르고 찢어졌다네. 두 눈을 뜨기도 힘들 정도였지… 심판은 터니의 손을 들어 승리를 선언했다네. 그날 저녁, 난 굵은 빗줄기에 온몸이 흠뻑 젖은 채로 조용히 집으로 돌아왔다네.

몇 년 뒤에 난 터니와 재경기를 펼쳤지만 또 한 번의 패배로 막을 내렸어. 과거의 영광은 모두 끝난 셈이었지. 두 차례나 쓴 패배를 맛본 난 스스로를 달래며 이렇게 중얼거렸어.

'더 이상 과거의 그림자에 묻혀 있지 않겠어. 패배를 받아들이자. 더 이상은 쓰러지지 않아.'

난 과거의 불쾌한 기억을 잊고 새로운 미래를 준비하기로 했다네. 그래서 브로드웨이와 그레이트노던 호텔에서 레스토랑 사업을 시작했지. 하지만 결코 권투를 버린 건 아니었다네. 난 권투 시합에 맞춰 각종 권투 전시회를 열기도 하면서 옛 기억을 되새기곤 한다네. 하지만 예전에 챔피언이었을 때보다 지금이 더 좋아."

🙏 '실패는 성공의 어머니'라는 속담이 언제나 옳은 것은 아니다. 만약 실패에 좌절하여 온통 후회로 가득 찬 삶을 살고 있다면 말이다. 하지만 실패도 하지 않고 후회해본 적도 없다면 이 역시 성공하긴 힘들 것이다. 자, 중요한 것은 실패 그 자체가 아니라 실패를 통해 무엇을 얻느냐는 것이다.

How to Stop Worrying & Start Living

3장

행복해지는
방법

1

항상 즐거운
마음을 가져라

> 즐겁게 생각하고 행동하면 진짜로 즐거워진다. 생각을 바꾸면 운명이 달라진다.

마음의 힘

어느 가난한 소년이 한 푼이라도 벌어보려고 부서진 석탄조각과 쓰레기를 줍고 다녔다. 그러자 또래 아이들이 소년을 우습게 보고 괴롭히기 시작했다. 소년은 매일 친구들에게 두들겨 맞고 울면서 집으로 돌아갔다.

그러던 어느 날, 《로버트의 투쟁》이라는 책을 읽고 용기를 얻은 소년은 더 이상 무기력하게 당하지만은 않겠다고 결심했다.

다음 날 소년은 자신을 향해 달려드는 친구들을 보고도 도망가거나 빌지 않았다. 오히려 한 녀석을 바닥에 쓰러뜨려버렸다. 갑작스런 소년의 공격에 당황한 나머지 친구들은 지레 도망쳐버렸고, 다시는 그를 괴롭히지 않았다.

소년이 갑자기 예전보다 튼튼해진 것은 아니었다. 물론 말썽꾸러기 친구들이 갑자기 허약해진 것도 아니었다. 달라진 것이라고는 소년의 마음뿐이었다. 생각을 바꾸자 운명이 달라졌던 것이다. 정신력은 우리의 신체 및 역량에 어마어마한 영향을 미친다. 영국의 심리학자 해드필드는 저서 《심리의 힘》에서 이에 대해 구체적으로 설명했다.

"난 정신력이 신체에 미치는 영향을 증명하기 위해 성인 3명을 대상으로 악력 실험을 실시했다. 아래와 같이 각기 다른 조건에서 피실험자의 악력을 측정했다.

첫째, 정상적인 상태에서 악력계를 쥐도록 했다. 측정 결과, 평균 악력은 대략 101파운드였다. 둘째, 피실험자에게 최면을 걸고 '당신은 매우 약하다'는 암시를 준 다음, 악력계를 쥐도록 했다. 그 결과, 평균 악력은 정상치의 3분의1에도 못 미치는 29파운드가 나왔다.

셋째, 위와 마찬가지로 최면을 걸고 '당신은 엄청나게 강하다'는 암시를 주었다.

그 후의 측정 결과는 놀라울 정도로 급상승했다. 이때의 평균 악력은 142파운드였다.

🧘 인생도 마찬가지다. 슬픔에 빠져 있으면 슬퍼질 것이요, 두려움에 빠

져 있으면 두려워질 것이다. 불길한 일을 걱정하면 결코 편안해질 수 없다. 그러니 유쾌하게 살고 싶다면 즐겁고 유쾌한 생각만 하라. 그래야 행운이 당신을 따라올 것이다.

노부인의 불만

캘리포니아에 사는 한 노부인은 언제나 침울한 얼굴이었다.

젊어서 남편을 잃은 그녀는 삶 자체가 고통일 수밖에 없었을 것이다.

누군가 그녀의 안부를 물으면 그녀는 "음, 그냥 그래요."라고 대답했다. 하지만 항상 시무룩한 얼굴과 원망하는 듯한 어조를 보면 "몰라서 물어요? 제 신세를 아실 텐데요…"라고 말하는 듯했다.

그녀는 누군가 기뻐하는 모습을 보면 무척 불쾌해했다. 사실 그녀보다 더 불행한 삶을 산 여자도 많을 것이다. 그녀의 남편은 그래도 먹고살 만큼의 보험금을 남겨주었고 자식들도 자수성가했기에 비교적 여유로운 삶을 즐길 수 있었다. 그런데도 노부인에게서는 좀처럼 웃음을 찾아볼 수가 없었다.

사위들이 집에 들르기라도 하면 모자란 주제에 이기적이라고 꾸짖기 일쑤였으며, 딸들에겐 선물도 안 해주냐며 투덜댔다. 정작 자신은 노후를 위해 저축한다며 돈 한 푼 쓰지 않으면서 말이다. 부인은 가족들을 싫어했고 가족들 역시 부인을 달가워하지 않았다.

하지만 그녀 스스로 마음만 바꾼다면, '불행한 여인'에서 '존경받는 집안의 어른'으로 변할 수도 있었다. 유쾌하게 살며 가족들에게 사랑을 나누어주기만 하면 되지 않겠는가?

ஃ 어떤 일로 입은 상처보다 그 일 자체의 의미가 더 중요하다. 모든 일은 스스로의 결정에 의해 받아들이는 것이다. 그러니 머릿속에 불쾌함만 가득하면 아무리 흥겨운 일이 있어도 불만이 가득할 수밖에 없다.

아버지의 편지

근심에 찌들어 신경쇠약에 걸리고만 친구가 내게 이렇게 말했다.

"모든 게 걱정이었지. 내가 너무 말라서, 머리가 빠져서, 돈을 많이 못 벌어서, 좋은 아빠가 될 수 없을 것 같아서, 사랑하는 여인이 떠날까 봐 온통 걱정이었네. 삶이란 게 그다지 녹록치 않잖나. 난 마침내 위궤양에 걸렸고 결국 일을 그만두었다네. 하지만 스트레스는 더욱 쌓여갔고 모든 게 되돌릴 수 없을 정도로 엉망이 되고 말았지.

신경쇠약에 걸리자 가족들도 아무런 소용이 없었어. 도저히 나 스스로를 제어할 수가 없었다네. 작은 소리 하나에도 놀라 벌벌

떨기 일쑤였고 아무 이유 없이 울기도 했어. 세상이 날 버린 것 같다는 느낌에 살고 싶지도 않았다네.

그러다 환경을 조금 바꿔볼 요량으로 플로리다로 여행을 떠났지. 그때 아버지께선 기차에 오르는 내게 편지를 쥐어주시며 도착하거든 읽어 보라고 말씀하셨어. 때마침 한창 성수기 때라 숙소를 정하기가 쉽지 않았네. 어쩔 수 없이 작은 여관방을 빌린 뒤, 근처 마이애미비치에서 화물선적 아르바이트를 구했지.

하지만 난 아름다운 해변을 걸으면서도 집에 있을 때와 다름없이 괴로웠다네. 오히려 플로리다에 온 후로 더욱 악화되었지. 그때 아버지가 주신 편지가 생각났어.

'아들아, 먼 곳으로 떠났지만 여전히 괴롭지 않니? 네 안에 있는 문제를 해결하지 않으면 달라질 것이 아무것도 없단다. 신체적으로든 정신적으로든 넌 건강하단다. 외적 환경으로 인해 좌절한 것이 아니라 단지 아직 닥치지도 않은 일에 대해 지나치게 걱정하기 때문에 괴로운 거야. 무엇을 생각하느냐가 사람의 미래를 결정한단다. 이 진리를 깨달았다면, 네 안의 답안을 찾았다면 집으로 돌아오너라.'

아버지의 편지를 읽고 난 무척 화가 났다네. 그리고 그 따위 집구석엔 돌아가지 않기로 마음먹었지. 난 동정 받고 싶었을 뿐 훈계 따위는 필요 없었다네. 그날 저녁, 난 낯선 거리를 걷다가 무심코 교회로 발걸음을 옮겼다네. 예배당에서는 '마음을 극복하는 자는 적군을 무찌를 수 있다'는 설교가 한창이었네. 아버지가 해주신 말씀과 똑같은 내용이었지. 그 순간, 내가 얼마나 어리석었는지를 깨달았어. 온몸에 전율이 흐르면서 그동안의 근심 걱정이 싹 사라지더군. 나 자신이 변화하는 것 외에는 아무런 방법이 없음을 절절히 깨달았다네.

이튿날 아침, 난 짐을 꾸려서 집으로 돌아갔어. 그리고 일주일 후, 다시 일을 시작했지. 4개월 후엔 날 떠날까 두려워했던 여인과 결혼을 했다네. 지금은 다섯 살짜리 딸을 키우며 무척 행복한 삶을 즐기고 있어. 신경쇠약에 걸리기 전에는 직원 18명을 감독하는 야간 조 조장에 불과했지만 현재는 450여 명을 거느린 합지 제조공장의 공장장이라네. 이제는 인생의 참맛을 이해할 수 있을 것 같아. 난 초조해질 때마다 이렇게 중얼거린다네. '마음의 렌즈만 잘 조절하면 문제는 해결된다.'

지금 생각하면, 예전에 신경쇠약에 걸렸던 게 참 다행이라고 느끼네. 그 지독했던 경험을 통해 생각을 다스리는 법을 배웠거든. 아버지의 말씀은 정확했어. 고통은 외부에 있는 게 아니라 내 마음 속에 있는 거였지. 덕분에 이젠 어떤 일에도 괴롭지 않다네."

누구나 삶에서 괴로운 순간을 맞이하게 된다. 그럴 때면 마음의 렌즈를 잘 조절하라. 문제를 보는 시선만 조금 달리하면 새로운 세상이 열릴 것이다.

그의 '척'하던 행동

인디애나 주에 사는 잉글러트라는 친구는 10여 년 전에 성홍열에 걸렸다. 가까스로 병이 나은 후엔 곧바로 신장염을 앓았다. 그는 유명하다는 의사는 다 찾아다녔지만 좀처럼 병이 낫질 않았고 얼마 후엔 합병증까지 생겨 고혈압 증세가 나타났다. 의사는 그의 고혈압수치가 이미 214에 다다라 더 이상은 가망이 없다고 진단했다.

그는 하는 수없이 집에 돌아가 보험금을 모두 납입했는지 확인하고 교회에서 속죄의 기도를 드렸다. 묵묵히 기도를 드리던 그는 '아내와 가족들이 불행한 건 나 때문이야. 다 나 때문에 이렇게 된 거라고!'라며 슬픔에 빠졌다. 이렇게 일주일 동안이나 자책하던 잉글러트는 문득 이런 생각이 들었다. '바보 같으니라고. 1년도 못 살지 모르는데 계속 이렇게 살 거냐. 좀 더 유쾌하게 살아야지!'

그날 이후로 잉글러트는 함박웃음을 머금고 위풍당당하게 걷기 시작했다. 처음에는 즐겁게 지내는 게 쉽지 않았지만 점차 가족들까지 협조하게 되어 효과가 나타났다.

아무것도 달라진 게 없음에도 그는 이미 다 나은 것처럼 행동했다. 점차 그 '척'하던 행동이 현실로 바뀌었다. 지금쯤 무덤 속에 들어가 있어야 할 잉글러트는 여전히 건강하게 잘 살고 있으며 혈압도 정상수치로 되돌아왔다. "의사에게서 마지막 선고를 받고 그대로 무너져 내렸다면 지금쯤 살아있지 못했을 게야. 하지만 쓸데없는 걱정에 사로잡히는 대신 좋은 것만 생각하니, 내 몸이 스스로 회복하더란 말일세."

🎵 미소를 짓고 어깨를 펴라. 심호흡을 한 뒤 즐거운 노래를 불러라. 노래할 줄 모른다면 휘파람을 불어라. 혹시 휘파람을 불 줄 모르면 그냥 흥얼거려도 좋다. 그러면 당신이 즐거워하는 모습 그대로 근심과 걱정은 사라져버릴 것이다. 자, 이렇게 당신 자신과 주변 사람들을 기쁘게 해주어라.

당당한 걸음걸이

로웰 토마스는 1차 세계대전 중에 벌어진 알렌비-로렌스 작전을 영화로 제작했다. 그는 직접 전선(戰線)을 방문할 정도의 열정으로 생동감 넘치는 전쟁영화를 만들어냈다. 영화는 로렌스가 이끄는 아라비아 군대와 팔레스타인을 탈환한 알렌비를 사실적으로 묘사하면서 엄청난 성공을 거두었다.

이와 함께 토마스는 '팔레스타인의 알렌비와 아라비아의 로렌스'라는 강연으로 전 세계를 들끓게 만들었다. 런던 코벤트 가든에서는 그의 강연을 진행하고 영화를 상영하느라 정기 오페라 시즌이 6주나 늦춰지기도 했다.

이처럼 눈부신 성공을 거둔 토마스는 인도와 아프가니스탄에 관한 다큐멘터리를 제작하고자 2년의 준비기간을 들였다. 하지만 그때 예상치 못한 불행이 찾아왔다. 그가 파산을 하고 만 것이었다. 당시 그와 함께 있었던 난 직접 그 광경을 목격했다. 우린 싸구려 식당을 전전하며 끼니를 때웠는데 그나마도 유명 화가 제임스 맥베이가 돈을 빌려주었던 덕분이었다.

로웰 토마스는 엄청난 빚더미에 올라앉아 있었지만 실망하기는커녕 오히려 일에 더욱 몰두했다. 자신이 정신을 차리지 못하면 아무것도 해결할 수 없음을 알고 있었기 때문이었다. 그래서일까? 그는 매일 아침 일을 나설 때마다 꽃을 가슴에 꽂고 당당한 걸음걸이로 나갔다.

훗날 그는 재기에 성공할 수 있었다.

인생이 언제나 순조로울 수만은 없다. 다만 용감하고 적극적인 사람만이 좌절을 극복하고 성공할 수 있다. 이들에게 좌절이란 더 높은 고지를 점령하기 위한 발판에 지나지 않는다.

복수는
남의 것으로 여겨라

보복을 하더라도 마음의 평화는 찾을 수 없다. 당신을 증오하는 자를 아껴주고, 당신에게 저주를 퍼붓는 자에게 축복을 내려주며, 당신을 모욕하는 자를 위해 기도하라.

스컹크를 다루는 곰

몇 년 전, 옐로우스톤 국립공원을 여행할 때의 일이다. 말을 타고 지나가던 산림관리원은 흥분에 들뜬 우리에게 숲속 곰에 대해 이야기했다.

"회색 곰은 물소와 흑곰을 빼고는 어떤 동물이든 다 싸워 이길 수 있습니다. 그런데 어느 날 저녁엔가, 회색 곰이 자기 먹이를 스컹크에게 나눠주는 걸 보았습니다. 스컹크 정도는 한 발로도 이길 수 있었을 텐데 대체 왜 그랬을까요? 곰은 스컹크를 건드려봤자 좋을 게 없다는 걸 경험으로 알고 있었던 거지요."

실은 나도 이와 비슷한 경험을 했다. 어린 시절, 농장에서 놀다가 스컹크 한 마리를 잡았는데 그놈이 뿜어낸 악취가 어찌나 지독했던지 도저히 숨을 쉴 수가 없었다. 어른이 된 후에는 길에서 사람 스컹크를 만나기도 했는데, 어찌되었든 '스컹크'를 건드려서 좋을 건 하나도 없었다.

🙎 세상엔 스컹크 같은 사람들이 참 많다. 하지만 그들과 맞서려고 할수록 더욱 힘들어지는 건 당신이다. '스컹크'는 당신이 괴로워할수록 더욱 신나서 날뛸 것이다. 그러니 아예 그들에게서 멀어져라.

감사 편지

현재 스웨덴 웁살라에 사는 조지 로나는 일찍이 비엔나에서 일을 했었다. 제2차 세계대전 중, 그녀는 돈 한 푼 없이 스웨덴으로 피난을 왔고 하루라도 빨리 일자리를 구해야 했다.

몇 개 국어에 능통했던 그녀는 무역회사의 비서 자리를 얻고 싶었다. 하지만 당시 비서직을 얻기란 하늘의 별따기였고 대부분의 회사에선 완곡한 거절의 뜻을 표했다. 그런데 유독 한 회사에서 독특한 거절편지를 보냈다.

"무역사업에 대해 완전히 잘못 이해하고 있군요. 난 편지를 대필할 비서 따위는 필요 없습니다. 혹 필요하더라도 맞춤법도 모르는 당신을 고용할 리도 없고요."

이처럼 무례하기 짝이 없는 답신에 조지는 미칠 듯이 화가 났다.

'내 스웨덴어를 비웃다니. 그러는 자기 맞춤법은 어떻고! 정말 웃기는군.'

그녀는 자신이 당한 치욕만큼 되돌려주고 싶은 마음에 온통 거친 말투로 편지를 휘갈겨 썼다. 하지만 편지를 쓰면서 점차 화가 가라앉은 조지는 차분히 스스로에게 되물었다.

"잠깐만, 그 사람이 틀렸다는 걸 어떻게 확신해? 스웨덴어를 열심히 하긴 했지만 내 모국어는 아니잖아. 나도 모르는 실수를 저질렀을지도 모르지. 정말 그랬다면 더 열심히 공부해야 하는 거잖아. 이 사람은 오히려 날 도와준 것일지도 몰라. 비록 말투가 너무 거칠긴 했지만 도움을 받은 건 사실이지. 그렇다면 감사편지를 써야 하는 거 아닐까?"

조지 로나는 감사의 편지를 새로 작성했다.

"비서가 필요치 않으신데도 수고스럽게 답신해주신 것에 감사드립니다. 그리고 귀사의 업무를 잘못 파악한 점은 깊이 사과드립니다. 사실, 귀사가 무역업계의 진보기업이라는 평을 들었기에 지원했습니다. 그런데 제가 쓴 편지의 문법오류까지 지적당하니 부끄러움을 금할 수가 없습니다. 스웨덴어를 좀 더 열심히 공부해 다시는 같은 실수를 하지 않겠습니다. 앞길을 이끌어주셔서 정말 감사합니다."

이후 그녀는 회사를 한번 방문해 달라는 회사 측의 정중한 요청 편지를 받았고 면접을 통해 일자리를 얻게 되었다. 이는 모두 조지가 노기를 누그러뜨리고 온화하게 대응한 덕택이었다.

🖋 정면으로 맞서서 적을 이길 수는 없지만, 온화한 태도로 적을 누그러 뜨릴 수는 있다. 그러니 '부드러움으로 강함에 맞서는 것' 이것이야말로 가장 효과적인 복수이다.

화형장에서의 설교

1918년, 미시시피 산중에서 극적인 사건이 일어났다. 격앙된 대중들은 유명한 흑인목사 겸 교사 로렌스 존스를 화형에 처할 준비를 했다.

제1차 세계대전이 한창이었던 당시, 미시시피 주에는 독일인이 흑인을 선동하여 반란을 일으키려한다는 근거 없는 유언비어가 떠돌았다. 사람들은 로렌스 존스가 흑인 폭동을 일으킬 주모자라고 단정했다. 얼마 전, 설교 중이던 로렌스가 "삶은 투쟁이다! 흑인은 모두 갑옷을 입고 전투에 나서라. 승리를 쟁취하라!"라고 소리 지르는 것을 백인들이 들었다는 것이었다.

한창 긴장감이 팽배해있던 대중들은 '전투', '갑옷' 등의 말을 듣고, 그가 흑인반란의 주동자라고 지레 단정해버렸다. 흥분한 청년들은 한밤중에 교회로 쳐들어가 로렌스를 꽁꽁 묶어 끌어냈다. 그들은 목사를 약 1.6킬로미터나 끌고 가 장작더미 위에 세운 후, 화형에 처할 준비를 했다. 그때 누군가 소리쳤다.

"저 놈을 태워죽이기 전에 그 잘난 입으로 뭐라고 떠드는지 한번 들어보자. 말해라! 말해라!"

그리하여 로렌스는 장작더미 위에서 목에 밧줄을 건 채 생명과 신념을 건 설교를 시작했다.

1900년에 아이오와 대학교를 졸업한 그는 대학시절부터 뛰어난 학업성적과 훌륭한 품성으로 명성이 자자했다. 졸업 후에는 어느 호텔사업가가 그에게 일자리를 제안했지만 그는 정중하게 거절했다. 이에 또 다른 부호는 음악교육을 지원하겠다고 말했지만 그 역시도 거절했다. 로렌스에게는 남들과 다른 꿈이 있었다. 부커 워싱턴의 전기를 읽은 후 감동을 받은 그는 평생 가난한 대중을 인도하며 교육 사업에 헌신하기로 결심했다. 얼마 후, 그는 미시시피 주 잭슨에서 40킬로미터나 떨어진 빈곤지역으로 갔다. 고작 1.65달러로 숲속 학교를 연 그는 야외에서 수업을 시작했다.

로렌스는 분노한 폭도들을 앞에 두고 지금껏 자신이 겪어온 투쟁에 대해 이야기했다. 학교도 다니지 못한 아이들을 농부로, 대

장장이로, 요리사로, 가정주부로 길러내면서 얼마나 고군분투했는지를 말이다. 그는 수많은 백인들이 토지와 목재, 돼지, 소, 돈 등을 내어 학교를 설립하는 데 도움을 줬다고 말했다.

그의 진심 어린 태도에 사람들은 하나둘씩 마음을 열었다. 흑인 교사의 사형을 부르짖던 무리들은 어느덧 부드럽고 순한 양으로 변해 있었다. 이때, 남북전쟁에 참가했었던 한 노병이 나서서 이렇게 말했다.

"이 사람의 말이 옳은 듯하네. 이 자가 말한 백인들은 모두 내가 아는 사람들이야. 이렇게 좋은 일을 하고 있는데 우리가 도와줘야 마땅하지!"

말을 마친 노병은 모자를 벗은 후 1달러를 집어넣었다. 이후 사람들은 모자를 돌려 55.4달러나 되는 기부금을 모아 로렌스에게 주었다.

성난 폭도들에게 죽임을 당할 뻔했던 로렌스는 후일에 누군가 "당신을 죽이려고 했던 이들이 밉지 않습니까?"라고 묻자 이렇게 대답했다. "전 누군가를 미워할 시간이 없습니다. 그저 어떻게 하면 일을 잘할 수 있을까 생각할 뿐입니다."

🜩 사람의 과오는 운명이 판단해주리라. 그러니 굳이 당신이 나서 상대를 벌할 필요는 없다. 화내고 다투고, 원망하고 질책할 시간과 정력을 보다 가치 있고 의미 있는 일에 쏟아 부어라.

3

대가를
바라지 마라

> 행복을 얻는 유일한 방법은 상대의 "감사합니다."를 기대하는 대신 베풂 자체에서 기쁨을 얻는 것이다.

크리스마스 보너스

난 최근 텍사스에서 직원들 때문에 분을 삭이지 못하는 기업가를 만났다. 그는 만난 지 15분도 되지 않아, 이미 11개월도 더 지난 과거 일을 하소연하기에 바빴다. 누구에게든 이 일을 토로하지 않으면 도저히 직성이 풀리지 않는 듯했다.

그의 이야기는 대강 이러했다. 지난 크리스마스 즈음에 직원 35명에게 평균 300달러에 달하는 보너스를 지급했지만 아무도 그에게 고맙다는 말을 하지 않더라는 것이었다.

"이럴 줄 알았으면 한 푼도 주지 말 걸!"

일찍이 현자가 '분노하는 자는 온몸이 독으로 가득 차 있다'라고 말한 바 있었는데, 바로 이런 사람을 말하는 것이리라. 벌써 예순이 다 된 그는, 평균연령을 80세라고 가정하면 인생의 3분의 2를 살았으니 이제 20여 년밖에 남지 않은 셈이었다. 그런데도 그런 사소한 일에 마음 졸이며 화를 참지 못하다니! 그리 쓸데없이 인생의 에너지를 허비하다니, 참으로 애석한 일이 아닐 수 없다.

🖉 분노하는 자는 온몸이 독으로 가득 차 있다. 참 슬프고도 비통한 일이 아닐 수 없다. 세상에는 배은망덕한 이들이 차고 넘치니, 그런 일에 새삼 놀랄 필요는 없다. 그러니 대가를 바라지 않는 베풂으로 마음의 편안과 기쁨을 찾아라.

배은망덕한 자

내가 아는 한 노부인은 항상 자신의 외로운 처지를 불평했다. 가까운 친척조차도 잘 찾아오지 않는다는 것이었다. 하지만 그건 놀랄 일이 아니었다. 매번 볼 때마다 철지난 넋두리를 해대는데 (자신이 얼마나 성심성의껏 조카들을 돌봤는지, 그 애들이 홍역, 귀앓이 등에 걸렸을 때 얼마나 힘들게 간호했는지, 힘든 형편에 학비까지 대주었고 그 중 한 아이에겐 결혼할 때까지 뒷바라지를 해주느라 얼마나 고생했는지 등등), 나라도 듣기

지겨울 정도였다.

　그러니 다 큰 조카들은 그저 예의상 가끔 찾아올 뿐이었는데 그나마도 고역의 시간이 아닐 수 없었다. 그들은 이모의 불평불만, 원망, 자기연민이 가득한 하소연에 이미 지칠 대로 지쳐버린 것이었다.

　하지만 조카들이 찾아오지 않는 것 때문에 노부인은 심장발작을 일으켰다. 정말 심장발작이 일어났던 것일까? 의사는 "심리적인 원인으로 심장에 이상이 생겼으니 약물로는 치료할 수 없다."고 진단했다.

　　인간은 원래 타인의 보은을 쉽게 잊어버린다. 그러니 상대의 감사를 기대하지는 마라. 보답을 기대하지 않을 땐, 아주 사소한 감사만으로도 행복해질 수 있다. 그리고 설사 보답받지 못하더라도 크게 실망하지는 않을 것이다.

불변의 진리

　내가 어렸을 때, 바이올라 이모는 친정어머니와 시어머니를 한꺼번에 모시면서 눈살 한 번 찌푸린 적이 없었다. 난 지금도 두 사돈어른이 난로가에서 친근히 이야기를 나누던 모습을 생생히 기억한다.

어른을 두 분이나 모시고 사는 건 번잡하고 피곤하지 않을까? 물론 가끔은 그랬을지 모르지만 이모는 한 번도 불평하지 않았다. 오히려 어른들을 극진히 모셨고 그분들이 편안한 여생을 보낼 수 있도록 최선을 다했다. 게다가 여섯 명이나 되는 아이들을 혼자 다 키워냈다. 이모는 부모님을 모시고 아이를 키우는 것이 당연하다고 생각했기에 전혀 힘든 내색을 하지 않았다.

그렇다면 지금 이모는 어떻게 지내고 있을까? 이모는 약 20여 년 전에 과부가 되었지만, 이젠 장성한 자식들이 서로 어머니를 모시겠다고 야단이다. 자식들은 어머니를 무척 사랑하고 어머니의 일이라면 끔찍이 생각한다. 단지 어머니에 대해 감사하기 때문일까? 아니다. 이는 순수한 사랑과 애정의 발로이다. 사랑이 가득한 가정에서 자란 아이들은 과거 어머니가 그러했듯 사랑을 베푸는데 거리낌이 없는 것이다.

누군가에게 '사랑'받고 싶거든 먼저 사랑을 베풀어야 한다. 사랑의 씨앗을 뿌리는 자만이 그 열매를 맛볼 수 있다. 이것이 사랑을 돌려받는 유일한 방법이다.

부모님의 행복

난 집에서 독립한 후부터 매년 크리스마스에 부모님께 약간의 돈을 보내드린다. 액수는 많지 않지만 부모님이 평소 갖고 싶었던 물건을 사거나 근사한 식사를 하는 데 쓰시길 바란다.

하지만 부모님께 "돈을 어떻게 쓰셨냐?"고 물을 때면 그저 내 어깨를 두드리시며 큰소리로 "아들 덕분에 무척 행복했단다!"라고 말씀하시고 만다.

언젠가 크리스마스 때, 난 부모님께 말씀도 드리지 않고 무작정 집으로 찾아갔다. 그때 내 눈앞에 펼쳐진 광경은 오래도록 잊지 못할 것이다. 부모님께서는 마을의 실직자들과 과부들에게 약간의 음식과 연료를 제공하는 일에 대해 의논하고 계셨다. 그때서야 난 부모님이 어떻게 행복을 느끼시는지를 깨닫게 되었다.

행복해지고자 한다면 보답을 바라지 마라. 베풂 그자체로도 즐거울 수 있다. 나눈다는 것은 어쩌면 행복의 지름길인 셈이니까.

4

지금 가진 것에
감사하라

> 1억 달러를 준다면 두 눈과 맞바꾸겠는가? 두 다리를 팔 수 있겠는가? 두 손
> 은? 귀는? 당신은 세계 최고의 부자보다 훨씬 많은 것을 갖고 있다.

다리가 없는 사람

해럴드 에보트는 예전에 내 세미나사업의 매니저를 담당했었
다. 어느 날 캔자스 시티에서 그를 우연히 만났는데, 운 좋게도 미
주리 주에 있는 농장까지 그의 차를 타고갈 수 있었다. 그는 농장
으로 가는 길에 어떻게 인생을 즐겁게 지낼 수 있는가에 대한 특
별한 기억을 들려주었다.

"예전엔 참 우울한 일이 많았다네. 하지만 1934년 어느 봄날엔
가 겪은 일로 다시는 삶을 불평하지 않게 되었어. 그때 난 웨브 시
티를 걷고 있었다네. 2년간 경영했던 마트가 도산하고 빚까지 지

게 되었으니 그간 7년 동안의 노력이 물거품이 된 터였지. 그래서 은행에서 대출을 좀 받고 캔자스 시티에서 일을 구해 볼 심산이었어. 사업에 실패한 난 풀 죽은 닭처럼 초라하기 그지없었지.

바로 그때 내 앞으로 양다리가 없는 사람이 다가왔다네. 정확히 말하자면, 작은 나무판자 위에 몸통을 얹고 양팔로 판자바퀴를 굴리며 오는 거였지. 막 길을 건넌 그는 보도의 턱을 넘기 위해 나무판을 들어 올리고 있었다네. 그 순간 그 앞을 지나가던 나와 눈이 마주치고 말았어. 그는 싱긋 웃으면서 활기차게 "안녕하세요! 날씨가 참 좋죠?"라고 인사하더군. 난 그제야 내가 얼마나 부유한 사람인지를 깨달았어.

걸을 수 있는 두 다리가 있다는 게 얼마나 감사한 일인지. 그동안의 못난 생각들이 부끄러워지더군. 양다리가 없는 사람도 해내는 일을 나라고 못할 게 없지 않은가. 난 원래 100달러 정도만 빌릴 생각이었는데 200달러를 대출하기로 결심했지. 그리고 '캔자스 시티에서 일을 한 번 찾아보려고요'라고 말하는 대신 '직장을 구해서 가는 겁니다'라고 말하기로 했어. 결국 난 무사히 돈도 빌리고 만족스러운 직장도 구하게 되었다네."

    사지가 멀쩡한 것만도 얼마나 행운인가. 수중에 단돈 몇 푼 있는 것만도 얼마나 기쁜 일인가. 절망에 부딪혀 좌절하는 대신, 당신보다 더 불행한 사람들을 생각해보라. 그들도 행복하게 사는데 당신이 비통해할 이유가 어디 있는가?

불평 대신 감사를

존 팔머 씨는 '평범한 젊은이에서 고약한 불평쟁이'가 되는 바람에 가정까지 망가질 뻔했었다. 그가 들려준 얘기는 아래와 같았다.

"군에서 제대한 뒤에 사업을 시작했습니다. 처음에는 모든 게 순조로웠죠. 그런데 얼마 지나지 않아 골칫거리가 생겼습니다.

제품의 원료와 부속품을 구할 수가 없었던 거죠. 사업을 접어야 할지도 모른다는 생각이 들자 모든 게 걱정스러웠습니다. 성격도 갈수록 고약해져서 점점 날카롭고 까칠하게 변해갔지요. 그때는 몰랐지만 지금 생각해보면 그랬던 것 같습니다. 제가 그러다보니 집안 분위기도 살얼음판 같았습니다.

어느 날, 제 일을 도와주던 젊은 상이군인이 이렇게 말하더군요. '존, 부끄러운 줄 알아요. 세상의 모든 짐을 다 짊어진 것처럼 끙끙 댈 이유는 없잖아요? 사업 한 번 망하기로서니, 그게 어때서요. 다시 시작하면 되죠. 도통 감사할 줄 모르고 불평만 해대니… 절 보세요. 팔이 잘려나간 데다 얼굴에도 큰 흉터가 있죠. 그래도 전 하늘을 원망하지 않습니다. 존, 지금처럼 그렇게 원망만 하다가는 사업도 망하고 건강도, 가족과 친구도 모두 잃고 말 거예요.'"

🙏 영국 크롬웰 종파 교회에는 '생각하고, 감사하라'는 문구가 적혀 있다. 하지만 사람들은 늘 자신이 가진 것보다 가지지 못한 것에 더 집중한다. 바로 이 때문에 세상의 온갖 치열한 전쟁과 암투, 분쟁, 비극이 일어 나는 것이다.

'그럼 걱정할게 없겠네요'

언젠가 에디 리켄베이커에게 물은 적이 있었다.

"태평양 한가운데서 조난을 당했을 때, 21일 동안 표류하면서 얻은 교훈은 무엇인가요?"

"마실 물과 먹을 음식만 있다면 어떤 것도 불평해서는 안 된다는 겁니다."

〈타임〉지에도 이와 유사한 기사가 실렸다. 과달카날에서 중상을 당한 장교는 목에 파편 부상을 입고 7차례나 수혈을 받았다. 그는 의사에게 '살 수 있습니까?'라는 쪽지를 보여주었고 의사는 "네."라고 대답했다. 또 다시 '말할 수 있습니까?'라고 묻자 "물론이죠."라는 대답이 돌아왔다. 이어 그가 쓴 쪽지에는 이런 말이 적혀있었다. '그럼 걱정할 게 없겠네요.'

🙏 인생사의 90%가 옳고 10%가 틀렸을 때, 대개는 그 10%에 마음을 더 쓰게 마련이다. 하지만 행복해지고 싶다면 긍정의 90%로 시선을 돌려라!

양날의 검

오래전에 난 콜롬비아 대학교 언론학부에서 단편소설 작법을 공부하다 루실을 알게 되었다. 9년 전, 애리조나에 살던 그녀는 생각지도 못한 위기에 맞닥뜨렸다고 했다. 루실이 들려준 이야기는 다음과 같다.

"당시 전 정말 정신없이 바빴어요. 애리조나 대학에서 오르간을 배우고 시내에선 외국어강의를 진행했죠. 근처 데저트 윌로우 목장의 음악 감상회에도 참석했어요. 그리고 수많은 파티, 무도회에 드나들면서 저녁엔 승마까지 배웠지요. 그러던 어느 날 아침, 갑자기 심장발작으로 쓰러졌어요.

의사는 1년 동안 절대 안정해야 한다고 경고하면서 제가 정상적으로 회복할 수 있으리라 확신하지 못했죠. 1년이나 침대에서 누워 지내야 하다니! 폐인이 되거나 죽어버릴지도 모른다는 위기감이 엄습해왔어요. 어떻게 받아들여야 하지? 내가 왜 이런 벌을 받아야 할까? 난 울부짖으면서 원망과 분노를 토해냈어요. 하지만 의사의 충고를 거스를 수는 없었지요.

이 무렵, 이웃에 살던 루돌프 씨가 이런 말을 내게 해주더군요.

'지금이야 침대에서 1년을 보내는 게 끔찍하게 느껴질 테지만, 실은 그렇지도 않아요. 스스로를 좀 이해하고 되돌아볼 수 있는 시간이 되지 않겠소? 고작 몇 달 동안이지만 지난날들보다 훨씬 많은 것을 얻게 될 거요.'

곧 평정심을 되찾은 전 새로운 가치관을 받아들이기로 했죠.

그래서 영감을 주는 수많은 책들을 읽었어요. 그러던 어느 날, 한 언론평론가가 라디오에서 사람은 자신이 아는 것만을 말할 수 있다고 말하더군요. 이미 수백 번이나 들어본 말이었지만 문득 그 순간, 그 말의 진정한 의미를 깨닫게 되었어요.

전 스스로를 유쾌하고 건강하게 만드는 생각을 갖기로 했어요. 그래서 매일 아침마다 기쁜 일 한 가지씩을 생각했죠. 심한 통증이 없는 것을 비롯해 예쁜 딸, 멋진 세상, 아름다운 음악, 영감을 주는 책, 맛난 음식, 좋은 친구들 덕분에 전 무척 기뻤어요. 게다가 절 찾는 방문객들도 많아서 기다리던 손님들을 차례로 만나는 설렘도 있었지요.

이게 벌써 9년 전의 일이네요. 지금은 무척 즐겁고 유쾌한 삶을 즐기고 있답니다. 사실, 제겐 당시 침대에서의 1년이 정말 귀중한 시간이었어요. 어느 때보다 의미 있고 유쾌한 날들이었거든요. 아직도 눈 뜰 때마다 기쁜 일 한 가지씩 생각하는 습관이 남아있어요. 그게 제일 보람찬 소득이죠. 과거, 비참한 마음에 죽음까지 생각했던 제가 그저 부끄러울 따름이에요."

'양날의 검'이라는 말이 있다. 어떤 일이든 좋은 면과 나쁜 면이 동시에 존재한다는 뜻이다. 그러니 근심을 멈추고 싶다면 진정 깨어있는 삶을 살아라. 나쁜 면은 상쇄시키고 좋은 면은 부각시켜라.

비누 거품 속의 작은 무지개

주방에서 접시를 닦는 일조차도 감동스러울 수 있다는 걸 아는가? 보르힐드 다알의 《나는 보고 싶다》에는 불굴의 의지로 고난을 이겨낸 한 여인의 이야기가 있다.

보르힐드 다알은 약 50여 년간 거의 맹인으로 살아왔다. "난 눈이 하나밖에 없다. 그나마도 심한 상처를 입어 왼쪽 눈 가장자리의 작은 구멍으로 희미하게 사물을 식별할 뿐이다. 책을 볼 때에는 책을 왼쪽 얼굴에 갖다 대고 최대한 가깝게 붙여야 한다."

하지만 그녀는 다른 이들의 '동정'과 '특별취급'을 거부했다. 어린 시절엔 친구들과 땅따먹기 놀이를 하곤 했는데, 땅바닥의 선이 잘 보이지 않자 혼자 늦게까지 남아 땅바닥 선의 위치를 외웠다. 그녀는 곧 땅따먹기 게임의 최고 고수가 되었다.

책을 읽을 때에는 큰 활자 책을 눈앞에 갖다 대어야 겨우 읽을 수 있었다. 하지만 지치지 않고 노력한 끝에 미네소타 대학교 학사학위와 콜롬비아 대학교 석사학위를 획득했다. 그녀는 미네소타 주 트윈벨리에서 시골학교 교사로 일을 시작했는데 후에는 사우스다코타 주의 오거스태너 대학교의 신문학 교수가 되었다. 그곳에서 13년간 강의하는 동안, 다알은 부인회 및 라디오 방송에서 강연을 하기도 했다.

"난 완전히 실명할지도 모른다는 불안감에 언제나 두려웠다. 하지만 이를 극복하기 위해 일부러 더 유쾌하고 유머러스하게 지냈다."

1943년, 그녀가 52세가 되던 해에 기적이 일어났다. 저 유명한 마요 진료소에서 수술을 받은 후, 전보다 40배가량이나 더 명확하게 볼 수 있게 된 것이다.

그녀는 눈앞에 펼쳐진 모든 광경이 새롭고 가슴 벅찼다. 주방에서 설거지를 하는 것조차도 눈물 날만큼 기쁜 일이었다.

"난 마치 어린아이처럼 접시 위의 비누거품을 갖고 놀았다. 두 손으로 작은 비누거품을 떠 올리며 장난을 친다. 때마침 햇빛이 비치면서 거품 속에서 작은 무지개가 영롱히 떠올랐다…"

  우린 매일 밤낮으로 펼쳐지는 아름다운 세상을 아무 생각 없이 지나쳐버리곤 한다. 목표를 이루기 위해 그저 고군분투하며 내달리기만 하는 것이다. 인생의 길가에 핀 형형색색의 꽃과 향기 나는 풍경을 놓치다니, 이 얼마나 안타까운 일인가!

5

자기 자신을
귀하게 여겨라

아래 글을 욕실 거울에 붙여두고 매일 한 번씩 읽어라.

큰길이 아니면 고즈넉한 오솔길이 되어라.

태양이 아니라면 빛나는 별이 되어라.

인생은 성공과 실패로 판가름되는 것이 아니니,

너는 무엇이든 최고의 이름으로 남아라.

자신의 모습 그대로 살아야 해

다음은 노스캐롤라이나 주 마운트 지역의 에디스 얼레드 부인
이 보내준 편지다.

"어렸을 때부터 전 무척 예민하고 수줍음을 많이 타는 아이였
어요. 살이 많이 찐 데다 얼굴까지 커서 더 뚱뚱해보였지요. 하지
만 어머닌 옛날 분이시라 예쁜 옷을 사 입는 건 어리석은 일이라
고 생각하셨어요. 항상 '넉넉한 옷이 좋아. 꼭 끼는 옷은 찢어지잖

니'라고 하셨죠. 전 친구들과 밖에서 어울려 노는 건 생각지도 못했고 심지어 체육활동시간에도 참가하지 않았어요. 다른 사람과 너무 달라서 사랑받을 수 없다고 생각했거든요.

어른이 되어 몇 살 연상의 남자와 결혼까지 하고도 전 전혀 달라지지 않았어요. 남편의 가족들은 모두 자신감이 충만한 좋은 분들이었어요. 제가 닮고 싶었지만 그러지 못했던 타입의 사람들이었죠. 전 그들처럼 되어보려고 최선을 다했지만 아무 소용이 없었어요. 그분들 역시 절 기쁘게 해주려고 많이 노력했지만 전 오히려 스스로의 동굴 속으로 숨어들어갔어요. 불안감에 휩싸인 전 친구들도 만나지 않았고 심지어 현관 벨소리에도 겁이 났어요. 스스로 엄청난 열등감에 사로잡혔는데 그것조차 남편이 알아챌까 두려웠죠. 그래서 공식석상에 나갈 때면 짐짓 쾌활한 듯 꾸며댔어요. 하지만 그 이후에는 또 다시 우울증에 빠졌죠. 더 이상 살아갈 자신이 없어 자살을 할까도 고민했어요."

그렇다면 대체 무엇이 이 불행한 여인을 유쾌하게 바꿔놓았을까? 그저 우연히 들은 말 한마디 덕분이었다.

"우연히 들은 말 한마디가 제 인생을 바꿔놓았어요. 어느 날, 아이들 양육문제로 시어머니와 이야기를 나누고 있을 때 어머니가 그러시더군요. '어찌되었든 아이들은 자기 자신의 모습 그대로 살아야 해.' 순간, 전 머릿속이 환해지는 기분이었어요. 제가 그렇게 고통스러웠던 이유는 아마 나 아닌 다른 모습으로 살려했기 때문이라는 생각이 들더군요.

그날 밤부터 전 완전히 달라졌어요. 제 자신이 되고 싶었거든요! 그래서 스스로 어떤 성격을 가졌는지, 어떤 사람인지, 장점은 무엇인지에 대해 차분히 생각해봤어요. 그리고 요즘 유행하는 옷들 중에 내게 가장 잘 어울리는 옷은 무엇인지도 연구했죠. 전 친구를 사귀기 위해 작은 동호회에도 가입했어요. 첫모임에 나갈 때는 몹시 떨렸는데 참여횟수가 늘수록 점점 용기가 생기더군요. 물론 그렇게 되기까진 꽤 오랜 시간이 걸렸지만 이젠 더없이 행복해요. 전엔 상상도 할 수 없던 일이었죠. 전 아이들에게도 그간 아픈 경험을 통해 배운 교훈을 일러줍니다. 어떤 경우에도 자기 자신이 되도록 노력하라고요."

사람들은 흔히 자신에 대해 불만을 갖고 다른 사람을 부러워한다. 하지만 이는 자신을 죽이는 행위이다. 좋든 나쁘든, 인생은 자기 식대로 살아야 한다. 보잘것없는 작은 피리라도 삶의 교향곡을 멋지게 연주해 낼 수 있다.

뻐드렁니의 행운

한 기관차 차장의 딸은 다음과 같은 쓰라린 경험을 통해 교훈을 얻었다. 그녀는 유명한 가수가 되고 싶어 했지만 불행히도 외모가 따라주지 않았다. 특히 삐죽 나온 큰 입에 노래할 때마다 벌어지는 뻐드렁니는 영 볼품없었다. 그녀는 뉴저지의 나이트클럽에서 노래를 부를 때마다 치아를 가리려고 갖은 애를 다 썼지만 오히려 우스꽝스러울 뿐이었다.

어느 날, 클럽에서 노래를 듣던 한 신사가 그녀의 천부적인 재능을 알아챘다.

"공연을 보니 당신이 뭘 감추고 싶어 하는지 알겠더군요. 치아가 못생겼다고 생각하나요?" 그는 난처해하는 가수는 아랑곳하지 않고 계속해서 말을 이었다.

"하지만 그게 어쨌다는 겁니까? 치아가 못생긴 게 죄인가요? 감추려고 하지 마세요. 입을 벌리고 열정을 다해 노래해야죠. 그러면 관객들도 치아 따위는 상관없이 당신을 좋아하게 될 겁니다."

잠시 후, 그는 의미심장한 표정을 지으며 "그 뻐드렁니가 행운을 가져다 줄지도 모르죠."라고 말했다.

그녀는 그 관객의 충고를 받아들여 다시는 뻐드렁니를 숨기려 애쓰지 않았다. 오히려 관객들을 향해 큰 입을 벌린 채 온 힘을 다해 열창했고, 결국 당대 최고의 스타로 등극했다. 후일에 수많은 팬들이 닮고 싶어 했던 그녀는 바로 캐스 달리였다.

세상에서 단 하나밖에 없는 자기 자신을 아껴라. 그 어디에도 당신과 같은 사람은 없다. 약점을 감추려 굳이 애쓰지 마라. 타인의 눈에는 그것이

닮고 싶은 장점일 수도 있잖은가.

일류와 이류

어빙 벌린과 조지 거쉰이 처음 만났을 때, 벌린은 이미 유명 인사였지만 거쉰은 주급 35달러로 근근이 살아가는 젊은 작곡가였다.

거쉰의 재능을 알아본 벌린은 "지금 수입의 3배를 줄 테니 내 비서가 되지 않겠느냐?"고 제안했다. 그러면서 이와 같은 충고를 덧붙였다.

"하지만 나라면 이런 일을 하지 않겠네. 자네가 이 일을 해봤자 이류의 벌린이 될 뿐이야. 그저 자신의 색깔을 지켜나간다면 언젠가 일류의 거쉰이 되겠지."

이 충고를 마음에 새긴 거쉰은 후일에 당대 미국에서 가장 영향력 있는 작곡가로 발돋움했다.

  우주가 아무리 광활하다 해도 각자에겐 자신만의 땅이 있다. 씨를 뿌린 자만이 열매를 얻을 수 있는 것이다. 그러니 다른 사람의 땅에서 멍청히 씨앗을 뿌리느니 자신의 능력을 찾아나서는 편이 낫다.

6

무엇이든
가진 것을 활용하라

밀턴은 장님이었기에 더욱 뛰어난 시를 썼고, 베토벤은 귀머거리였기에 더 훌륭한 곡을 작곡했을지 모른다. 차이코프스키는 불행한 결혼생활을 겪었기에 불멸의 〈비창〉을 작곡할 수 있었다. '잃는 것이 있으면 얻는 것이 있다'라는 말의 진정한 의미는 바로 이런 것이리라.

레몬이 있으면 레몬주스를 만들어라

일전에 시카고대학교 총장인 로버트 메니너드 허친스에게 "어떻게 그렇게 즐겁게 지내십니까?"라고 물은 적이 있었다. 그는 이렇게 대답했다. "시어스로 벅의 이사장이었던 고줄리어스 로젠월드가 내게 해준 충고를 기억하고 있다네. '레몬이 있으면 레몬주스를 만들어라.' 난 단지 이 말대로 살려고 노력할 뿐이네."

이것이 바로 위대한 교육자가 실천하는 방법이다. 하지만 세상의 바보들은 이와 정반대로 행동한다. 즉, 결과가 시디신 레몬처럼 되어버리면 곧바로 자포자기하며 "난 안돼. 이게 운명이야! 이제 기회는 없어."라고 절망한다. 그러고는 세상을 원망하고 자기연민 속으로 빠져드는 것이다. 그러나 현명한 자들은 인생의 시디신 레몬이 생겼을 때 "여기서 뭘 배울 수 있을까? 어떻게 해야 상황이 나아질까? 이 레몬으로 레몬주스를 만들 수 있겠지?"라고 묻는다.

삶에서 언제나 좋은 일만 있을 수는 없다. 절망과 위기에 봉착했을 때야말로 운명이 당신을 시험하는 순간이다. 그러니 레몬 앞에 눈물 흘리지 말고 그것을 달콤한 레몬주스로 만들어라.

아름다운 별을 찾다

예전에 텔마 톰슨 부인이 내게 들려준 이야기는 다음과 같다.

"전쟁 시기에 제 남편은 캘리포니아 모하비 사막 인근 부대에 배치되었어요. 그래서 어쩔 수 없이 그쪽으로 이사했지만 그곳은 정말 열악했지요. 남편이 훈련에 나가고 나면 전 좁고 누추한 집에 혼자 남겨졌죠. 50도가 넘는 살인적인 무더위에다 주변엔 온통 멕시코인과 인디언뿐이라 말이 통하는 상대도 없었어요. 정말 우울했죠.

바람이 계속해서 휘몰아치는 바람에 밥을 먹을 때도 숨을 쉴 때도 모래가 바삭거렸어요. 온통 모래 천지였죠. 모래! 모래! 마침내 한계에 다다른 전 부모님께 '도저히 힘들어서 못 견디겠어요. 빨리 이곳에서 벗어나고 싶어요'라고 투정 섞인 편지를 보내기도 했어요. 그러자 부모님께선 단 세 줄 뿐인 답장을 보내주시더군요.

'두 명의 죄수가 감옥에서 창살 밖을 내다보았다. 한 사람은 진창으로 얼룩진 진흙탕을, 다른 한 사람은 별빛이 가득한 밤하늘을 보았다.'

전 이 구절을 읽고 또 읽으면서 제 자신이 부끄러워졌습니다. 그때부터 전 현지인들과 친구가 되기로 했지요. 그들이 만든 천이나 도자기에 관심을 보였더니 원주민들은 그 귀중한 물품들을 선뜻 건네주었습니다. 전 선인장 등 각종 식물들에 대해 자세히 연구했고 모르모트에도 관심을 가졌습니다. 때론 사막의 일몰을 바라보며 감상에 잠겼고 때론 혹시 남아있을지 모르는 화석을 찾아 헤맸지요. 300만 년 전에는 그 사막이 바다였다는 이야기를 들었거든요.

대체 무엇이 절 달라지게 만들었을까요? 모하비 사막도, 인디언들도 변한 것은 없었습니다. 단지 저 하나가 변했을 뿐이었지요. 삶에 대한 제 태도가 변화하면서, 증오스럽기 그지없던 척박한 환경이 생애에서 가장 흥미진진한 보물섬으로 바뀌었습니다.

새로운 세상이 펼쳐지자 전 흥분을 감출 수가 없었지요. 덕분에 전 《내가 만든 감옥에서 탈출하여 아름다운 별을 찾다》라는 소설을 쓸 수 있었습니다."

🌿 안락하고 편안한 삶을 누린다고 반드시 행복한 것은 아니다. 진정한 기쁨은 환경이 좋든 나쁘든 간에 스스로의 어깨에 지워진 책임을 다할 수 있을 때 찾아온다.

방울뱀 마을

난 언젠가 플로리다에서 대규모 사업을 벌이는 농부를 방문했다. 그가 처음 농장을 샀을 때는 농작물을 심을 수도 가축을 키울 수도 없이 척박한 땅이었다고 했다.

오로지 가시나무와 방울뱀만이 가득한 버려진 땅이었던 것이다. 이루 말할 수 없이 상심했던 그는 곧 기막힌 아이디어를 생각해냈고 마침내 방울뱀사업으로 엄청난 부를 일궈냈다.

그는 누구도 상상하지 못했던 방울뱀 통조림을 만든 것이었다! 몇 년 전에 그곳을 다시 찾아갔을 때는 방울뱀 농장을 보러오는 관광객만도 일 년에 2만 명에 달했다. 사업은 날로 확장되어 갔다. 방울뱀에서 추출한 독은 항독용 혈청으로 제약회사에 공급되었고 뱀가죽은 구두와 핸드백 재료로 비싼 값에 팔리고 있었다. 게다가 뱀고기 통조림은 전 세계 미식가들의 입맛을 사로잡으며 점차 판매량이 늘고 있었다. 사람들은 이 농부의 비범한 기백을 기념하기 위해 이곳을 '방울뱀 마을'이라고 부르기 시작했다.

인생에서 가장 중요한 일은 수입을 자본으로 만드는 것이 아니라 손실에서도 이익을 올리는 것이다. 이를 위해서는 지혜가 필요한데 바로 이것이 현자와 바보의 차이를 만든다.

풍성한 삶

난 조지아 주의 어느 호텔 엘리베이터에서 벤 포트슨을 만났다. 막 엘리베이터에 올라타는 순간, 휠체어에 앉아 싱글싱글 웃고 있는 다리 없는 청년을 발견한 것이었다. 잠시 후, 엘리베이터가 멈추자 그는 "잠시만요."라면서 쾌활하게 말을 건넸다. 그리고 내가 자리를 비켜주자 "실례합니다. 감사합니다."라며 온화한 미소를 지어보이고는 엘리베이터를 내렸다.

난 방에 돌아와서도 이 유쾌한 젊은이를 잊을 수가 없었다. 그래서 그를 찾아 이야기를 들어보기로 했다. 벤은 미소 띤 얼굴로 이야기를 시작했다.

"1929년의 일이었죠. 정원 콩밭에 말뚝을 심으려고 호두나무를 베러갔었어요. 차에 나무토막을 가득 싣고 돌아오는 길이었는데, 커브를 도는 순간 갑자기 나무토막 하나가 굴러 떨어지면서 차 밑 엔진을 망가뜨렸어요. 차는 거대한 나무에 부딪혔고 전 그 자리에서 척추손상을 입어 두 다리를 못 쓰게 되었지요. 그때가 스물네 살이었어요. 스물네 살에 다시는 걸을 수 없다는 판정을 받은 거죠."

오, 겨우 스물네 살에 평생 휠체어를 타야한다는 선고를 받다니! 난 그 참혹했던 사고를 어떻게 받아들일 수 있었는지 물어보았다.

"그때는 그럴 수 없었죠."

당시 그는 삶에 대한 원망과 분노, 운명에 대한 저주로 가득 차 있었다고 했다. 하지만 점차 시간이 지나면서 원망 따위는 아무런 도움이 되지 않는다는 것을 깨달았다.

"사람들이 제게 친절하게 대해줄 때, 나도 그만큼 해주자고 생각했어요."

"오랜 시간이 지났네요. 하지만 아직도 그때 사고가 불행이라고 생각하나요?" 내 질문에 그는 아무 망설임 없이 대답했다.

"아뇨. 이젠 그저 삶의 경험으로 받아들일 수 있어요."

엄청난 충격과 좌절, 분노를 겪은 후, 그는 전혀 다른 삶을 살기 시작했다. 문학작품을 읽는 데 재미를 붙여 14년간 1천 4백 권에 달하는 책을 독파했다. 독서는 그에게 새로운 세상을 열어 주었고 삶은 이전보다 훨씬 풍성해졌다. 예전에는 지루하기만 했던 음악에서도 감동을 느낄 정도였다. 하지만 무엇보다 달라진 것은 사색할 시간이 생겼다는 것이다.

"태어나서 처음으로 이 세상에 대해 사색하고 올바른 가치관을 정립하게 되었습니다. 그리고 과거에 집착했던 모든 것들이 큰 의미가 없다는 것을 깨달았지요."

수많은 독서 끝에 정치에 관심을 갖게 된 그는 공공의 문제를 연구하고, 때론 휠체어에 탄 채 연설을 하기도 했다. 이젠 유명인사가 된 벤 포트슨은 현재 조지아 주 비서실장으로 활약하고 있다.

결점이 때로는 의외의 선물이 될 수도 있다. 관건은 당신이 그 결점을 어떻게 받아들이느냐이다. 결점에서 긍정적인 면을 이끌어낼 것인가, 아니면 결점 자체의 단점에만 집중할 것인가?

최고로 환영받는 뉴욕시민

가정형편이 무척 어려웠던 한 소년은 아버지가 돌아가셨을 때에 관조차 살 돈이 없었다. 그리하여 친구들이 십시일반으로 모아 준 돈으로 겨우 장례를 치렀다. 어머니는 우산 공장에서 매일 열

시간 이상 노동하며 밤 11시가 넘어서야 집에 돌아왔다.

이런 환경에서 자란 소년은 당시 교회에서 주관하던 연극에 출연하게 되었다. 연기에 재미를 붙인 그는 대중연설을 연습하기 시작했다. 이윽고 그는 정계에 입문했고 서른이 되던 해에 뉴욕 주의원으로 당선되었다. 하지만 그는 의원직을 어떻게 수행해야 하는지 전혀 몰랐기에 밤낮으로 길고 어려운 법안에 대해 연구했다.

얼마 후, 산림의 '산'자도 모르던 그가 산림문제위원회의 위원으로 선출되었다. 그는 어머니께 차마 "포기했습니다."라고 말할 수가 없어서 부득불 그 자리를 받아들였다. 그는 하루에 16시간이나 연구를 거듭하면서 '무지'라는 레몬을 달콤한 레몬주스로 만들어냈다. 그리고 한낱 지방정치가에서 국민적인 정치적 거물로 당당히 발돋움했다. 이에 〈뉴욕타임스〉지는 그를 '최고로 환영받는 뉴욕시민'이라고 평했다. 그가 바로 알 스미스이다.

알 스미스는 장장 10년간 독학으로 정치를 연구했고 마침내 뉴욕 정치계의 권위자로 자리매김했다. 그는 네 차례나 뉴욕 주지사에 당선되는 전무후무한 기록을 세우기도 했다. 1918년, 민주당 대통령 후보에 오른 알 스미스는 콜롬비아, 하버드 등의 6개 명문 대학에서 명예학위를 수여받았다.

그는 내게 "하루에 16시간씩 노력하지 않았다면, 그리고 실패를 성공으로 바꾸지 못했다면, 오늘의 영광은 없었을 겁니다."라고 말했다.

첫째, 누구나 성공할 수 있다. 둘째, 비록 성공하지 못하더라도 '실패를 성공으로 바꾸자'는 긍정적인 마음을 갖고 있으면 언젠가 반드시 맑은 날이 올 것이다.

7

우울함에서
벗어나라

하루에 한 가지씩 선행을 베푸는 게 왜 도움이 될까? 바로 자신보다 남에게 관심을 갖게 되기 때문이다. 우울증, 공포, 염려 등은 자신에 대해 너무 많이 생각해서 생기곤 한다.

삶의 행운

마거릿 테일러 예이츠는 미국 해군들에게 가장 인기가 좋은 여성이었다. 소설가였던 그녀는 그 어느 소설보다 흥미진진한 삶을 몸소 보여주었다.

이야기는 일본군이 진주만을 습격하던 그날로 거슬러 올라간다. 평소 심장이 좋지 않아 하루에 22시간을 침대에서 보내던 그녀는 정원에 나와 햇살을 즐기는 것이 가장 큰 운동이었다. 그나마도 시종의 부축을 받지 않으면 한 걸음도 움직이지 못했다.

"그때만 해도 남은 인생을 침대에서만 보내야 할 거라고 생각했어요. 일본군이 진주만을 침략하지 않았다면 아마 지금도 그때처럼 살고 있었겠죠. 일본군의 폭격이 시작된 후로 세상은 온통 혼란의 도가니였어요. 집 근처에 폭탄이 떨어지는 바람에 침대에서 굴러 떨어지기도 했죠. 당시 육군은 육·해군의 가족들을 인근 학교로 긴급 피신시켰고 적십자에서는 이들을 수용할 여분의 방을 수소문했어요.

그리고 제게 혹시 연락책을 담당할 수 없겠느냐고 물었죠. 전 생각할 겨를도 없이 제안을 수락했어요. 그리고 육·해군 가족들이 머문 장소를 기록해두었다가 군인들이 전화를 걸어오면 가족의 행방을 알려줬죠. 엄청난 폭격 속에서 2117명의 병사가 사망했고 960명이 실종되었어요. 다행히 남편이 안전하다는 소식을 들은 저는 사망자 및 실종자 부인들을 위로했어요.

처음에는 침대에 누워 전화를 받았는데 나중에 앉아서 일을 하게 됐어요. 점점 바빠지는 바람에 몸이 아픈 것도 잊고 있었지요. 책상 앞에 앉아 일을 하다보면 어느덧 제 자신은 완전히 잊어버렸어요. 불행한 이들을 어떻게 도울 수 있을지가 더 걱정이었거든요. 그때부터 전 잠잘 때 이외에는 침대에 눕지 않아요.

진주만 습격은 미국역사에 남을 비극이었지만 제 자신에게는 더없는 행운이었어요. 내면에 잠재되어 있던 힘을 발휘해 주변에 집중할 수 있었거든요. 제가 살아야 하는 이유도, 병을 낫게 해준

힘도 바로 그거였어요."

타인을 위해 봉사하는 환자들은 최소한 3분의 1가량이 빨리 회복된다고 한다. 왜냐하면 병으로 인한 불쾌함, 고통, 외로움, 절망 등을 느낄 시간이 없기 때문이다. 그러니 자신을 잊고 남을 돕는 것이 어쩌면 자신을 돕는 것일지도 모른다.

세 명에게 받은 프러포즈

몇 년 전, 작은 마을에 강연을 하러 갔다가 어느 노부인의 집에 묵었다. 이튿날, 그녀는 마을에서 약 60Km나 떨어진 기차역까지 날 바래다주었고 그 길에 우린 '어떻게 친구를 사귈 수 있을까'에 대해 이야기했다.

"카네기 씨, 지금껏 남편에게도 말한 적 없는 이야기를 들려드리지요. 전 필라델피아 사교계에 알려진 유명한 집안에서 태어났지만 갑작스런 불행에 무척 가난해졌습니다. 그래서 당시 소녀들처럼 그저 유쾌하게 사교활동을 즐길 수만은 없었지요. 볼품없었던 파티드레스는 이미 유행이 지난 데다 사이즈도 맞지 않았거든요. 그게 너무 부끄러워서 밤마다 울면서 잠자리에 들기도 했지요.

그러던 어느 날, 전 고민을 거듭한 끝에 여느 소녀들과는 다른 방법으로 어필하기로 했어요. 그래서 남자파트너의 경험, 의견 그리고 장래계획 등에 대해 물어보았죠. 사실, 그런 이야기는 별로 재미없었지만 파트너의 주의를 끄는 데는 무척 효과적이었습니다. 특이한 건 그들과 이야기를 나누다보니 점점 대화가 재미있어졌고 제 볼품없는 모습 따위는 잊어버리게 되었습니다. 더욱 놀라운 건, 제가 어느새 가장 인기 있는 파트너가 되어 있었다는 겁니다. 남자파트너들은 저와 이야기를 나누고 싶어 했고 결국 세 명에게서나 결혼 프러포즈를 받게 되었습니다."

사람들은 자기 일에만 관심을 쏟을 뿐 타인의 일에는 무관심하다. 하지만 이런 자아도취만으로는 진정한 삶을 살아갈 수 없다. 자, 자신을 잊어라. 그리고 타인에게 관심을 가져라. 그래야만 인생의 진정한 기쁨과 행복을 맛볼 수 있으리라.

4장

다른 사람의 시선에
의연해지는 법

1

비난하는 자의
마음

아무런 이유 없이 타인의 악의 섞인 비난과 욕설을 들었다면, 이점을 기억하라. 그는 단지 당신에게 비난을 퍼부음으로써 주목받고자 할 뿐이다. 즉, 당신의 성공과 명예를 질투하고 있는 것이다.

죽은 개는 아무도 걷어차지 않는다

1929년에 미국 교육계에는 그야말로 전대미문의 대사건이 일어났고, 전국의 교육학자들은 하나둘씩 시카고로 몰려들었다.

몇 년 전, 로버트 허친스라는 청년이 작가, 벌목공, 가정교사, 의류판매원 등으로 힘들게 일하면서 예일 대학교를 졸업했다. 이후 8년의 세월이 흐른 후, 그는 미국의 4대 명문인 시카고대학교의 학장으로 임명되었다. 겨우 서른 살의 청년이 말이다! 연로한 교육계 인사들은 이 파격적인 인사에 혀를 내둘렀고, 각종 언론에서는 '너무 어리다', '경험이 부족하다', '교육관이 미숙하다' 등의 온갖 비판을 쏟아냈다.

취임식이 거행되던 날, 한 친구가 로버트의 아버지께 말했다. "로버트를 공격하는 아침 신문사설을 보고 몹시 충격을 받았어요."

그러자 아버지께서는 담담히 말씀하셨다.

"그래? 좀 심했나보군. 하지만 기억하게. 죽은 개는 아무도 걷어차지 않는다네."

아버지의 말뜻은 무엇이었을까? 바로 아들이 주목받는 중요한 인물이 되었기에 비로소 비판을 받는다는 의미였다. 로버트가 그저 길가에 지나다니는 별 볼일 없는 자였다면 아무도 기를 쓰고 비난해대지는 않을 것이다. 그러니 누군가의 악의적인 비난을 받을 때면 당신이 중요한 사람이 되었다는 의미로 받아들여라!

황태자의 엉덩이

영국의 황태자 윈저공(후일의 에드워드 8세)은 데본셔에 있는 다트머스 대학교에서 영국황실군관학교를 다녔다. 그때 나이는 겨우 열네 살이었다. 어느 날, 한 해군군관이 학교 구석에 숨어 몰래 울고 있는 황태자를 발견하고 무슨 일이냐고 물었다. 그는 말을 빙빙 돌리며 대답을 회피하다가 마침내 사실을 털어놓았다. 학교 친구들이 자꾸 자신의 엉덩이를 걷어찬다는 것이었다.

군관은 생도들을 소집해놓고 엄숙한 목소리로 물었다.

"이 사건은 황태자가 고발한 것이 아니다. 헌데, 대체 왜 그의 엉덩이를 걷어차는 것인가?"

반나절이나 입을 굳게 다물고 있던 생도들은 마침내 속내를 털어놓았다.

"나중에 왕실해군 지휘관이나 함장이 된 후에, 사람들에게 국왕의 엉덩이를 차봤다고 자랑하고 싶었습니다."

ᘔ 세상에는 성공한 인물을 끌어내려 주목받고 싶어 하는 이들이 많다. 이렇게 부족한 자신에 대한 자괴감을 떨치고 조악한 만족감을 얻으려는 것이다.

북극에서 빈둥거리기

1909년 4월 6일, 해군 장군 피어리는 개썰매를 타고 북극을 탐험하여 온 세상을 놀라게 했다. 지난 몇백 년간 북극을 정복하기 위한 도전은 수없이 있었지만, 혹한과 기아 등의 복병으로 탐험에 성공한 자는 하나도 없었다. 피어리 역시 빈사상태에 이르러 동상에 걸린 발가락 8개를 모두 잘라내야 할 지경이었다.

하지만 이보다 더 혹독한 시련이 찾아왔으니, 피어리의 대중적 인기에 분개한 워싱턴의 동료들이 '과학적 학술 탐험을 빌미로 모금을 한 뒤, 북극에서 빈둥거리고 있다'는 모함을 한 것이었다. 사람들은 아마도 이 헛소문이 사실이기를 무척이나 기도했을 것이다. 하지만 피어리의 명예를 흠집 내려는 시도는 맥킨리 대통령에 의해 저지당했고, 덕분에 피어리 장군은 연구를 계속할 수 있었다.

ఎ 사소한 잡무를 처리하는 평범한 회사원이라면 그리 큰 비난을 받을 일이 없다. 이들은 다른 사람의 주목을 받지도, 그다지 큰 영향력과 인지도를 갖지도 못하기 때문이다. 그러니 상대에게 이유 없이 비난을 받는다면 달리 생각해보라. 비난은 또 다른 의미의 찬사인 것이다.

비난의 진정한 의미

일전에 방송에서 구세군의 창시자 윌리엄 부스 장군을 칭찬한 적이 있었다. 하지만 그로부터 얼마 후, '부스장군은 사람들이 힘들게 모은 800만 달러를 횡령했다'고 주장하는 한 부인의 편지를 받았다. 이 얼마나 황당한 일인가! 그 부인은 아마도 고결한 사람을 깎아내림으로써 자신의 만족감을 채우려는 사람 같았다. 난 곧바로 그 편지를 쓰레기통에 던져버렸다.

예일 대학교 학장을 천박한 사람이라고 말하는 이는 거의 없을 것이다. 하지만 과거 예일 대학교 학장이었던 티모시 드와이트는 당시의 대통령 후보를 맹렬히 비난하곤 했다.

"우리의 아내와 딸들이 합법적인 매춘부로 전락해가는 모습이 훤히 보인다. 이건 치욕적인 사안이기에 그에 대한 비난을 멈출 수가 없다. 우리의 자존심과 미덕이 사라진 후에, 그는 신의 분노를 피할 수 없으리라."

이것이 혹여 히틀러를 비난하는 내용일까? 아니다. 바로 토머스 제퍼슨에 대한 비난이다. 토머스 제퍼슨이라고? 설마 〈독립선언문〉의 초고를 작성하여 온 세계인의 칭송을 받은 그 토머스 제퍼슨? 그렇다. 바로 그 토머스 제퍼슨이었다.

'위선자', '사기꾼', '살인자보다 나을 게 하나도 없는 사람'이라고 비난받았던 미국인은 누구라고 생각하는가? 신문 풍자만화에는 단두대에서 목이 잘리길 기다리는 그의 그림이 실리기도 했다. 또 말 탄 그에게 욕설을 퍼붓는 사람들의 모습도 게재되었다. 누구일까? 바로 '미국 건국의 아버지'라고 불리는 조지 워싱턴이었다.

부스, 제퍼슨 그리고 워싱턴은 대중의 비난에 빛이 바래기는커녕 오히려 더욱 영광스러운 모습으로 기억된다. 걸출한 인물들에 대한 악의적 비난은 오히려 그를 더 잘 이해하고 존경하게 만듦과 동시에 비판자들의 무능과 천박함을 폭로해 준다.

2

비난에
상처받지 않는 법

가능한 최선을 다해라. 그리고 비난의 빗줄기에 흠뻑 젖지 않도록 우산을 단단히 받쳐 들어라.

독특한 성격

일전에 '늙은 사팔뜨기', '지옥의 악마'라는 별명을 가진 스메들리 버틀러 소장과 만난 적이 있었다. 그는 미 해군 전투부대 장군들 중 가장 이채롭고 독특한 성격의 사람이었다.

그는 내게 "어릴 때는 인기 많은 사람이 되고 싶었지. 모두에게 좋은 인상만 주고 싶었어. 그래서 사소한 비판에도 좀처럼 태연할 수가 없었다네."라고 말했다. 하지만 해군 전투부대에서 30여 년간 복무하면서 그는 좀 더 강인해졌다." 사람들이 나를 개자식, 독사, 스컹크라고 모욕하곤 했다네. 차마 입에 담을 수 없는 욕설을 퍼붓는 사람도 있었지. 화가 났냐고? 하하! 이젠 욕하는 소리가 들려와도 그쪽은 쳐다보지도 않는다네."

ㅅ 악의 섞인 비난을 듣게 되면 대부분의 사람들은 분통을 터뜨린다. 하지만 그래봤자 좋을 일이 뭐가 있겠는가? 잘 생각해보라. 그런 사소한 일은 화를 낼 가치도 없다.

화낼 필요가 없다

몇 년 전, 내 세미나에 참석했던 뉴욕 〈선〉지의 기자가 나와 내 일에 관해 비판적인 기사를 실은 일이 있었다. 개인적으로 모욕감까지 느꼈던 난 무척 화가 치밀었다. 그래서 〈선〉지의 집행위원회 의장인 길 하지스에게 전화를 걸어 보도된 칼럼의 진상을 설명해달라고 요구했다. 나는 그 기고만장한 기자 녀석에게 본때를 보여주고 싶었던 것이었다.

하지만 이젠 당시의 충동적인 행동이 부끄러울 뿐이다. 그 당시 아마도 독자의 절반가량은 그 기사를 읽지 않았을 것이고, 만약 읽었더라도 대부분은 그저 우스갯소리로 넘겼을 터였다. 그리고 아마 몇 주후에는 그 기사에 대해 까맣게 잊어버리고 말았을 것이다.

♌ 사람들에게 조롱을 받거나 무시를 당하더라도 분노와 자기연민에 빠지지는 마라. 오히려 '지금 처한 환경이 정말로 최악일까?', '하루빨리 벗어나려면 어떻게 해야 할까?'를 생각하라.

고모의 솔직한 충고

한번은 엘리너 루즈벨트에게 "부당한 비판을 받았을 때 어떻게 대처하십니까?"라고 물어보았다. 사실, 그녀만큼 수없이 비난당한 사람도 흔치 않잖은가. 엘리너만큼 적과 친구가 뚜렷이 구분됐던 영부인은 없었다.

"전 어렸을 때부터 무척 수줍음이 많았어요. 누가 뭐라고 할까 봐 항상 겁났었죠. 그러던 어느 날, 고모에게 이 고민을 상담했어요.

'이 일을 하고 싶은데 남들이 뭐라고 할까 봐 너무 두려워요.'

그러자 고모는 저의 얼굴을 정면으로 쳐다보며 말했어요.

'남들이 뭐라고 하든 신경 쓰지 말고 스스로 옳다고 생각하는 일을 해라.'

엘리너는 훗날 백악관 안주인이 되었을 때 고모의 충고를 원칙 삼아 일을 처리했다고 고백했다.

"스스로 옳다고 믿는 일을 하면 됩니다. 그것이 가장 좋은 방법이죠. 무슨 일을 하든 사람들은 비난을 하기 마련이거든요."

'해도 욕을 먹고 안 해도 욕을 먹는다.' 이것이 바로 고모의 솔직한 충고였다.

세상에는 별의별 사람이 다 있다. 그러니 모두를 만족시키거나 기쁘게 할 수는 없다. 남들이 지껄이는 것을 모두 막아낼 수는 없으니 그저 '남들의 비판에도 의연해질 수 있다면' 그것으로 충분하다.

그냥 웃어라!

딤스 테일러가 신랄한 비판에 대처하는 방식은 우리 모두가 배워둘 만하다.

어느 일요일 오후, 테일러는 뉴욕 필하모닉 오케스트라의 라디오 콘서트 해설을 진행하며 음악회에 대한 비평을 늘어놓았다. 얼마 후, 그는 자신을 '사기꾼, 도둑놈, 머저리, 독사'라고 비난하는 한 여인의 편지를 받았다. 테일러는 저서 《인간과 음악》에서 "그녀는 음악에 대한 내 비평을 좋아하지 않는 사람인 것 같았다."라고 짧게 평했다.

그리고 다음 주, 그는 여인이 보내온 편지를 수백만 청중들에게 읽어주었다. 며칠 후 여인에게서 또다시 편지가 날아왔다.

'당신이 사기꾼, 도둑놈, 머저리, 독사라는 내 생각에는 변함이 없다'는 내용이었다. 하지만 비판에 대응하는 그의 방식은 참으로 감탄할 만하다. 난 그의 평정심과 자신감, 유머에 탄복하고 말았다.

찰스 슈왑은 프린스턴대학교에서 펼친 연설에서 '철강공장에서 일하던 늙은 독일인에게서 제일 중요한 교훈을 얻었다.'고 고백했다. 노인은 노동조합 내부의 문제로 격렬한 논쟁을 벌였고, 화가 난 동료들은 그를 강물에 던져 넣었다. 슈왑은 이 사건을 이렇게 설명했다.

"그가 흠뻑 젖은 채로 사무실에 나타났을 때, 당신을 괴롭힌 사람들을 어떻게 처리했냐고 물었습니다. 그러자 그는 '그냥 웃어주었죠'라고 대답하더군요."

후에 슈왑은 노인의 이 말을 자신의 평생 좌우명으로 삼았다.

"그냥 웃어라!"

누군가 욕을 하면 그대로 앙갚음해 줄 수 있다. 하지만 그저 웃고만 있는 사람에겐 더 이상 무슨 말을 하겠는가? '그냥 웃어라!' 이 충고는 당신이 부당한 비판을 받았을 때 더욱 위대한 힘을 발휘하리라.

3

내가 저지른
바보 같은 짓

자신이 저지른 잘못을 기록해두고 스스로 반성하라. 세상에 완벽한 인간은 없다. 그러니 공정하고 건설적인 비판을 받아들여 스스로를 진보시키라.

하웰의 성공비법

하웰은 커머셜뱅크 및 여러 대기업의 총수직을 맡고 있는 미국 재계의 거목이었다. 정규교육을 받지 못했던 하웰은 시골가게 점원에서 시작하여 마침내 US 스틸의 간부자리에까지 올랐다.

일찍이 그에게 성공의 비법을 물었을 때, 그는 이렇게 대답했다.

"최근 몇 년간 난 매일매일의 활동을 기록해 두었다네. 그리고 주말 저녁이 되면 한 주간의 업무를 돌아보고 객관적인 평가를 내리지. 혼자 조용히 앉아 한 주의 스케줄을 꼼꼼히 검토해보고 '어떤 잘못을 저질렀나?', '올바른 방법은 무엇일까?', '어떻게 개선할 수 있을까?', '어떤 교훈을 얻었는가.' 등을 되짚어 본다네. 물론, '어떻게 이런 실수를 저질렀나.' 생각해보면 불쾌해질 때도 있지. 하지만 시간이 지날수록 실수는 점점 줄어든다네. 이렇게 몇 년간 스스로 반성하다보니 확실히 효과가 있더군.”

이 방법은 아마 프랭클린에게 빌려온 것인 듯하다. 하지만 프랭클린은 토요일 저녁만이 아닌 매일 저녁 자기반성을 했다. 그는 자신이 저지른 열세 가지 중대한 과실에 대해 기록해두었다.

이는 시간 낭비, 사소한 일에 마음 쓰는 것, 다른 사람의 결점을 지적하는 것, 논쟁을 일삼는 것 등이었다. 프랭클린은 이 결점을 고치기 위해 매일 밤 자신의 상태를 기록했다. 덕분에 첫 번째 주에는 첫 번째 결점을, 두 번째 주에는 두 번째 결점을 고칠 수 있었다. 그리고 2년여 간의 노력을 통해 모든 결점을 극복해냈다.

사람들은 흔히 결점을 남의 탓으로 돌린다. 하지만 자신의 잘못은 결국 스스로 책임져야 한다. 현명한 사람은 남을 탓하기 전에 스스로에게 엄격한 비판의 잣대를 들이대고 결점을 고치기 위해 노력한다.

비누 세일즈맨

자기반성에 익숙했던 비누 세일즈맨이 있었다.

갓 세일즈 업계에 입문했을 때, 그는 형편없을 정도로 저조한 실적을 거두었다. 하지만 비누 자체의 품질이나 가격에는 문제가 없었다. 문제는 바로 자기 자신이었다.

그는 스스로 세일즈맨의 본분을 다하지 않았는지, 열의가 부족한지 등에 대해 반성했다. 그리고 자신을 거절한 고객들을 찾아가 "실례합니다! 제가 어느 부분이 부족한가요? 선생님의 솔직한 의견을 부탁드리겠습니다."라고 청했다.

그의 진심 어린 태도는 많은 고객들의 호감을 샀고, 이어 판매량은 점점 늘어갔다. 그가 바로 세계최대 비누회사인 콜게이트의 이사장 E. H. 리틀이다.

누구나 실수하거나 잘못할 때가 있다. 천재 아인슈타인조차 연구 중 99%나 실수를 저질렀다고 고백했다. 그러니 당신이나 나처럼 평범한 사람이 실수할 확률은 훨씬 더 높지 않겠는가. 자신에 대한 비판을 새겨듣고 스스로 더 진보하도록 노력하라.

망할 놈의 멍청이

누군가 당신을 욕한다면 당신은 어떻게 대응하겠는가?

국방부장관 에드워드 스탠튼은 링컨 대통령에게 쓴 소리를 내뱉은 적이 있었다. 당시 링컨대통령이 한 정치가와 병력이동 문제를 타협하자, 이 명령을 받아들일 수 없었던 스탠튼은 망할 놈의 멍청이가 미쳤다며 욕을 해댔다. 이 소식을 전해들은 링컨은 침착한 목소리로 "스탠튼이 그렇게 말했다면 내가 멍청한 거겠지. 그 친구야 항상 옳으니까. 그럼 이 문제를 다시 한 번 생각해봐야겠군. 어딘가 실수한 데가 있을 거야."라고 말했다.

링컨은 스탠튼을 찾아가 토론을 펼쳤고, 결국 자신의 실수를 인정한 대통령은 다시 명령을 철회했다.

당신을 칭찬하고, 지지하고, 보호해주기만 하는 사람에게는 배울 것이 없다. 오히려 당신을 비판하고 당신과 논쟁을 벌이는 자에게 배울 점이 더 많다.

5장

즐겁고 활력 넘치게
생활하는 법

1

하루에 한 시간을
늘리는 방법

> 자주 쉬어라. 피로를 느끼기 전에 쉬어주면 매일 한 시간씩 더 살 수 있다.

대통령의 전화도 받지 않는 시간

존 록펠러는 두 개의 놀라울만한 기록을 세웠다. 첫째는 세계 최고의 거부가 된 것이고, 둘째는 98세까지 장수했다는 것이다. 엄청나게 부유한 데다 오래 살기까지 했으니 누구나 꿈꾸는 삶이란 바로 이런 게 아닐까? 물론 록펠러 가족들이 대부분 장수했으니 유전적인 요인도 배제할 수는 없다. 하지만 이보다 더 중요한 요인은 바로 매일 오후 사무실에서 30분가량 낮잠을 자는 습관이었다. 이 시간만큼은 대통령조차도 그의 단잠을 깨울 수 없었다.

록펠러는 사업만큼이나 휴식을 중요시했던 사람이었다. 휴식은 중요한 치유의 과정이니, 단 5분의 휴식으로도 두뇌의 활동력과 집중력은 놀라울 정도로 향상될 것이다.

잠깐의 휴식

12년 동안이나 백악관을 지켰던 영부인 엘리너 루즈벨트 여사에게 "어떻게 그렇게 빽빽한 일정을 소화할 수 있습니까?"라고 물은 적이 있었다. 그러자 그녀는 사람들을 접견하거나, 연설을 해야 할 때면 보통 의자나 소파에서 20분 정도 눈을 감고 쉰다고 대답했다.

얼마 전에 난 메디슨 스퀘어 가든에 있는 진 오트리의 휴게실을 방문했다. 세계 최고의 가수인 오트리의 방에는 작은 간이침대가 있었다. 그는 "매일 오후에 잠깐씩 누워있어요. 공연 중간 쉬는 시간엔 1시간 정도 잠도 자고요. 헐리웃에서 영화를 찍을 때면, 매일 10분 정도 낮잠을 잤어요. 그러면 오후엔 훨씬 머리가 맑아지거든요."라고 말했다.

80세의 헨리 포드는 무척이나 건강하고 총명해보였다. 그래서 그 비결을 알려주십사 공손히 청했더니 그는 놀랍게도 "앉을 수 있을 땐 서지 않고, 누워있을 수 있을 땐 앉아있지 않았다네."라고 답해주었다.

ᘓ 휴식은 피로한 몸과 두뇌를 다시 활기차게 만들어준다. 그러니 휴식은 피로를 예방하는 최선책이다. 막대한 에너지가 소모되는 일 전에는 잠시 휴식을 취해보라. 그리하면 더 탁월한 성과를 올릴 수 있으리라.

피로회복제

잭 처토크는 헐리웃에서도 유명한 영화감독이었다. 몇 년 전, 메트로 골드윈 메이어 영화사의 단편 영화부 매니저를 맡게 된 그는 온갖 업무에 시달려 지칠 대로 지친 모습이었다. 비타민, 광천수, 각종 보충제까지 다 복용했지만 도무지 효과가 없었다. 그래서 난 그에게 매일 '휴식을 취하라'고 조언해주었다. 회의를 시작하기 전에 사무실에서 잠시 누워 휴식을 취하라는 것이었다.

그리고 2년 후에 우연히 다시 만났을 때 그는 이렇게 말했다.

"주치의가 기적이라고 말해요. 전에 팀원들과 업무회의를 할 때면 딱딱한 의자에 앉아 줄곧 긴장했었는데, 이젠 누워서 회의할 때도 있어요. 20년 동안 이렇게 자유로웠던 적은 없었던 것 같아요. 요즘엔 매일 두 시간씩 일을 더 하는데도 전혀 피로한 줄 모르겠어요."

ᘓ 잭처럼 사무실에 누워 회의를 하긴 쉽지 않겠지만, 잠시 짬을 내어 책

상에 엎드려 낮잠을 자보라. 만약 이렇게도 할 수 없다면 퇴근 후에 잠시 누워 휴식을 취하라. 그러면 놀랄 만큼 효율적인 하루를 보낼 수 있을 것이다.

4배의 성과

베들레헴 강철회사에서 관리 매니저로 일했던 프레드릭 테일러는 인부 한 사람이 하루에 12.5톤의 강철을 실어 나를 때, 정오가 되면 쉬이 지쳐버린다는 사실을 발견했다. 그리하여 작업 피로를 가중시키는 요인들을 면밀히 연구한 뒤, 인부 한 사람의 작업량을 12.5톤이 아닌 47톤으로 늘려 잡았다. 전혀 무리하지 않고도 기존 작업량의 4배가 되는 양을 옮길 수 있다는 결론을 냈기 때문이었다.

그는 공사장 인부 가운데 슈미트 씨를 지목하여, 정해진 계획에 따라 업무를 진행하도록 했다. "생철을 들고 옮겨라… 이젠 쉬어라… 걸어라… 쉬어라…"

그 결과, 슈미트 씨는 정말로 생철 47톤을 운반했다. 그리고 이후 3년간 꾸준히 작업을 하면서도 작업량은 전혀 줄어들지 않았다. 비밀은 바로 피로하기 전에 휴식을 취하는 것이었다.

그는 매 시간마다 26분간 작업하고 34분을 쉬었다. 쉬는 시간이 업무시간보다 길었던 덕에 업무효율이 4배나 증가할 수 있었다!

미 육군의 실험 결과는 매 시간마다 10분씩 휴식하면 행군 속도가 빨라질 뿐 아니라 행군 거리도 기존의 두 배가량이나 늘어남을 보여준다. 인체는 기계와 같아서 자주 쉬게 할수록 수명이 늘어나고 고장도 덜 나게 된다. 휴식, 이것이 바로 높은 성과의 비밀이다.

낡은 양말짝

유명한 소설가 비키 바움은 어릴 적에 만난 한 노인에게서 삶의 가장 중요한 교훈을 배웠다고 고백했다. 언젠가 길에서 넘어져 손목을 삐고 무릎까지 다쳤는데, 한 노인이 그녀를 일으켜 세워주었다. 서커스단 곡예사였던 그는 비키의 옷에 묻은 먼지를 털어주며 이렇게 말했다. "긴장 푸는 법을 몰라서 다치는 거란다. 네 자신이 낡은 양말짝처럼 헐렁하다고 생각해보렴. 좋아, 어떻게 하는지 가르쳐주마."

노인은 아이들 앞에서 물구나무서기와 재주넘기를 선보였다. 그리곤 "스스로가 양말짝이 된 것처럼 긴장을 푸는 거야"라고 가르쳤다.

언제 어디서든 긴장하지 않고 편안해질 수 있다. 그러니 불안감을 떨치고 편안해지도록 노력하라. 처음에는 먼저 눈과 얼굴의 긴장 푸는 법을 연습해야 한다. "쉬어라… 쉬어라… 쉬어라… 쉬어라!"라고 반복해서 되뇌어라. 그러면 얼굴뿐만 아니라 몸 전체에서 자신의 기운을 느낄 수 있을 것이다. 갓난아이처럼 모든 긴장을 풀어놓은 상태가 되면, 성공한 것이다!

유명한 소프라노 갈리 크루치도 이와 같은 방법을 썼다. 그녀는 무대에 오르기 전, 의자에 앉아 전신을 늘어뜨리고 아래턱을 길게 내빼곤 했다. 이 덕분에 긴장과 피로감 없이 산뜻하게 무대에 오를 수 있었다.

쉬어라, 또 쉬어라! 긴장도 버릇이듯, 몸을 편하게 하는 것도 익숙한 습관이 될 수 있다. 모두가 좋은 습관을 갖게 되면, 과로로 사망하거나 정신 요양소, 병원 등을 찾는 비율이 대폭 감소할 것이다.

2

좋은 습관을
들여라

어떻게 하면 업무효율을 높일 수 있을까?

① 현 업무와 상관없는 문서는 전부 치워라.

② 업무의 경중완급을 정확히 파악하라.

③ 과감히 결정하라.

④ 필요하다면 업무를 분담하라.

해도 해도 끝나지 않는 업무

유명한 정신의학자 윌리엄 새들러 박사는 아주 간단한 방법으로 환자를 치료했다. 시카고의 한 대기업 중역이었던 환자는 새들러 박사를 찾아왔을 때 무척 심각한 신경쇠약 증세를 보였다.

진료를 시작하기 전, 새들러 박사는 그의 생활을 세심하게 관찰했다. 환자는 커다란 책상 세 군데에 이리저리 미완의 업무를 늘어놓았다. 일은 해도 해도 끝이 나질 않았다.

이에 새들러 박사는 "책상 가득한 보고서와 오래된 문서를 다 정리하세요. 그리고 항상 책상을 깨끗하게 하는 겁니다. 문구, 명함, 메모지 등은 정해진 곳에 두고, 탁자 위엔 꽃도 한 송이 올려두세요. 비서가 보고를 올리면 그 즉시 처리하고 곧바로 서류를 되돌려주세요. 그리고 사무실 창문을 열어 항상 신선한 공기가 들어올 수 있도록 하세요."라고 조언했다.

서서히 그의 마음을 짓눌렀던 우울증과 스트레스가 해소되었고, 이와 더불어 업무능력도 놀라울 정도로 향상되었다. 몸도 마음도 다시 건강해졌음은 물론이다.

꾹 엉망진창인 공간은 심리적으로 불안감을 조성한다. 반면 깨끗하고 정돈된 환경에선 마음이 편안하고 차분해진다. 쓸데없는 문서로 가득 찬 사무실에선 '일이 영원히 끝나지 않을 것 같은 강박증'에 시달릴 수 있다. 주변을 정갈하게 정돈한다면 일을 더 체계적으로 또 쉽게 해낼 수 있다. 이것이 업무효율을 높이는 첫 번째 단계이다.

두 가지 능력

전국 규모의 시티즈 서비스회사를 설립한 헨리 도허티는 아무리 많은 돈을 주어도 결코 살 수 없는 두 가지 재능이 있다고 말했다.

"첫 번째는 생각하는 능력이요, 둘째는 경중완급에 따라 일을 처리하는 능력이다."

빈털터리였던 찰스 럭맨은 단 12년 만에 펩소던트 회사의 이사장 직위에 올라 연봉 10만 달러, 자산은 100만 달러 규모를 상회했다. 그는 헨리 도허티가 말한 두 가지 능력을 계발한 덕에 성공하게 되었다고 고백했다.

"힘이 닿는 한, 매일 아침 5시에 일어납니다. 이때가 머리가 가장 맑을 시간이거든요. 그리고 하루의 업무계획을 상세히 짜고 일의 중요도와 순서를 결정합니다."

미국 역사상 가장 성공한 보험세일즈맨인 프랭클린 베트거는 "아침 5시에 계획을 짜는 건 너무 늦지 않나요? 전 전날 밤에 계획을 세워놓습니다. 매일 얼마만큼의 보험을 팔 건지도 미리 정해두죠. 만약 목표를 달성하지 못하면 그 이튿날에 추가해둡니다."라고 말했다.

영국의 저명한 작가였던 조지 버나드쇼는 한 가지 계획을 세워두었다. 바로 하루에 5페이지씩 글을 쓴다는 자기와의 약속이었다. 그는 이렇게 9년간 노력을 기울였다. 만일 이런 노력이 없었다면, 그는 대작가는커녕 평범한 은행 출납원으로 삶을 마감했을 것이다.

무인도로 표류했던 로빈스 크루소는 매일 해야 할 일을 스스로 정해 두었다. 오늘날처럼 번잡스러운 사회에 사는 우리도 반드시 계획을 세워야 한다. 물론, 계획을 완벽히 수행할 수는 없다. 하지만 그 계획에 따라 일을 처리하다보면 효율은 물론 흥미도 배가될 것이다.

하나하나씩 해결하라

이미 고인이 된 H. P. 하웰은 내게 이런 말을 한 적이 있었다. "US 스틸의 이사로 재직할 때, 난 매번 이사회마다 엄청난 시간을 쏟았다네. 토론할 문제도 많고 연구해야 할 논제도 많았거든. 그래서 거의 모든 이사들이 잔무를 갖고 퇴근해야 했지."

얼마 후, 하웰은 '한 번에 한 가지 문제만 토론하여 결론을 짓자'고 이사회에 제안했다. 이를 위해서는 더 많은 연구 자료가 필요했지만, 다른 문제로 넘어가기에 앞서 명확하게 안건을 결정할 수 있었다. 결국 회의는 효율적으로 진행되었고 쓸데없는 잡무도 모두 사라졌다. 게다가 수많은 보고서를 집에 가져갈 필요도 없어졌다. 미해결된 문제 때문에 골치 썩이는 일이 사라진 덕분이었다.

정신 노동을 하는 사람들은 대체적으로 하루 업무를 완성하지 못하면 불안, 초조해하는 경향이 있다. 반면 하루 일과가 순조롭게 마무리되면 오히려 정신이 맑아진다. 미해결된 문제로 골치를 썩이거나 방황하지 않으려면 방법은 단 한가지이다. 하나하나씩 차례로 해결하라.

3

삶 자체를
즐겨라

종종 스스로를 일깨워라. "난 내가 하는 일을 사랑한다." 이렇게 하면 피로해
지기는커녕 오히려 더욱 활기차게 일할 수도 있다. 설사 활력이 넘치지 않더
라도 피로감은 줄일 수 있을 것이다.

노련한 산악인들

등산은 에너지 소모가 많은 운동에 속한다. 하지만 때론 등산
보다 일상적인 권태가 사람을 더욱 피로하게 만들기도 한다. 미네
아폴리스 농공저축은행 총재였던 S. H. 킹맨은 다음과 같은 이야
기를 들려주었다.

1943년 7월, 킹맨 씨는 캐나다 정부의 요청으로 캐나다 알프스
산악가이드 훈련을 위한 훈련등정에 참가했다. 42세~59세의 노
련한 산악인들은 젊은 사병들을 이끌고 등반을 시작했다.

그들은 계곡을 건너고 빙하지대를 지난 후, 노끈 등의 간단한 장비만으로 12미터 암벽을 기어올랐다. 소요호 계곡에 있는 수많은 봉우리를 넘어 장장 15시간 동안이나 등반을 한 젊은이들은 그야말로 기진맥진했다. 이들은 모두 6주간의 군사훈련을 마친 젊은이들이었다.

그들이 그토록 피로했던 건 군사훈련이 부족해서였을까? 아니다. 원인은 바로 등산이 지루하다고 느꼈기 때문이었다. 사병들은 식사조차 제대로 하지 못하고 곯아떨어졌다. 하지만 젊은 사병보다 훨씬 나이가 많은 노련한 산악인들은 피로하긴 했지만 지쳐 쓰러질 정도는 아니었다. 이들은 저녁식사를 마치고 함께 둘러앉아 담소까지 나눴다. 등반을 '즐겼던' 덕분에 지치지 않을 수 있었던 것이다.

피로하다고 느끼는 순간, 체내 혈압과 산소량은 급격히 떨어진다. 심리적인 피로가 생리적인 피로보다 사람을 더 피곤하게 만드는 것이다. 이는 젊든 늙든, 건강하든 허약하든 상관없이 나타나는 현상이다.

진짜 피로, 가짜 피로

속기사였던 앨리스는 무척 늦은 시간에 퇴근했다. 허리가 끊어질 듯 아팠으며 온몸은 젖은 솜처럼 축 늘어졌다. 입맛이 없어 식사까지 걸렀지만 그저 정신없이 자고 싶은 생각뿐이었다. 바로 그때, 전화벨이 울렸다. 댄스파티에 함께 가자는 남자친구의 전화였다.

순간, 앨리스의 눈이 초롱초롱 빛나기 시작했고 신이 난 그녀는 금세 옷을 갈아입고 밖으로 뛰쳐나갔다. 이렇게 새벽 3시까지 놀고 온 후에도 그녀는 전혀 지치지 않았다. 아니, 오히려 흥분에 잠을 이루지 못할 정도였다.

메리도 이와 비슷한 경험을 했다. 얼마 전까지만 해도 메리의 삶은 온통 엉망진창이었다. 하루 종일 정신없이 살면서도 업무처리를 제대로 하지 못했고, 거래처 사람들과의 약속도 어기기 일쑤였다. 이리저리 산재된 안건은 하나도 해결된 것이 없었다.

하지만 어느 날, 생각을 바꾸고 나자 모든 일이 순조롭게 해결되었고 업무효율도 기존의 10배 가까이 상승했다. 그리고 집에 돌아와서도 전혀 지친 기색을 드러내지 않았다.

ᒪ 대부분의 사람들은 겉으로 보이는 것처럼 피로하지 않다. 단지 업무에 대해 그리고 삶에 대해 피곤한 것일 뿐이다. 만약 유쾌하고 즐거운 일을 하게 된다면 정신은 오히려 더욱 맑아지리라.

즐거운 '척' 일하기

월리라는 속기사는 '즐거운 듯 일하는 방법'을 찾아냈다. 그녀가 들려준 이야기는 다음과 같다.

"저희 사무실에는 모두 4명의 속기사가 있어요. 그런데 업무량이 너무 많아 야근이 일상처럼 되어 있지요. 한번은 부사장님께서 편지를 다시 써오라고 하시더군요. 전 장문의 편지를 다시 쓸 필요야 없지 않느냐며 필요한 부분만 수정하겠다고 했죠. 그랬더니 '제대로 다시 써오지 않으면 해고야'라고 위협하시더군요. 그땐 정말 너무 화가 났죠. 하지만 월급을 받기 위해선 다시 쓸 수밖에 없었어요. 즐거운 척 다시 일을 시작하다보니, 어느새 기분이 좋아졌어요. 업무효율도 높아졌고요.

이렇게 일하다보니 사람들의 평이 좋아졌어요. 제가 힘든 일도 마다않고 열심히 한다는 소문을 들으셨는지, 상무님께선 절 개인비서로 채용해주셨어요. 마인드 컨트롤 덕분에 더 많은 기회를 얻게 된 셈이죠."

마인드 컨트롤이야말로 기적을 부르는 힘이다. 즐거운 '척' 일하게 되면, 실제로도 즐거워진다. 그러면 피로감, 긴장감, 불안감, 우울증 등은 씻은 듯 사라지리라. 즐거운 '척' 꾸며대다 보면 언젠가 일을 진정으로 사랑할 수 있는 때가 올 것이다.

ۿ 마인드 컨트롤이야말로 기적을 부르는 힘이다. 즐거운 '척' 일하게 되

면 실제로도 즐거워진다. 그러면 피로감, 긴장감, 불안감, 우울증 등은 씻은 듯 사라지리라. 즐거운 '척' 꾸며대다 보면 언젠가 일을 진정으로 사랑할 수 있는 때가 있을 것이다.

배우가 된 것처럼 생각하라

유명한 라디오뉴스 해설자인 H. V. 칼텐본은 일을 즐겁게 하는 자신만의 경험을 이야기해주었다.

칼텐본은 스물두 살 때 가축수송선에서 가축 사료 주는 일을 하면서 대서양으로 건너갔다. 이후 자전거를 타고 영국을 돌아본 그는 프랑스에서 한 가지 목표를 세웠다. 하지만 땡전 한 푼이 없었기에 카메라를 저당 잡히고 급하게 몇 달러를 구했다. 그는 파리판 〈뉴욕 헤럴드〉지에 구직광고를 냈고 마침내 입체 관찰경을 파는 세일즈 업무를 얻었다.

프랑스어도 할 줄 몰랐던 칼텐본은 1년 후에 연봉 5천 달러를 받는 프랑스 최고의 세일즈맨으로 등극했다. 어떻게 이런 기적이 일어날 수 있었을까?

먼저 그는 자신이 말하고 싶은 구절을 프랑스어 원고로 작성해서 외우고 또 외웠다. 그리고 아무 집이나 찾아가 벨을 누른 뒤, 가정주부가 나오면 어설픈 프랑스어로 외운 구절을 암송했다. 미국

식 말투가 배어있는 프랑스어로는 도통 무슨 뜻인지 알아듣기 어려웠기에 그는 곧바로 제품 사진을 들이밀었다. 만약 상대가 제품에 대해 질문이라도 하면 어깨를 으쓱이며 "미국사람, 미국사람…"이라고 말했다. 그리고 모자를 벗어 그 안쪽에 붙여둔 프랑스어 원고를 보여주었다. 그러면 프랑스 부인들은 대개 유쾌한 미소를 짓곤 한다. 그 역시 즐거운 미소로 제품 사진을 다시 보여주었다.

처음에는 이런 일 자체가 무척 어려웠다고 말했다. 하지만 그에게는 '일을 즐겁게 해야지'라는 강한 신념이 있었다.

그는 매일 아침 집을 나서기 전에 거울을 들여다보며 스스로에게 "칼텐본, 먹고 살려면 이 일을 해야 해. 어차피 할 거라면 더 즐겁게 하자고! 네가 배우고, 고객의 집이 무대라고 생각해봐. 수천만 명의 관객이 날 지켜보고 있다고. 연기라면 더 즐겁게 해낼 수 있지 않겠어?"라고 다짐했다.

그는 매일 스스로의 기운을 북돋우며 고된 노동도 즐거운 일처럼 즐겼다. 덕분에 엄청난 돈을 벌 수 있었던 것이다.

난 칼텐본 씨에게 충고 한마디를 부탁했다.

"빨리 성공하려고 하는 젊은이들에게 어떤 충고를 해주시겠습니까?"

"매일 아침마다 스스로를 깨워야 합니다. 평소에 운동을 많이 해서 신체를 맑게 깨워야 합니다. 하지만 그보다 더 중요한 건 정신적인 운동을 하는 거죠. 매일 활력을 불어넣으세요. 자, 이렇게 매일 아침 신체와 정신을 깨우세요."

🙏 매일 아침 자신을 깨운다 함은 적극적으로 심리적 암시를 주는 것이다. 스스로에게 기운을 불어넣으면, 어떤 일이든 용감하고 즐겁게 해낼 수 있는 힘과 용기를 얻게 된다. 그러면 승진과 연봉인상은 덤으로 따라오게 될 것이다.

업무 중에 게임

오클라호마 주 털사의 한 석유회사에서 일하던 속기사가 있었다. 그녀는 매달 석유판매 보고서를 작성하는 단조로운 업무를 맡고 있었다. 하지만 적극적인 성격의 그녀는 지루한 일을 재미있는 게임으로 바꾸어놓았다.

대체 어떻게 한 것일까? 바로 매일매일 스스로와 경쟁한 것이었다. 매일 아침, 작성해야 할 보고서 양을 정해놓고 오후까지 그 기록을 돌파하기 위해 일에 매진했다. 그리고 이튿날에는 목표량을 더 올려 잡았다. 이렇게 하루하루 작업속도가 빨라졌고, 업무의 권태로움은 씻은 듯이 사라졌다. 덕분에 체력소모도 줄어들었고 더 많은 여가시간을 즐길 수 있었다. 이는 분명 실제의 일임을 보증할 수 있다. 바로 내 아내의 이야기이기 때문이다.

이와 마찬가지로, 지루하기 그지없는 공장 일을 하던 젊은이가 있었다. 작업대에서 하루 종일 볼트를 만드는 일은 무척이나 단조롭고 나른했다. 그는 공장을 그만두고 싶었지만 딱히 다른 할 일도 없었다.

그러던 어느 날, '좀 더 일을 재미있게 할 수 있지 않을까?'라는 생각이 스쳤다. 그는 옆 라인에 있는 동료보다 더 많은 제품을 만들어내기로 결심했다. 작업반장은 그의 생산량과 생산속도에 칭찬을 아끼지 않았고, 얼마 후 좀 더 나은 보직으로 승진하게 되었다. 하지만 이것이 끝이 아니었다! 그는 마침내 볼드윈 기관차 제조회사의 이사장이 되었다.

만약 일을 즐겁게 하려는 결심이 없었다면 그는 아직까지도 무미건조한 일을 하는 공장직원에 불과했을 것이다.

보통사람들은 일 자체를 괴롭고 힘든 것으로 인식하는 반면, 놀기 시작하면 금세 두 눈이 반짝반짝해진다. 하지만 원래부터 일이 지루하고 놀이가 즐거운 것은 아니다. 단지 사람의 두뇌가 그렇게 인식하는 것뿐이다. '일은 힘들다'는 편견을 깬다면 일 자체도 즐겁게 즐길 수 있다.

아이스크림을 파는 남자

다른 소년들이 여자 친구와 데이트를 하거나 축구를 할 무렵, 하를란 하워드는 학교 식당에서 접시를 닦고 아이스크림을 팔았다. 하워드는 일이 싫었지만 별다른 대안이 없었다. 몇 주 후, 우울함에 잠겨있던 그는 이 지겨운 일에서 의미를 찾아보기로 했다. 그렇지 않으면 더 이상 일을 계속할 수 없을 것 같았기 때문이었다. 그러던 어느 날, 문득 기발한 생각이 떠올랐다.

'지금이야말로 아이스크림을 연구할 수 있는 좋은 기회잖아! 이건 어떻게 만들어지는 거지? 성분이 뭘까? 어떻게 더 맛있게 만들수 있을까?'

이 문제를 파고들면서 아이스크림은 유혹적인 연구대상이 되었다. 하워드는 그날부터 아이스크림을 연구하기 시작했다. 그는 관련 지식을 얻기 위해 수없이 많은 책을 읽고 화학 선생님의 도움을 얻기도 했다. 점차 아이스크림에 대한 이해가 깊어지면서 그동안 혐오해 마지않았던 일까지 사랑하게 되었다.

그는 아이스크림의 화학성분 연구로 교내 화학과목 1인자로 우뚝 섰고, 점차 식품화학 분야에도 관심을 쏟았다. 우수한 성적으로 고등학교를 졸업한 하워드는 매사추세츠 주립대학교에 진학하여 식품 영양학을 연구하기 시작했다. 그리고 한 식품회사에서 주최한 코코아와 초콜릿에 관한 논문대회에서 최우수상을 받기도 했다.

졸업 후, 하워드는 자신의 집 지하실에 개인 실험실을 차려놓고 연구를 계속했다. 바로 매사추세츠 주 앰허스트 노스플래전트 스트리트 750번가였다. 그가 갓 창업했을 무렵, 정부에서는 '우유에 함유된 박테리아 함유량을 엄격히 표시해야 한다.'는 법률을 통과시켰다. 덕분에 하워드는 앰허스트에 있는 14개 우유공장에서 박테리아 함유량을 측정하는 일을 맡았다. 그리고 사업을 확장하여 직원을 두 명이나 고용했다.

아마 하워드가 무척이나 운 좋은 사나이라고 생각할지도 모른다. 사업을 시작하자마자 정부의 새로운 법안이 통과되어 일이 많아졌으니 말이다. 하지만 그간 아이스크림 연구에 공을 들이지 않았다면, 혹은 이미 그 일을 그만두었다면 지금과 같은 좋은 기회도 그냥 흘려버리고 말았을 것이다. "관심이 가장 훌륭한 선생이다." 하워드는 지루하기 그지없는 일에서 즐거움과 지식을 구했기에 이렇게 사업을 일궈낼 수 있었다.

25년 후쯤에는 그가 분명 식품화학 연구 분야에서 손꼽히는 권위자가 되어있으리라 감히 단언한다. 과거 그에게서 아이스크림을 사먹던 친구들이 실업과 가난에 시달리며 일자리조차 찾지 못하고 있을 때 말이다. 하지만 하워드 역시 그 권태로웠던 일을 흥미롭게 바꾸지 못했다면 오늘날의 성공도 없었을 것이다.

♫ 지루한 일을 재미있게 바꾸지 못한다면, 결코 성공할 수 없다. 관심이

란 일부 타고나기도 하지만, 일부는 후천적으로 배양된다. '하고자 하는 일을 묵묵히 해나가는' 귀중한 능력이 있다면 미래를 걱정할 필요는 없으리라.

4

잘 자는
방법

아래의 네 가지 규칙을 기억하라.

첫째, 잠이 오지 않을 때는 졸릴 때까지 책을 보거나 일을 하라.

둘째, 걱정하지 마라.

셋째, 하나님께 기도하라. 그 후에 누워서 긴장을 풀어라.

넷째, 운동을 많이 해라. 몸이 피로하면 깨어있을 기력도 없다.

제대로 자본 적이 없어요

잠을 푹 자지 못해 고민하는가? 하지만 평생 동안 제대로 자지 못하고도 81세까지 장수했던 법률가 사무엘 운터마이어의 이야기를 알게 된다면, 불면증은 그리 걱정할 바가 아니다.

사무엘은 대학을 다닐 때 천식과 불면증으로 고통 받았다. 병은 갈수록 심각해졌고 유명하다는 의사는 다 찾아가봤지만 아무런 효과가 없었다. 그래서 그는 쓸데없이 침대에서 뒤척이느니 차라리 그 시간에 책을 읽기로 했다. 그 결과, 사무엘은 학과 전체의 우등생이 되어 뉴욕시립대학교의 '천재'라는 별명을 얻게 되었다.

변호사가 된 이후에도 불면증은 계속 됐다. 하지만 그는 애초에 불면증에 대한 걱정 따위는 접어두고 "하늘이 날 돌봐줄 거야"라고 굳게 믿었다. 그래서일까, 매일 잠자는 시간이 줄었음에도 건강에는 전혀 이상이 없었다. 그리고 모두들 잠잘 시간에 홀로 연구를 계속했기에 그는 항상 탁월한 성과를 거두어냈다.

스물한 살의 나이에 연봉 7만5천 달러를 받게 된 그는 1931년에 역사상 최고의 수임료인 1백만 달러를 받기도 했다. 이때에도 여전히 불면증에 시달리고 있었다. 그는 밤 시간의 절반을 책을 읽는 데 썼고, 새벽 5시면 잠자리에서 일어났다. 덕분에 다른 사람들이 일을 시작할 무렵에 하루 업무의 절반 가까이를 모두 마친 상태였다.

그는 81세까지 장수를 누렸다. 평생 동안 깊은 잠을 자지 못했지만 불면증 때문에 고민하지는 않았다. 만약 그랬다면 그의 삶은 이미 무너져 내렸으리라.

🙏 흔히들 불면증을 매우 심각하게 받아들인다. 하지만 사무엘이 그랬다면 그의 인생은 이미 끝장났으리라. 남을 뛰어넘는 성취는 그보다 탁월한 열정에서 비롯된다. 생각을 바꿔보라. 잠을 자지 않으면 남들보다 두 배를 사는 것이 아닌가?

지각하면 안 돼!

내 강좌의 학생이었던 아이라 샌드너는 심각한 불면증 때문에 자살까지 생각할 정도였다. 그의 이야기는 다음과 같다.

"원래 전 잠을 깊게 자는 편이었어요. 알람을 맞춰놓아도 도통 일어나질 못해 매일 지각하는 일이 다반사였지요. 어느 날 사장님이 '또 한 번 늦잠 자다가 지각하면 각오해!'라고 경고하시더군요.

친구들은 제게 잠잘 때 알람시계에 집중하면서 자라고 충고해줬어요. 그것까지는 좋았지요. 그런데 알람시계의 똑딱거리는 소리에 도무지 잠을 잘 수가 없었어요. 아무리 자려고 해도 안 돼서 밤을 꼴딱 새우고 말았지요. 그러다보니 아침에는 온몸이 지쳐 출근할 기운조차 없더군요. 매일 밤 이렇게 시달리며 두 달을 살다보니 거의 미칠 지경이 되었어요. 몇 시간 동안이나 방안을 서성이다보면, 고통스런 마음에 그냥 창문을 열고 뛰어내리고 싶었지요.

그러다 결국 의사를 찾아갔어요.

'아이라, 미안하지만 방법이 없네. 다음번에도 계속 그러거든 스스로에게 주문을 걸어보게. 잠을 자든 안 자든 상관없어. 그냥 밤에는 충분히 휴식을 취할 수 있으니까 라고 말이네.'

의사의 말대로 했더니 2주도 채 되지 않아 다시 잠을 잘 수 있었어요. 한 달쯤 되었을 때는 불면증에서 완전히 회복되어 하루에 8시간씩 꼬박꼬박 자게 되었지요."

대부분의 사람들은 불면증을 걱정하느라 신체기능이 저하되고 면역력도 떨어지게 된다. 그래서 각종 바이러스를 이기지 못하고 결국 죽음에 이르게 되는 것이다. 이는 불면증 자체가 아닌 근심 때문에 생겨난 병이다. 그러니 불면증이든 뭐든 더 이상 걱정하지 마라. 걱정을 멈추는 순간 꿈나라로 들어갈 수 있다.

잠을 못 잔 건 바로 날세!

19세기의 저명한 사상가였던 허버트 스펜서는 평생 독신으로 살았다. 그는 만나는 사람마다 지겨울 정도로 자신의 불면증에 대해 토로했다. 외부 소음에 지극히 민감했던 그는 잠을 청하기 위해 심지어 아편을 복용하기도 했다.

그러던 어느 날, 허버트는 옥스퍼드대학교의 세이스 교수와 같은 방에서 자게 되었다. 다음날 아침, 허버트는 한숨도 자지 못했다고 불평해댔지만 오히려 잠을 자지 못한 건 세이스 교수였다. 허버트가 코고는 소리에 도저히 잠을 이룰 수 없었던 것이었다.

불면증을 걱정하는 이들은 보통 자신들의 생각보다 훨씬 잠을 많이 잔다. 그러니 "내가 대체 몇 시간을 자는 걸까?"에 대한 생각을 버려라. 그러면 더욱 편안히 잠들 수 있을 것이다.

극도의 피로

열세 살 무렵에 운 좋게도 세인트조에 갈 기회가 있었다. 예전엔 인구 4천 명 이상의 대도시에 가 본 적이 없었는데, 아버지께서 돼지를 운반하러 가시는 길에 날 데려가셨다. 세인트조(당시 인구가 6만에 달했다)에 도착했을 때 난 흥분을 감추지 못했다. 6층 빌딩이 빽빽이 들어선 대도시에서 난생 처음 전차도 타보았다. 그때가 아마 내 인생에서 가장 신났던 하루였을 것이다. 뿌듯한 나들이를 마치고 집 근처 기차역에 내린 게 새벽 2시였는데, 아직도 약 6킬로미터를 더 걸어가야 했다. 난 걸으면서 잠을 잤고 게다가 꿈까지 꾸었다.

유명한 작가였던 시어도어 드라이저도 이 같은 방법을 썼다. 아직 젊고 패기 넘치는 작가였던 시절, 그는 삶에 대한 고민으로 불면증에 시달렸다. 그래서 그는 뉴욕 중앙철도의 철로공사장에서 하루 종일 못질을 하고 돌을 나르는 고된 노동을 자청했다. 결국, 저녁이 되면 피곤에 절어 식사도 하지 못한 채 잠에 곯아떨어졌다.

🦢 불면증을 치료하는 또 다른 방법은 '몸을 극도로 피곤하게 하는 것'이다. 축구, 테니스, 골프, 스키 등 체력 소모가 많은 일을 한 후라면 천둥번개가 쳐도 잠에 곯아떨어질 수 있다.

How to Stop Worrying & Start Living

6장

결혼과 가정을
유지하는 법

1

문제의 원인은 바로
남편과 아내 그들 자신이다

> 결혼이란 두 사람이 함께 추는 춤이다. 그러니 두 사람의 보폭이 맞지 않으면
> 춤이 어우러지지 못한다.

무척 사소한 일

레넌 법정에서는 매주 6일간 이혼 사무를 처리하는데, 한 부부가 이혼수속을 마치는 데는 평균 10분가량 소요된다. 그렇다면 이들 가운데 엄청난 비극이나 재앙 때문에 이혼을 택하는 부부는 과연 몇 쌍이나 될까?

사실, 진정으로 비극적인 이혼은 극히 드물다. 믿지 못하겠다면 레넌 법정에 직접 찾아가 이혼부부들의 하소연을 들어보라. 아마도 '작은 격랑에 배가 뒤집힌' 경우가 대부분일 것이다. 시카고에 사는 사바스 변호사는 지금껏 4만여 건의 이혼수속을 담당했고 2

천여 쌍의 부부갈등을 중재했노라고 말했다.

"불행한 결혼생활의 원인을 되짚어보면 대개는 무척 사소한 일인 경우가 많습니다. 아침마다 출근하는 남편에게 '잘 다녀와'라는 인사만 했어도 이혼까지 가지는 않을 겁니다."

다음은 에드나 밀레이가 남긴 시 가운데 인상적인 한 소절이다.

잃어버린 사랑이 아니야,
우리의 눈부신 시절을 망쳐버린 건.
사랑을 놓친 건
아주 사소한 일에서부터 시작된 거야.

☙ 헤겔 사상에 대한 관점이 달라 이혼한 부부가 있는가 하면, 남편이 매번 가운데 치아부터 양치를 한다는 이유로 이혼도장을 찍은 부부도 있다. 이렇게 우스꽝스럽고 사소한 이유로 수많은 부부들이 파경을 맞고 있다. 하지만 스스로 변하지 않는다면 이혼 자체는 아무런 해결책도 되지 못한다. 또 다른 반려자를 만났을 때는 또 다른 문제로 골치를 썩게 될 테니 말이다.

결혼의 천재

영국의 정치가 디즈레일리는 이렇게 말했다.

"살면서 수많은 어이없는 실수를 저질렀지만, 사랑 때문에 결혼하는 허황된 짓은 결코 하지 않으리라."

과연 그는 서른다섯 살까지 독신으로 지냈고 후에는 어느 돈 많은 과부에게 청혼을 했다. 사랑하지도 않는, 게다가 자기보다 열다섯 살이나 많은 50대 과부에게 말이다. 그녀도 디즈레일리가 사랑이 아닌 돈 때문에 청혼한 것을 알고 있었다. 하지만 그녀는 "생각할 시간을 1년만 주세요."라고 대답했다.

그리고 일 년 후, 디즈레일리의 인격을 검증해본 그녀는 그의 청혼을 승낙했다.

이 황당한 결혼사건은 마치 모종의 거래처럼 느껴질 정도다. 하지만 처음엔 그다지 어울릴 것 같지 않던 이들이 훗날에는 아름다운 결혼의 모범으로 회자되기에 이른다. 물론 결혼생활이 줄곧 평탄하지만은 않았지만 이 부부는 언제나 아름답고 지혜로운 결합을 보여주었다.

디즈레일리는 젊지도 아름답지도 그렇다고 특별히 지혜롭지도 않은 그저 돈 많은 과부를 선택했다. 그녀는 기본적인 문학, 역사 상식 등에 무지했으며 심지어 그리스와 로마를 제대로 구별하지도 못했다. 차림새는 평범함을 지나쳐 괴상하기까지 했고, 실내 인테리어 따위에는 관심조차 없었다. 하지만 그녀는 결혼의 가장 중요한 부분인 '남편과 어우러질 줄 아는 능력'에 있어서는 감히 천재라 칭할 수 있을 정도였다.

그녀는 부창부수의 신조를 따르며 언제나 온화하게 생활했다. 디즈레일리가 오후 내내 드센 귀부인들과 힘겨루기를 한 뒤 지칠 대로 지쳐 귀가하면, 부인은 언제나 따뜻하게 남편을 감싸주었다. 그는 집에서만은 마음 편히 자유롭게 지낼 수 있었다. 기쁨이 넘치는 가정 안에서 이들은 서로를 극진히 존경하고 아껴주었다.

디즈레일리가 평생토록 가장 견디기 힘들었던 순간은 바로 늙은 부인이 먼저 세상을 떠났을 때였다. 부인은 그의 가장 현명한 내조자이자 측근, 고문이었다. 매일 저녁, 디즈레일리는 의회업무를 마치고 집에 돌아와 밖에서 있었던 각종 사건들을 이야기해 주었고 부인은 조용히 듣고만 있었다. 그래도 언제나 남편 디즈레일리가 가장 탁월한 인재이며 결코 실패하지 않으리라 굳게 믿어주었다.

그들이 함께 보낸 30년 세월 동안, 부인은 언제나 남편의 입장에서 생각했고 남편의 짐을 함께 나누어 메려고 노력했다. 심지어 자신의 재산조차, 남편과 안락한 삶을 누릴 수 있기에 가치가 있다고 여길 정도였다. 물론 디즈레일리에게도 부인은 마음속 영웅과도 같은 존재였다.

그녀가 세상을 떠난 후 디즈레일리는 백작칭호를 수여받았다. 일찍이 디즈레일리가 아직 평민이었을 때, 그는 빅토리아 여왕에게 부인 메리 앤을 귀족에 봉해달라고 간청했었는데, 결국 1869 년에 메리 앤 역시 비컨스필드 여자작으로 봉해졌다.

디즈레일리는 부인이 아무리 바보 같은 실수를 저질러도 절대 질책하는 법이 없었다. 그리고 부인 앞에서는 그 어떤 비판의 말도 늘어놓지 않았다. 누군가 부인을 조롱할 때면 그 즉시 부인을 감싸고돌았다. 완벽하지 않았던 메리 앤 역시 30여 년간 남편만을 지지했다. 그녀는 언제나 남편을 칭찬하고 존경했다. 그 결과는 어떠했겠는가?

디즈레일리는 부인을 한 번도 미워해본 적이 없다고 말하며 자신의 삶에서 가장 중요한 인물로 메리 앤을 꼽았다. 메리 앤 역시 친구들에게 "은혜로운 하나님께서 내게 그이를 보내 주시어, 이렇게 행복한 삶을 누리고 있어."라고 말했다.

디즈레일리가 가끔 "당신 재산이 아니었다면 부인으로 맞이하지 않았을 텐데…"라고 농담을 하면 메리 앤은 웃으면서 이렇게 대답하곤 했다. "하지만 다음번에 제게 청혼을 하신다면 그땐 분명 사랑 때문이겠죠?"

디즈레일리도 이 대답에만은 고개를 끄덕였다. 메리 앤은 분명 단점이 많은 여인이었지만, 디즈레일리는 그녀를 바꾸려 하지 않았다. 오히려 그녀 원래의 모습을 받아들이며 삶을 즐길 줄 아는 현명함을 지녔던 것이다.

디즈레일리는 불완전한 메리 앤의 모습 그대로를 기꺼이 받아들였다. 그리고 메리 앤 역시 완벽하지 않은 디즈레일리를 자신의 품 안에서 쉴 수 있도록 해주었다. 둘 다 어느 정도 세상을 경험한 후였기에 서로 간섭하지 않고 자유롭게 놓아줄 수 있는 방법을 알았던 것이리라. 아름다운 결혼은 현명한 어울림에서 비롯된다. 이 같은 어울림이 조화를 이룰수록 사랑은 더욱 깊어지게 된다.

결혼의 무덤을
파지마라

쉼 없이 잔소리를 해대는 부인과 걸핏하면 집 밖으로 뛰쳐나가는 남편, 이렇게 사랑은 점점 식어가고 결혼은 파국을 향해 치닫는다. 그러나 대부분이 사람들은 대체 '무엇' 때문에 결혼이 망가지는지 도무지 알지 못한다.

광녀 유지니

프랑스 황제 나폴레옹 3세는 세상에서 가장 아름다운 여인이었던 마리 유지니와 사랑에 빠졌고, 이어 성대한 결혼식을 올렸다. 일부 대신들은 유지니가 스페인의 보잘것없는 백작의 딸이라는 걸 못마땅해 했지만 나폴레옹은 전혀 아랑곳하지 않았다. 오히려 "그녀의 우아함과 젊음, 미모만으로 이미 충분하지 않소?"라며 부인을 감싸고돌았다.

나폴레옹은 전국적인 연설을 통해 "짐은 스스로가 존경하는 여인을 평생의 반려자로 선택하였노라. 알지도 못하는 여인과 결혼을 하고 싶은 생각은 없나니."라고 선포했다. 권력, 명예, 부, 미모, 사랑, 건강 등 모든 조건을 다 갖춘 이 결혼은 그야말로 완벽했다. 신성한 결혼을 축복하는 불빛이 이토록 휘황찬란하게 타올랐던 적이 언제 또 있었던가.

하지만 불행히도 이들의 찬란했던 열정은 그리 오래가지 못했다. 나폴레옹은 유지니를 황후로 만들어주었지만, 제 아무리 열렬한 사랑의 힘도, 국왕의 권위도, 아니, 프랑스의 그 어떤 힘으로도 유지니의 잔소리를 멈추게 할 수는 없었던 것이다. 질투심에 사로잡혀 의부증 증세까지 보인 유지니는 남편에게 욕설과 모욕을 퍼붓기 일쑤였고, 단 한순간도 그를 그냥 내버려두지 않았다.

나폴레옹이 국정을 보고 있을 때면 제멋대로 집무실에 쳐들어가 소란을 피워댔고, 조정 대신들과 중요한 회의를 나누고 있을 때에도 함부로 훼방을 놓았다. 또한 나폴레옹이 다른 여인과 정을 통할까 두려워 잠시라도 그를 혼자 두는 법이 없었다.

유지니는 종종 언니에게 달려가 남편의 험담을 늘어놓으며 울고불고 하소연을 해댔다. 때로는 다짜고짜 서재로 쳐들어가 남편에게 미친 듯이 욕설을 퍼붓기도 했다. 호화로운 궁전에서 황제의 삶을 누리는 나폴레옹이었지만, 그 어디에서도 마음 편히 지낼 수는 없었다.

이런 무례한 패악질로 유지니가 얻은 것은 대체 뭐란 말인가?

답은 여기에 있다. E. A. 라인하르트의 명저 《나폴레옹과 유지니: 제국의 희비극》의 한 구절을 인용해보겠다.

"밤이 깊어질 무렵, 나폴레옹은 종종 모자를 깊숙이 눌러쓴 채 궁전을 몰래 빠져나왔다. 그리고 가까운 친구들과 함께 어여쁜 여인들과 밀회를 즐기곤 했다. 때론 파리 성내를 이리저리 배회하면서 국왕으로서는 절대 경험할 수 없는 평범한 밤 생활을 만끽하기도 했다."

이것이 바로 부인의 잔소리에 내몰려 아무것도 할 수 없었던 나폴레옹의 선택이었다. 눈부신 미모에 고귀한 황후의 신분까지 갖췄던 유지니였지만 단지 그것만으로는 사랑을 유지해갈 수가 없었다. 유지니는 대성통곡을 하며 이렇게 울부짖었다.

"내가 그토록 걱정했던 일이 드디어 벌어지고야 말았구나."

이 이야기는 후일에 영화로 제작되어 사람들의 심금을 울렸다. 가련한 유지니는 그토록 갈망했던 사랑을 결국 얻을 수 없었다. 그토록 뛰어난 미모에 고귀한 신분을 갖고도, 여인으로서의 질투심을 이기지 못한 유지니는 잠시도 잔소리를 멈추지 않았다. 아무리 깊은 사랑이라도 도를 넘어선 잔소리에는 버티지 못하는 법. 그녀는 결국 스스로 자기 무덤을 판 꼴이 되고 말았다.

링컨의 결혼생활

링컨의 비극은 피살이 아닌 결혼생활에 있었다. 지난 수십 년간 처절한 고통 속에서 살아온 링컨은 부스의 총탄에 맞았을 때 오히려 아무런 고통도 느끼지 못했다.

동료 변호사였던 헌든에 따르면 링컨은 23년간 불행한 결혼생활로 엄청난 고통을 받았다고 했다. 거의 4반세기에 이르는 동안, 링컨 부인은 끊임없이 잔소리를 해대며 쉴 새 없이 남편을 원망하고 비난했다. 도무지 머리끝부터 발끝까지 마음에 드는 구석이 하나도 없었던 것이다. 부인은 남편의 걷는 모양새에 힘이 없다는 둥, 몸짓이 천하다는 둥 타박하기 일쑤였고 심지어 걸음걸이까지 흉내 내면서 조롱하곤 했다. 그 후엔 걷는 모양새를 고치라며 하루 종일 남편에게 잔소리를 퍼부어댔다. 그녀는 남편의 머리 위에 삐죽 솟은 커다란 귀도 마음에 들어 하지 않았다. 심지어 코가 삐뚤어졌다는 둥, 입술이 못생겼다는 둥, 손발이 너무 크다는 둥, 머리가 너무 작다는 둥, 몸의 비율이 맞지 않아 마치 폐병환자 같다는 둥 온갖 불만을 늘어놓기 일쑤였다.

링컨과 그의 부인은 교육, 환경, 성격, 취미, 외모, 사고방식 등 모든 면에서 서로 달랐다. 두 사람은 항상 맞서 싸우기만 할 뿐 좀처럼 화합할 줄을 몰랐다. 링컨 연구에 관해 당대의 권위자였던 고 앨버트 J. 베버리지 상원의원은 다음과 같은 기록을 남겼다.

"링컨 부인의 목소리는 귀가 찢어질 만큼 날카로워 길 건너편에까지 들릴 정도였다. 그녀가 링컨에게 화를 터뜨릴 때에는 온 동네에 고함소리가 쩌렁쩌렁 울려댔다. 그녀는 욕을 퍼붓는 것에 그치지 않고, 형용할 수도 없는 폭력적인 방식으로 분노를 토해냈다."

갓 결혼한 링컨 부부가 제이콥 얼리 여사의 집에 머물 때의 일이었다. 당시, 얼리 부인은 의사였던 남편이 세상을 떠난 뒤라 생활비를 마련하기 위해 하숙을 쳐야 했다. 어느 날 아침, 함께 식사를 하던 링컨 부인이 갑자기 불같이 화를 내면서 링컨 얼굴에 뜨거운 커피를 끼얹었다.

현장에는 다른 하숙생들이 함께 있었는데도 말이다! 링컨은 아무 말도 하지 않은 채 꿈쩍 않고 앉아 있었고, 얼리 부인은 재빨리 수건으로 링컨의 얼굴과 옷을 닦아주었다. 이 같은 그녀의 난폭한 패악질은 75년의 세월이 지난 오늘날에도 차마 눈을 뜨고 보아줄 수 없을 정도이다. 후일에 그녀는 결국 정신이상자가 되고 말았다. 그러니 당시 그녀의 행동은 아무리 관대하게 보더라도 어느 정도 병적이었다고밖에 볼 수 없다.

링컨 부인은 소리를 지르고 욕설을 하며 링컨을 자기 마음에 들게 바꾸려고 했다. 하지만 결과는 어땠을까? 어떤 면에서는 성공했다고도 할 수 있다. 부인을 향한 링컨의 태도가 분명 변했으니 말이다. 그는 갈수록 불행해지는 결혼생활을 후회하며 부인을 멀리하기 시작했다.

스프링필드에 거주하는 변호사는 총 11명이었는데 그 작은 마을에서만은 생계를 꾸리기가 힘들었다. 그래서 그들은 제8사법지구 내의 시골 마을을 돌아다니며 일을 찾아야만 했다. 변호사들은 대개 주말이면 스프링필드에 있는 집으로 돌아가 가족들과 함께 시간을 보냈다. 하지만 유독 링컨만은 예외였다.

그는 집을 두려워했다. 봄 3개월 그리고 가을 3개월 동안 고향을 떠나 타지를 떠돌면서도 링컨은 절대 스프링필드 근처로 가지 않았다. 부인의 잔소리에 시달리느니 차라리 작은 마을의 허름한 여관에서 묵는 편을 택했던 것이었다.

뉴욕시 가정법원에서 수천 건의 '처자 유기문제'를 연구한 결과, 남편들이 가정을 버리는 가장 큰 이유는 바로 부인의 끊임없는 잔소리 때문이었다. 그러니 '잔소리'는 결혼의 무덤을 파는 것이나 다름없다.

너무 늦은 후회

대작가 톨스토이의 추종자들은 하루 종일 그를 쫓아다니며 그의 말과 행동을 하나도 빠짐없이 기록했다. 심지어 "이제 자러 가야겠군!"과 같은 평범한 말까지도 꼼꼼히 받아 적었다. 후일에 러시아 정부는 추종자들이 적은 모든 문장을 책으로 엮어 편찬했는데 이것만도 수백 권에 달한다.

드높은 덕망과 명예를 얻은 톨스토이 부부는 재산, 지위, 자식 등 무엇 하나 빠질 것 없는 완벽한 결혼생활을 누렸다. 이대로만 계속된다면 늙어 죽을 때까지도 마냥 행복할 터였다. 이들은 신께 무릎을 꿇고 '이렇게 영원히 행복하게 해 달라'고 기도를 올렸다.

하지만 놀라운 사건이 일어났다. 톨스토이가 갑자기 다른 사람처럼 변해버린 것이었다. 그는 초창기의 대작들을 수치스러워하며 여생 동안 전쟁과 기아 문제, 평화 설파 등의 운동에 온몸을 바쳤다. 그는 젊은 시절에 저지른 과오(심지어 사람을 죽이기까지 했던)를 뼈저리게 후회하며, 진정한 예수의 가르침에 따라 살고자 했다.

그리하여 톨스토이는 전 재산을 다른 사람들에게 나누어주고 빈곤한 생활을 자처했다. 그는 직접 들판에 나가 풀을 베고, 건초 더미를 쌓았다. 신발도 직접 만들어 신고, 방청소도 하면서 원수까지도 사랑하려고 애썼다.

이렇듯 재산과 지위 등을 하찮게 여겼던 그에 비해 부인은 드높은 명예와 사치스런 생활을 좋아했다. 톨스토이는 사유재산과 부 자체가 죄악이라 믿었던 반면 부인은 재산을 최고의 영예로 여겼던 것이다.

이들은 가치관이 전혀 달랐다. 아무 대가 없이 출판저작권을 포기하려는 톨스토이에 맞서 부인은 온갖 욕설과 잔소리, 통곡을 쏟아냈다. 그리고 자신의 말을 들어주지 않으면 미친 듯이 바닥을 구르며 심지어 아편 병을 물고 자살하겠다고 협박하기까지 했다.

이들의 결혼생활 중 가장 슬픈 장면이 아닐까 하는 순간이 있다. 결혼 초기에 무척이나 행복했던 이들이었지만, 48년이 흐른 뒤 톨스토이는 더 이상 부인을 쳐다보고 싶지도 않았다.

어느 날 저녁, 늙고 초라해진 부인은 남편의 무릎에 기댄 채 과거의 달콤했던 사랑을 추억하며 50년 전 사랑의 시를 다시 들려달라고 부탁했다. 톨스토이는 당시를 회상하며 시를 읊어 주었고 곧 부부는 울음을 터뜨리고 말았다. 달콤했던 그때와 현실은 너무나도 달랐던 것이다!

1910년 10월, 여든두 살의 톨스토이는 부인의 히스테리를 이기지 못하고 어두운 눈보라 속으로 자취를 감추고 말았다. 그로부터 11일 뒤, 폐렴에 걸린 톨스토이는 정류장에서 쓰러진 채 발견되었다. 임종에 다다른 순간 톨스토이는 "이곳에 부인이 나타나지 않도록 해 달라"는 유언을 남겼다. 부인이 평생 끊임없이 잔소리를 늘어놓은 대가는 바로 이런 것이었다.

🙍 결혼생활을 하다 보면 자연히 말다툼도 늘어나게 마련이다. 말다툼을 한 뒤에 오히려 서로를 더욱 잘 이해하게 되고 돈독한 사랑이 싹트기도 한다. 하지만 둘 중 한 사람이 끊임없는 잔소리로 말싸움을 걸기 시작하면 얘기가 달라진다. 아무리 좋은 말을 하더라도 말이다. 잔소리는 상황을 악화시킬 뿐 결혼생활에 결코 아무 도움이 되지 못한다.

3

애정을 위한
지혜를 발휘하자

아주 오랜 시간이 흐른 뒤에, 돋보기를 쓴 두 노인이 함께 의자에 앉아있는 모습을 떠올려보라.

자상한 가장

글래드스톤 부부는 59년간 희로애락을 함께 나누며 행복한 결혼생활을 꾸렸다. 영국 역사상 가장 근엄했다던 글래드스톤 총리가 부인의 손을 잡고 벽난로 앞에서 춤추는 장면을 상상해 보라.

공적인 장소에선 더없이 권위적이던 그도 집에서만은 무척 자상했다고 한다. 어느 날엔가 아침식사를 하러 내려갔을 때 집안 식구들이 모두 늦잠을 자고 있다는 것을 알아챈 글래드스톤은 그만의 온건한 방법으로 불만을 표출했다. 바로 목청껏 괴상한 노래를 불러대며 식구들을 깨운 것이었다.

그는 '영국에서 가장 바쁜 사람이 혼자 식탁에서 식구들을 기다리고 있다'는 뜻을 이렇게 유쾌하게 표현했다. 특유의 외교적 지략과 사교성을 겸비했던 그는 타인을 질책하기에 앞서 사려 깊게 배려해주는 데 능숙했다.

꽃 예카테리나 여제는 내키는 대로 사람들을 살해했던 잔인한 폭군이었지만, 요리사가 고기를 태웠을 때는 아무 말 없이 미소를 띤 채 그냥 먹었다고 한다. 결혼 생활 중에는 간혹 트집을 잡을 만한 소소한 일들이 부지기수로 일어난다. 그러나 상대의 결점을 들어 불만을 터뜨려봤자 해결되는 것이 무엇인가? 군왕들이 관용을 베풀었듯 우리도 그렇게 할 수 있지 않을까?

장미꽃 6송이

언젠가 한 친구가 다음과 같은 이야기를 털어놓았다.

"아내가 자기계발 세미나에 다녀온 날, 내게 자신의 고칠 점 6가지만 알려달라고 하더군. 난 깜짝 놀랐다네. 솔직히 달랑 6가지는 너무 적었거든. 아내의 고칠 점은 그 자리에서라도 수천 가지는 댈 수 있었지. 하지만 난 그렇게 하는 대신, '생각 좀 해봅시다. 내일 아침에 말해주겠소'라고 했다네.

그리고 이튿날 아침 일찍 일어나 꽃집에 장미꽃 6송이를 주문했지. '당신이 고쳐야할 6가지는 생각이 나질 않소. 그냥 지금 그대로의 당신이 좋으니까'라는 메시지를 넣어 아내에게 전해주도록 했다네. 그날 저녁 퇴근할 무렵, 집 앞에 누가 있었는지 아는가? 바로 아내였다네! 눈물이 그렁그렁한 채로 날 기다리고 있더군. 그때, 난 아내를 비판하지 않았던 게 얼마나 다행이었는지를 새삼 깨달았다네.

일요일 아침, 아내는 세미나에서 이 이야기를 발표했지. 그러자 사람들이 와서 '지금까지 들어본 얘기 중에 가장 아름다운 이야기예요.'라고 말해주었다더군. 이 말에 나도 정말 뛸 듯이 기뻤다네."

인간은 누구나 비판받길 싫어한다. 누군가 자신이 단점을 지적해 달라 자청하더라도 실제로 적나라한 비판을 들을 땐 아마 견디기 힘들 것이다. 결혼 생활 중에 부부는 더욱 감정적으로 변한다. 사소한 일조차도 엄청나게 큰 일로 확대해서 '더 이상 견딜 수 없다'고 선언하기 일쑤인 것이다. 그러니 그저 칭찬만 해주어라. '사랑'을 가득 주면 상대는 자연스레 변화할 테니.

4

결혼의 문맹에서
벗어나라

> 아무리 많은 책을 읽고 수준 높은 교육을 받더라도, 가장 중요한 성적 본능에 대해 무지하다면 결혼생활은 초라하게 깨어질 수밖에 없다. 이 얼마나 안타까운 일인가?

은밀한 사생활

사회위생연구기관의 이사장이었던 캐서린 데이비스 박사는 1천여 명의 기혼여성을 대상으로 '은밀한 사생활'에 대한 조사를 실시한 적이 있었다. 인터뷰의 결과는 그야말로 충격적이었다.

미국 대부분의 성인여성들이 성적인 불만족에 시달리고 있었던 것이다.

이에 데이비스 박사는 "미국 내 높은 이혼율의 핵심원인은 바로 성적 불만족에 기인한다."는 견해를 발표했다.

해밀턴 박사의 연구결과도 이 사실을 반영하고 있다. 그는 총 4년에 걸쳐 1백 명의 부부를 대상으로 결혼 후 부부문제에 관한 연구를 진행했다. 박사는 각각의 남녀에게 400여 개에 달하는 질문을 하는 한편 그들의 문제에 관해 분석하고 토론했다. 이 상세한 연구는 사회학적으로 그 중요성을 인정받았기에 수많은 자선가들의 자금지원을 받을 수 있었다.

해밀턴 박사는 결혼생활의 문제점에 대해 이렇게 말하고 있다.

"결혼생활의 문제점이 성생활과 관련 없다고 주장하는 사람들은 대단히 독단적인 정신 병리학자라고밖에 볼 수 없다. 부부간의 성생활 자체가 만족스럽다면 그 밖의 다툼이나 충돌은 금세 해결되게 마련이다."

로스앤젤레스 가정관계연구소에서 일하는 폴 포피노 박사는 수천 건의 결혼사례를 연구해온 가정생활문제의 최고권위자로 알려져 있다. 포피노 박사가 말하는 결혼생활의 4가지 실패원인은 다음과 같다.

① 불만족스런 성생활
② 여가생활 활용에 대한 의견 불일치
③ 경제적 곤란
④ 신체적, 정신적 이상

이상의 네 가지 원인에서 '불만족스러운 성생활'이 1위인 반면 '경제적 곤란'은 3위에 그치고 있다는 점을 주목해보라.

성생활은 육체적인 문제인 동시에 정신적인 문제이기도 하다. 가장 숭고하면서도 순수하게 사랑을 표현하는 방식이 바로 성생활 아닌가, 때문에 아름다운 결혼을 위해서는 가장 중요하게 생각해야 할 부분이기도 하다. 남편이든 아내이든, 서로의 성적인 행복감을 만족시켜주기 위해 상대의 요구에 경청하라.

5

부부 공통의
목표를 가져라

상대방의 꿈을 실현할 수 있도록 도와 주어라. 둘이 힘을 합치면 꿈을 이룰 수 있으리라.

꿈을 이룬 닉

고아원에서 자란 닉 알렉산더는 무척 비참한 유년시절을 보냈다. 하지만 어른이 된 후에도 상황은 마찬가지였다. 아무리 열심히 일해도 삶은 여전히 형편없었다. 그럼에도 닉은 항상 대학에 가고 싶다는 소망을 갖고 있었다. 아무리 요원한 꿈이었다고 해도 말이다.

닉은 열네 살 때 방직공장에 취직해 10여 년간 일하며 드디어 결혼도 했다. 하지만 결혼한 지 얼마 지나지 않아 공장 구조조정으로 해직을 당했다. 이에 젊은 부부는 사업을 해보기로 결심하고 전 재산을 다 털어(심지어 가구와 결혼반지까지 팔았다) 부동산중개업소를 차렸다.

사업은 순풍에 돛 단 듯 순조롭게 진행되었다. 그리고 2년 후, 닉은 마침내 어린 시절의 꿈인 대학에 진학했고 36세에 마침내 학사학위를 거머쥐게 되었다. 이어 부부는 새로운 목표(해변가 별장을 구입하는 것)를 정했고 그 꿈은 곧바로 실현되었다.

대부분의 사람들이라면 이쯤에서 만족했을 테지만, 닉 부부는 그렇지 않았다. 하나뿐인 딸을 행복하게 키우고 싶었던 부부는 분기납입 형식으로 상업빌딩을 구입했다. 후일에 빌딩의 임대수입으로 딸의 대학학비를 부담할 요량이었다. 갖은 노력 끝에 그 꿈역시 이루어졌다.

현재 닉 부부는 또 다른 목표를 향해 달리고 있다. 바로 넉넉한 은퇴자금을 마련해 전 세계를 여행하며 편안한 노년을 보내는 꿈말이다.

아름다운 결혼을 위해서는 부부 공통의 이상을 세우는 것이 중요하다. 이때에는 이상이 무엇인지(새 집을 사거나 세계여행을 즐기는 것 등)보다 함께 꿈을 공유한다는 것 자체가 중요하다. 꿈을 꾼다는 건 무척 설레고 감동적이지 않은가. 이상을 실현하기 위해 노력하고 기뻐하고, 좌절하고 눈물 흘리는 그 모든 과정이 부부를 보다 단단히 결속시켜줄 것이다.

같이 꿈꾸는 부부

　부유하고 넉넉한 가정, 성공적인 사업, 건강하고 똑똑한 자녀들…윌리엄과 마릴린 그래엄 부부는 사람들의 선망의 대상이다. 윌리엄과 오랜 친분을 유지해왔던 나는 '어떻게 성공할 수 있었나'에 관해 가르침을 청했다. 그의 대답은 이러했다.

　"장기적인 계획을 세우고 끊임없이 노력하라." 윌리엄과 마릴린은 결혼 초기에 부동산 중개 사업을 시작했다. 하지만 아무리 동분서주하며 뛰어다녀도 사업은 그리 신통치가 않았다. 사업 초창기 때 생활은 무척 궁핍했고 매일 빚을 갚아나가는 데도 벅찼다. 하지만 점차 사업이 호전되면서 저축도 하게 되고 집도 마련하게 되었다.

　이에 만족하지 않았던 윌리엄은 새로운 사업으로의 진출을 구상했다. 수없이 고심을 거듭한 끝에 이들 부부는 석유사업을 하기로 결심하고 윌리엄 그래엄 석유회사를 설립했다. 이후 눈부신 성공을 이뤄낸 이 회사는 모범경영의 바이블로 통한다. 이어 더 많은 분야로의 진출을 계획한 윌리엄-마릴린 부부는 프랑스 투자의 가능성을 타진해보고 있다.

　언젠가 마릴린은 내게 이런 말을 해주었다.

　"윌리엄은 한 가지 목표를 이뤄낸 뒤에 곧바로 새로운 목표를 만들어요. 그렇지 않으면 삶의 활기를 잃어버리니까요. 이 덕분에 끊임없이 독창적인 사업모델을 만들어낼 수 있는 것 같아요."

공동의 목표를 지닌 부부가 함께 노력할 때에 보다 빨리 목표를 실현할 수 있다. 꿈이 같지 않은 부부라면, 어찌 같이 사업을 할 수 있겠는가?

6

그냥
내버려 두어라

> 그 누구도 꼭두각시가 되고 싶어 하지는 않는다. 또한 꼭두각시 같은 이를 좋
> 아하는 사람도 없다. 그런 삶은 죽어있는 것이나 다름없지 않은가.

평범한 일생

부인에게 맞춰주느라 평생 원하지도 않는 일을 하면서 살아온 남자가 있었다.

회계 일을 해온 그 남자는 돈을 벌어 자동차 수리점을 열고 싶어 했다. 그러나 때마침 결혼을 하게 되었고 부인은 "집도 없는데 그런 모험을 할 수 없어요."라고 말했다. 남자는 할 수 없이 하던 일에 집중했고 이윽고 집을 마련하게 되었다.

하지만 부인은 또 다시 "사업은 무척 힘들 거예요. 지금 수입으로도 먹고 살 수 있는데, 그렇게 큰 위험부담을 안을 수는 없어요.

만약 실패하면 지금 수입이랑 연금, 퇴직금, 의료보험금 등이 모두 없어질 텐데….'라고 남편을 만류했다. 부인은 모험을 원하지 않았던 것이다.

세월은 흐르고 남편은 결국 사업할 기회조차 얻지 못했다. 현재 그는 평범한 중년으로 늙어가면서 자신의 삶을 혐오해 마지않는다. 비록 여가 시간에 자동차를 수리하며 즐거워하긴 하지만, 다른 한편으로는 삶의 어떤 꿈도 이루지 못했다는 좌절감에 깊게 빠져있다.

그리고 일을 할 때면 입을 굳게 다문 채, 싫어하는 업무에 대한 스트레스로 고통스러워하고 있다. 그렇게 무미건조한 삶을 그저 흘려보내면서 말이다.

🦢 아내의 만류로 남편은 결국 삶에 대한 열정과 꿈을 잃어버렸다. 남편이 자신의 꿈을 위해 최선을 다하다 혹여 실패하게 되더라도 최소한 한번 도전해보았다는 만족감이라도 얻지 않았을까? 그리고 실패의 원인을 터득하게 된다면 다음번에는 성공할 수 있을지도 모른다.

아내의 잔소리

탁월한 배관수리공 남편을 둔 아내가 있었다. 남편은 자신의 직업을 무척 좋아했지만, 아내는 남편이 배관장비 따위나 들고 다니는 것을 수치스러워했다. 그녀는 남편이 성공한 화이트칼라가 되길 원했기에 끊임없이 잔소리를 퍼부어댔다.

결국 아내의 잔소리에 견디지 못한 남편은 어느 대기업의 속기사로 취업했다. 드라이버 대신 펜대를 잡게 된 것이었다. 이에 아내는 기회가 있을 때마다 친구들에게 '남편을 어떻게 블루칼라에서 화이트칼라로 업그레이드시켰는지'를 자랑하고 다녔다. 몇 년 후, 남편은 끊임없는 노력 끝에 승진을 거듭하게 되었고 이제는 연봉도 꽤 높아졌다.

하지만 그는 회사업무에 흥미를 느끼지 못한 채 심한 스트레스에 시달렸다. 그리고 더 이상 부인을 사랑하거나 아끼지도 않았다. 오히려 마음속 어딘가에 아내에 대한 혐오감이 깊숙이 자리할 뿐이었다.

ॐ 성공을 향한 욕심에 이직과 승진 등을 강요하는 부인이 있는가? 그렇다면 이들의 남편은 분명 엄청난 두통과 각종 질병에 시달릴 것이 뻔하다. 누구라도 그 같은 책임감과 스트레스를 이겨낼 자는 없으리라.

용감한 도전

어느 날, 찰스 레이놀즈가 갑자기 회사를 그만두었다. 오클라호마 거대 석유기업의 재정 총괄자 겸 부사장이었던 그가 사표를 냈다는 소식에 동료들은 충격에 빠졌다. 하지만 이는 찰스가 오래전부터 꿈꿔왔던 일이었다.

찰스는 그림 그리는 취미에 푹 빠져있었다. 언젠가 자신의 그림을 사무실에 걸어두었을 때 누군가 그림을 팔지 않겠느냐고 제의를 해온 적도 있었다. 그는 현재 회사 일을 싫어하지는 않았지만 그저 '그림 그릴 시간이 좀 더 많았으면….'하고 바랐다.

예술가들의 본거지인 뉴멕시코로 이주하는 것은 찰스의 오랜 소망이었다. 그가 부인과 이 일을 의논했을 때 그녀는 무척 흥분에 들떠 이렇게 대답했다.

"좋아요! 재산을 팔아 그곳에서 상점을 차리면 되겠네요. 이젤 같은 그림용품을 전문적으로 파는 건 어때요? 내가 상점을 운영할 테니까 당신은 그림에만 집중해요. 당신은 분명 성공할 수 있을 거예요!"

아내의 적극적인 지지 덕분에 찰스는 회사를 그만두고 뉴멕시코 주로 이주했다. 그리고 그림창작에만 몰두하는 새로운 인생을 시작했다.

얼마 후, 찰스의 작품은 수많은 화랑에서 초청을 받았고 이어 미국 순회전시회를 개최하기도 했다. 그는 드디어 미국 서남부지역에서 가장 성공한 화가가 되었다.

현재 오스화가협회 회장을 맡고 있는 그는 키트 칼슨 스트리트에 자신의 화랑 및 화실을 운영하고 있다. 이 모두가 그 자신과 부인의 용감한 도전 덕분이었다.

좋아하고 행복해하는 일이 반드시 부유한 성공을 가져다주는 건 아니지만, 심리적 안정감과 만족감을 선사해주는 것은 분명하다. 자, 상대가 좋아하는 일에 몰두할 수 있도록 지지해주는 배우자의 용기와 모험정신을 가져보자!

7

당신만은
그의 '공기펌프'가 되어주어라

남편의 부족한 점에 대해서는 그의 냉정한 상사가 모두 알려줄 것이다. 그러니 당신만은 남편을 격려해주어라. 식탁에서든 침대에서든 노력하면 반드시 성공할 수 있다는 믿음을 심어주어라. "결국엔 실패하고 말 거야."라고 말하는 부인에겐 좀 더 빨리 실패가 찾아갈 뿐이다.

부인의 격려

다음의 편지에서는 로버트 씨의 부인이 얼마나 대단한 사람인지를 알 수 있다.

"전 드디어 어느 보험회사 세일즈맨으로 채용됐습니다. 너무나도 원하던 일이었기에 정말 뛸 듯이 기뻤죠. '보험업계를 평정해보자'는 엄청난 자신감으로 일을 시작했습니다. 하지만 일은 생각만큼 그리 쉽지가 않더군요. 고객들은 마지막에 계약을 맺으려는 순간, 갑자기 변덕을 부리곤 했습니다. 아무리 노력해도 계약 한 건 맺기가 힘들었습니다.

전 아무래도 세일즈맨이 맞지 않는가보다, 낙담하고 절망했습니다. 하지만 제 아내는 오히려 절 위로해주며 '걱정 말아요, 로버트. 그저 잠깐 지나가는 시련일 뿐이에요. 반드시 성공할 거예요. 당신은 타고난 세일즈맨이니까요!'라고 했습니다. 과연 그럴까? 전 의심 반, 믿음 반으로 다시 일을 시작했습니다.

그 후로도 오랫동안 아내는 절 격려해주었습니다. '당신은 스스로의 재능을 모르고 있을 뿐이에요, 로버트. 절대 그 능력을 버리지 않길 바라요!' 포기하려는 생각이 머리끝까지 치밀어 올랐을 때 아내의 그 말을 듣고 다시 일어서길 몇 차례, 전 드디어 보험계약 한 건을 따냈습니다. 그제야 자신감이 조금 회복되었지요. 이어 몇 건의 계약을 더 성사시키고 나자 완전히 자신감을 갖게 되었습니다.

아내의 격려가 없었다면 전 정말 포기해버렸을 겁니다. 그렇지만 이젠 힘든 길을 지나 어느 정도 궤도에 올라섰지요. 전 부인에게 꼭 이 말을 해주고 싶습니다. '고마워, 도리스!'"

도리스 같은 부인을 맞은 로버트는 무척 행운아이다. 좌절에 부딪혀 쓰러질 때마다 최고의 찬사와 격려로 남편을 일으켜 세워주지 않았는가. 격려 받은 남편은 실패하지 않는다! 엄청난 긍정의 에너지를 충전 받은 로버트가 마침내 실패를 딛고 일어선 것처럼 말이다.

영광의 상처

2차 대전이 종결되면서 톰의 군대생활도 드디어 막을 내렸다. 참혹했던 전쟁은 젊은 그의 마음에 그리고 몸에 커다란 상처를 남겼다. 하지만 톰은 좋아하는 수영까지 포기할 수는 없었다.

병원에서 퇴원한 지 얼마 지나지 않아, 톰과 부인은 함께 해변으로 휴가를 떠났다. 그는 신나게 수영을 즐긴 뒤, 모래사장에 누워 일광욕을 즐기고 있었다. 그런데 많은 사람들이 자신을 이상한 눈초리로 바라보고 있지 않은가. 온통 상처투성이인 다리와 온몸의 흉터에 호기심이 이는 것은 당연했다. "망할 놈의 전쟁 때문이오!" 톰은 신경질을 내며 소리 질렀다.

다음 주 주말, 톰은 해변에 가자는 부인의 제안을 일언지하에 거절했다. 그는 사람들의 미묘한 시선을 견뎌낼 자신이 없었다.

깊은 자괴감에 빠진 톰은 차라리 집에 있기로 했다. 톰의 심정을 헤아린 부인은 "톰, 왜 가기 싫어하는지 알아요. 다리 상처 때문에 불편한 거죠?"라고 말했다. 톰은 고개를 끄덕였다. 그러자 부인은 "잘못 생각하는 거예요! 상처를 부끄러워할 필요는 없다고요. 오히려 나한테는 영광과 자부심을 가져다주는 걸요.

그건 용기의 상징이자, 사지에서 살아 돌아왔다는 당당한 흔적이에요. 다른 사람들도 그 상처의 이유를 알면 당신을 존경하게 될 걸요?"라고 대답했다.

이 말에 감동을 받은 톰은 어느새 마음속의 근심을 모두 털어내었다. 이후 그들은 해변에서 유쾌한 휴일을 즐겼다.

🙇 보워스 박사는 다음과 같이 제안한다. "꾸밈이 과하더라도 근사하고 멋있다고 칭찬해주어라. 파티 중 실례를 범했더라도 점잖은 사람이라고 칭찬해주어라!" 그렇다, 당신의 배우자가 결점이 많더라도 기꺼이 칭찬하고 격려해주어야 한다. 냉혹한 타인들이 진실을 말해줄 테니 당신까지 나서서 스트레스를 줄 필요가 없지 않은가! 이 같은 작은 노력만으로도 배우자를 기쁘게 해줄 수 있다. 보다 자신감 넘치고 유쾌한 배우자를 원한다면 말이다!

8

가정의 행복은
성공의 반석이다

성공한 사람의 뒤에는 항상 그를 지지해주는 가족이 있다. 화목하지 않은 가정에서는 성공을 이루기가 힘들다. 아니, 설사 성공하더라도 진정한 성공이라고 볼 수 없다. 함께 기쁨을 나눌 이도 없는데 성공한들 무슨 의미가 있겠는가.

각자의 관심

메이는 여느 때처럼 저녁식사를 준비하고 남편 빌을 기다리고 있었다.

"여보, 오늘은 정말 행복한 하루였소! 이사회에서 내 자문을 구하고, 일부 안건에 대해선 내 의견을 받아들였소. 그리고 이런 건의도 했는데⋯." 빌은 집에 들어서면서 흥분된 목소리로 떠들기 시작했다.

그러자 메이는 별 감흥이 없다는 투로 "아, 그래요? 대단하네요.

여보, 우리 가스레인지가 고장 났어요. 아침에 수리공이 왔다 갔는데 뭔가를 갈아야 한대요. 밥 먹은 다음에 좀 봐줘요?"라고 대답했다.

"알았소, 여보. 근데 내가 좀 전에 얘기하던 것 말이오. 내가 드디어 이사회의 관심을 받게 되었단 말이오! 글쎄, 내 의견을 묻더라니까… 뭐라고 대답해야 할까? 정말 긴장되고 흥분되는데… 하지만 꼼꼼히 준비를 잘해서 꼭 성공해야지! 그러니까…" 빌은 조금 전의 화제를 또다시 끄집어냈다. 하지만 메이는 빌의 말이 끝나기도 전에 밥상을 차리며 이렇게 대답했다.

"빌, 토니 성적표가 나왔어요. 신경을 좀 써야겠더라고요. 그 녀석, 성적이 엉망이에요. 선생님이 면담을 하자던데… 지금부터라도 열심히 하면 다음 학기에는 꼭 올라갈 거예요."

빌은 입을 다물고 말았다. 더 이상 무슨 이야기를 하겠는가? 그저 저녁식사를 하면서 가스레인지와 토니에 대한 일에만 신경 쓸 수밖에.

수많은 직장인들은 집에 대화를 나눌 상대가 있다는 것만으로도 많은 위안을 받는다. 좋은 일이든 나쁜 일이든 간에 말이다. 하지만 이기적인 메이는 자신의 이야기만 늘어놓는 데에 여념이 없었다. 빌의 이사회 이야기를 들어준 후에 가스레인지와 토니 이야기를 해도 되었을 텐데 말이다.

브리송 부인의 제안

아이리만 사의 총괄 재무담당자 겸 부사장으로 재직하는 브리송 씨는 처리해야 할 업무가 너무 많아 일거리를 가지고 귀가하는 경우가 허다했다. 하지만 저녁이 되면 너무 피곤해져서 도무지 일을 마칠 기력조차 모두 없어졌다.

이때 브리송 부인은 "저녁에 일찍 자고 내일 한 시간 일찍 일어나면 되잖아요."라고 제안했다. 과연 그렇게 해보니 훨씬 효율적이었다. 후에 브리송 부인은 내게 이렇게 설명했다.

"매일 아침시간은 온전히 우리들 거잖아요. 전화도, 찾아오는 사람도, 소음으로 골치 아플 일도 없죠. 먼저 천천히 아침식사를 즐긴 뒤, 일이 있으면 일을 하고 일이 없으면 책을 보거나 그림을 그릴 수도 있죠. 때론 정원에 나가 신선한 공기를 마시기도 해요. 매일 아침 이렇게 편안하고 차분한 시간을 보낼 때면, 무슨 일이든 잘 해결될 것 같은 기분이 들어요."

바쁜 직장인들은 매일 아침 아침밥도 거른 채 허둥지둥 출근한다. 그리고 점심때가 되면 식사를 대충 때우고는 밤늦게까지 야근을 하기 일쑤이다. 대체 무엇을 위해 사는가? 지나치게 과로하지 않도록 하자. 성공하기 전에 지레 죽어버릴지도 모른다.

루즈벨트의 스트레스 해소법

한 나라의 대통령으로서, 루즈벨트의 스트레스는 미루어 짐작해볼 수 있다. 그래서일까, 그는 강연이나 기타 활동을 할 때에 반드시 자녀들을 대동하고 다녔다. 자녀들에게 집중력을 분산시킴으로써 업무에 대한 스트레스를 줄일 수 있었기 때문이다.

이에 대해 루즈벨트 부인은 이렇게 말했다.

"우리 가족은 어딜 가든 웃음소리가 끊이지 않아요. 항상 재미있는 에피소드를 만들기에 남편도 과중한 업무 스트레스를 떨칠 수 있죠. 전 아이들이 번갈아가면서 아버지와 함께 다닐 수 있도록 해줘요. 그러면 보통 2주일에 한 번씩 교대하게 되는데 그럴 때마다 그이는 무척 좋아해요."

행복을 전해주는 아내가 있다면 남편의 사업 역시 성공하기 마련이다. 방법은 매우 간단하다. 가족들 특히 남편이 편안히 지낼 수 있도록 배려해주는 것이다. 행복한 가정은 성공적인 인생의 근간이 된다.

9

한 푼을 아끼고,
세 푼을 벌어라

지혜로워져라. 그리하면 같은 돈으로 더 나은 삶을 누릴 수 있을 뿐 아니라, 적은 돈으로도 남들과 같은 삶을 누릴 수 있다.

수입의 10분의 1

내가 아는 보수적이고 완고하기 그지없는 한 영국인은 무슨 일이 있어도 수입의 10분의 1은 저축하는 습관을 고집한다. 그의 부인이 대체 어떻게 버텨내는지 신기할 따름이었다. 하지만 그의 부인은 차분한 말투로 이렇게 말했다.

"한때 불경기가 심했을 때, 남편의 수입이 들쭉날쭉했어요. 그래서 살기가 무척이나 힘들었지요. 전 뭐든 한 푼이라도 절약하려고 노력했고, 남편 역시 교통비를 아끼려고 매일 스무 블록이나 걸어 다녔어요. 그래도 '수입의 10분의 1 저축계획'은 한 번도 어긴 적이 없어요. 사실, 정말 너무 힘들었을 때는 남편을 원망하기도 했지요. 돈을 은행에만 넣어두는 게 너무 싫었거든요. 하지만 그 덕분에 집도 사고 이렇게 편안한 중년을 보낼 수 있게 된 걸요."

삶이 힘들어지면 아내들도 힘겨운 도전(천정부지로 치솟는 물가와 걷잡을 수 없는 사교육비 등)에 직면하게 된다. 돈을 아껴 쓰지 않는다면 파산은 남의 일이 아니다.

마음이 편한 저축

난 한때 미주리 주 옥수수 밭에서 시간당 5센트를 받으며 매일 10시간씩 일했었다. 당시 고된 노동을 마치고 나면 허리가 끊어질 듯 아팠다.

덕분에 나는 화장실도 없고 물도 나오지 않는 집에서 20년 동안 산다는 게 어떤 건지, 영하 15도나 되는 거실바닥에서 자는 게 어떤 건지 잘 알고 있다. 또 1센트를 아끼기 위해 수십 킬로미터를 걷고, 이 때문에 떨어진 신발바닥과 양말을 기우는 게 어떤 느낌인지도 생생히 알고 있다.

삶은 그토록 고되었지만 난 언제나 수입 중의 일부를 반드시 저축했다. 그렇게 하지 않으면 마음이 편하지 않았기 때문이었다.

월급을 받아 그 다음 주면 빈털터리가 되는 직장인들이 허다하다. 쇼 윈도에 걸린 멋진 외투의 유혹을 이기지 못하고 그냥 질러버리는 것이다. 방세와 전기세 따위는 아랑곳없이 주머니에 남은 1달러로 부인에게 장미꽃을 사다주는 남편들도 있다. 하지만 배를 쫄쫄 굶는 형편에 장미꽃을 즐길 여유가 어디 있겠는가.

꼼꼼하게 기록하기

가난뱅이 소년에서 세계적인 작가로 성공한(개인 요트를 소유할 정도로 부자였다) 야르노 베넷은 언제나 메모하는 습관을 갖고 있었다. 그는 단돈 1펜스라도 어디에 썼는지 반드시 기록해두었다. '석유의 황제' 존 록펠러 역시 같은 습관을 갖고 있었다. 그는 매일 저녁 기도를 드리기 전, 하루 동안 쓴 돈에 대해 꼼꼼히 정리한 뒤에 잠자리에 들었다.

내 아내는 비록 그들만큼 막대한 돈을 다루진 않지만, 그래도 가계부를 쓰는 데는 전문가나 다름없다. 매달 지불한 수표를 꼼꼼히 기록하고 매년 얼마만큼의 수입과 지출이 있었는지 명확히 정리해두는 것이다. 만약 ○○년도의 생활비, 수도세, 난방비, 통신비, 오락비 등이 각각 얼마였는지 묻는다면 그 즉시 명쾌하게 대답할 수 있을 정도이다.

한 부부는 가계부를 쓰기 시작한 후에 매달 주류구매에 70달러나 지출한다는 사실을 발견했다. 그저 친구들이 방문했을 때 환영의 표시로 한 잔씩 나눈다는 것이 그만큼이나 됐던 것이다.

이후 이들 부부는 친구들에게 공짜 술을 제공하는 대신 그 돈을 좀 더 의미 있는 일에 쓰기로 결정했다. 이것이야말로 지혜로운 결정이 아닌가!

🖊 전문가들은 아무리 적은 돈이라도 그 지출 상황을 명확히 기록해두라고 충고한다. 이는 부끄러운 일이 아니다. 갑부들도 그렇게 하지 않는가! 이렇게 3개월만 꼼꼼히 기록하다 보면 어디에 썼는지도 모르는 돈을 절반 이상이나 아낄 수 있다고 한다.

10

이만큼
무가치한 일이 있는가

> 무계획적인 소비라니! 그렇게 힘들게 번 돈을 가구상, 의류매니저 등에게 모두
> 날리고 싶은가? 그 돈을 벌려면 매주 40시간씩이나 일해야 한단 말이다!

펑펑 써대는 사람

"연봉 5천 달러 가정의 예산을 짜는 게 제일 어려워요."

스타브리튼 부인이 내게 말했다.

"대다수 미국 가정의 목표 수입은 연봉 5천 달러예요.(당시에는 그
랬다) 그래서 수년간 고생한 끝에 이 목표를 달성하고 나면 스스로
'성공'했다고 느끼죠. 그때부턴 사람들의 씀씀이가 엄청나게 커져
요. 교외에 근사한 집을 장만하고 새 차도 사죠. 그리고 새로운 가
구를 들이고 멋진 옷도 사 입어요. 인생은 즐기기 위해 사는 거 아
니겠어? 하면서요. 모든 소비에 그럴듯한 이유를 갖다 붙여요.

그러다가 어느새 가계 빚이 늘어난 것을 깨달으면 그땐 이미 늦어요. 그렇게 늘어난 수입을 몽땅 다 써버린 뒤에 또 다시 불행의 늪에 빠지는 거죠."

누구나 더 나은 삶을 누리고 싶어 한다. 하지만 장기적인 관점에서 어떤 삶이 더 행복할까? 예산 내에서 빠듯하게 생활하는 것? 혹은 펑펑 써대며 빚 독촉에 시달리는 것? 장래 희망사항이 '부랑자'가 아니라면 당연히 전자를 선택해야 한다.

경마의 고수

우리 세미나에 참가했었던 한 경마의 고수는 내게 한 가지 비밀을 알려주었다. 경마로는 절대 돈을 벌 수 없다는 것이었다. 경마에 투자한 돈은 대부분 물거품처럼 사라져버리고 만다. 그런데도 미국에는 매년 수백만 명의 사람들이 총 60억 달러나 되는 돈을 경마에 투자한다.

"없애버리고 싶은 적이 있으면 경마를 권해보세요. 그것보다 더 좋은 복수는 아마 없을 겁니다."

숱한 경험을 지닌 경마의 고수가 내게 한 말이었다.

수많은 사람들이 복권이나 도박 등 행운에 기대어 돈을 벌길 기대한다. 하지만 이는 단지 허황된 꿈에 불과하다. 물론 하루 아침에 백만장자가 된 행운아가 있기는 하다. 그러나 실패한 사람 수에 비하면 이들은 거의 존재하지 않는 것이나 마찬가지다. 당신에게 행운이 찾아올 확률은 낙타가 바늘귀에 들어갈 확률보다 훨씬 낮다!

조심, 또 조심할 것!

뉴욕의 생명보험연구소 여성부 매니저인 메리언 애들리 부인은 미망인들은 생명보험금을 평생 나누어 수령하는 편이 낫다고 주장하며 수많은 실제 사례로 이 말을 입증해보였다.

메리언은 먼저 2만 달러짜리 생명보험을 수령한 미망인에 대해 소개했다. 이 부인은 아들의 자동차부속품 사업을 위해 돈을 빌려주었는데, 사업에 망한 아들이 그녀를 버리고 자취를 감춰버렸다. 현재 빈털터리가 된 부인은 하루하루를 근근이 살아가고 있다.

또 다른 사례로 부동산 업자의 꾐에 빠져 쓸모없는 공터를 구입한 미망인이 있었다. 업자는 1년 이내에 수익금 2배를 보장한다며 부인을 꼬드겼지만, 결과적으로 3년 후에나 토지를 팔 수 있었으며 그나마 당초 투자금액의 10분의 1밖에 건지지 못했다. 이밖에 거액의 생명보험금을 수령하고 1년도 지나지 않아, 정부의 생활

보호대상자를 자청하는 미망인도 있었다. 이 돈이 다 어디로 새어 나갔는지는 가히 상상해볼 수 있잖은가.

일부 변호사와 은행가는 평생 절약해 모은 돈을 사기꾼에게 걸려 몽땅 날려버린 경우가 허다하다며 수많은 실제 사례를 제시하기도 한다.

"부녀자들은 대부분 경제관념이 희박합니다. 때문에 교활한 사기꾼의 꾐에 빠져 생명보험금으로 쓰레기주식에 투자하는 거죠."

신문에 종종 말도 안 되는 사기 사건들이 보도되는 경우가 있다. 그럴 때면 우리는 "어떻게 이렇게 멍청하지, 그러니까 사기당하는 거 아냐!"라고 비웃곤 한다. 하지만, 당신도 조심하라. 그런 일이 당신에게 벌어지지 말라는 법도 없잖은가. 사기꾼들의 수법이 갈수록 교묘해지고 있으니, 반드시 이 두 가지 원칙을 명심하라. 첫째, 욕심을 부리지 마라. 둘째, 너무 쉽게 남을 믿지 마라.

11

자녀의 경제관념을
배양하라

자녀들에게 경제관념을 심어주는 것은 유수한 교육환경을 제공하는 것과 마찬가지로 중요하다. 그래야 당신이 없는 미래에도 자녀들의 앞날을 안심할 수 있다.

가정은행

스틸라 윌스턴은 어린 딸에게 돈에 대한 책임감을 심어주기 위해 독특한 방법을 개발해냈다. 그녀는 먼저 사용하지 않는 은행통장을 9살짜리 딸에게 건네주었다.

"매주 용돈을 받으면 통장에 '입금'을 하는 거야. 엄마가 '은행장'이 될게. 만약 돈이 필요하면 필요한 만큼 '출금'을 하면 된단다. 그런 다음, 여기에 자세한 거래내역을 쓰는 거지."

이 교육효과는 무척 탁월했다. 스틸라는 통장의 잔고를 채우기 위해서는 집안일과 심부름을 잘 거들어야 한다고 딸을 격려했다. 이후 딸은 돈을 다루는 데 훨씬 흥미를 느꼈으며 전보다 더욱 기민하고 영리하게 사고했다.

정말 탁월한 방법이 아닐 수 없다. 아이의 경제관념을 키워주고 싶다면 위의 방법을 한번 사용해보라. 생각지도 못했던 효과를 거둘 수 있으리라.

🔖 오늘날에는 부모들의 경제적 노력만으로는 부족하다. 자녀들에게도 돈에 대한 책임감을 길러줘야 한다. 사실, 대부분의 가정에서 어른들은 돈을 절약하려고 애쓰는 반면 아이들은 흥청망청 써대기 일쑤이다. 진정으로 부유해지기 위해서는 자녀들의 경제관념을 바로 세우는 데 힘써야 한다.

※ 책 속의 한 줄 ※

�֍ 책 속의 한 줄 �֍